新中国外交大事件丛书

改变世界的一周

毛泽东与尼克松握手纪实

THE WEEK THAT CHANGED THE WORLD
Documentary of the Handshake between Mao Tse-Tung and Nixon

陈敦德 ◎ 著

中国青年出版社

(京)新登字 083 号

图书在版编目(CIP)数据

改变世界的一周:毛泽东与尼克松握手纪实/陈敦德著.
—北京:中国青年出版社,2014.8
ISBN 978-7-5153-2554-5

Ⅰ.①改… Ⅱ.①陈… Ⅲ.①中美关系-建立外交关系-史料
Ⅳ.① D822.371.2

中国版本图书馆 CIP 数据核字(2014)第 155680 号

责任编辑:苏　婧
封面设计:尚书堂・刘青文・胡云飞
内文设计:一起设计・邱特聪・陈慧

出版发行:中国青年出版社
社　　址:北京东四十二条 21 号
邮政编码:100708
网　　址:www.cyp.com.cn
编辑部电话:010-57350400
门市部电话:010-57350370
印　　刷:三河市世纪兴源印刷有限公司
经　　销:新华书店
规　　格:710×1000　1/16
印　　张:25
插　　页:3
字　　数:280 千字
版　　次:2014 年 8 月北京第 1 版
印　　次:2014 年 8 月河北第 1 次印刷
定　　价:42.00 元

本图书如有印装质量问题,请凭购书发票与质检部联系调换
联系电话:010-57350337

目 录

卷 一	中美走向对抗	1
	毛泽东要进行一百年辩论	2
	陷入黑圈的杜鲁门只好使用否决权	8
	在美蒋的封锁下，新中国外交要"一边倒"	12
	出兵朝鲜：毛泽东一生中最难作出的决策	17

卷 二	周恩来从万隆发出震撼世界的声音	25
	在日内瓦杜勒斯不准握手时发生的中美接触	26
	周恩来从万隆发出震撼世界的声音	32
	周恩来说中美会谈必须有一个前提，即蒋介石不得参加	40
	与美国人打交道的最佳人选	46

卷 三	外交史上独特的马拉松会谈	53
	会谈一开始"中国抢了主动"	54
	要回了钱学森，也是一个胜利	60
	炮击金门之后，王炳南被急召回京	66
	在台湾海峡的紧张局势中开始了华沙会谈	72
	华沙会谈僵而不断：中美联系的特殊渠道	78

卷 四	武成殿另外开起了绝密会议	87
	毛泽东睡不着了，又想起了四位"老帅"	88
	四老帅的研究"不要被框住了"	96
	四老帅的报告为打开中美关系提供了重要依据	101
	周恩来亲自过问两名美国旅游者误入事件	105

111	卷　五	**老外长提出"不合常规"的想法**
112		尼克松煞费神思寻求通往北京的渠道
119		柯西金突然要求路过北京
125		中苏总理的会晤触动了尼克松的神经
129		老外长提出"不合常规"的想法
137	卷　六	**美国人伸出橄榄枝**
138		尼克松出奇制胜重用基辛格
143		"与中国人跳的一场错综复杂的小步舞"
149		从"两个半战争"到"一个半战争"
152		苏联人的神经被触痛了
155		尼克松气得暴跳如雷,基辛格笑得意味深长
163	卷　七	**古老的巴基斯坦渠道**
164		毛泽东让斯诺上了天安门
171		巴基斯坦渠道使用最古老的方式传递密件
175		毛泽东说,我在和尼克松吊膀子要找红娘
180		即将实现对华突破时华盛顿刮起了一股"倒基"风
185	卷　八	**小球推动大球**
186		毛泽东一夜之间又改变了决定
193		中国人发出的邀请轰动了世界
196		周恩来收到大洋彼岸一位母亲送来的红玫瑰
202		钓鱼台里成立了一个准备跟基辛格较量的班子
205		林彪说:"跟美国人勾搭要栽跟头的。"
209	卷　九	**华盛顿精心准备绝密的"波罗行动"**
210		尼克松甚至考虑不派使节,自己直飞北京
216		周恩来精心挑选对美工作班子
221		"休假"的基辛格去海边安排绝密的北京之行

	"第二次世界大战后美国总统所收到的最重要的信件"	225
	洛德以十分高超的语言技巧对华裔妻子泄密	229
	基辛格就要动身时,台湾"大使"竟然求见	231

卷 十　二十世纪最神秘的外交飞行　235

	叶海亚总统亲自安排了这次神秘的外交遁身术	236
	"天神"要惩罚一下基辛格	239
	可以轰动世界的稿子竟然作废了	245
	周恩来谈起尼克松的"五极中心"说,基辛格竟然不知道	250
	为什么毛泽东不急于听周恩来汇报基辛格来访的要事?	257
	基辛格去时忧心忡忡,回时喜气洋洋	263

卷十一　几乎全世界的电波都在载送这个简短的公告　269

	几乎全世界的电波都在载送这个简短的公告	270
	也有人对"七一五"公告不高兴	275
	周恩来对符浩说,你去巴黎只能将此事告诉一个人	278
	对中国飞机在蒙古神秘坠毁,尼克松十分担心有变	283

卷十二　基辛格刚刚在北京登上"空军一号"　287

	巴黎渠道之一:中美两位将军的秘密使命	288
	毛泽东不同意美方提出的方案	294
	台湾问题使中美会谈又陷入僵局	300
	命运在周恩来与基辛格之间开了一个玩笑	304
	"是黑人兄弟把我们抬进联合国的,不去就脱离群众了"	308

卷十三　尼克松访华之前　313

	巴黎渠道之二:蒋介石要偷袭尼克松总统访华专机	314
	打前站的黑格未能落实毛泽东与尼克松见面的安排	318
	马尔罗对尼克松说,毛泽东是一个命运奇特的人	324
	奇迹!休克的毛泽东被抢救过来了……	328

333	卷十四	**尼克松一下舷梯就伸出了手**
334		尼克松一下舷梯就向周恩来伸出了手
343		从"我们共同的老朋友蒋委员长"谈起……
352		尼克松为周恩来脱大衣
361	卷十五	**改变世界的一周**
362		尼克松访华的种种感受
374		"海峡两边的所有中国人……"
378		《上海公报》诞生前又生波澜
384		"生活在巨大阴影之中的伟人"
390		毛泽东说,我看还是世界改变了他
393	**书末照片**	

卷一　**中美走向对抗**

■ 毛泽东要进行一百年辩论

他尽管不情愿,还是于1949年6月15日在丰泽园里正式住了下来。

他不喜欢乾隆在《丰泽园记》中说的,瀛台"较之此园固为美观,而极土木之功,无益于国计民生",丰泽园则"行一事则合于天心,建一园而合于民情"。他是唯物主义者,他觉得与金碧辉煌、飞阁流檐的瀛台相比,丰泽园尚还显得古朴敦厚,不饰华丽。他认为丰泽园的建筑不能说明那些封建的帝王们上仰天意、下俯民情。要说喜欢的话,他倒是有点儿喜欢菊香书屋的清幽典雅,也欣赏康熙为菊香书屋所题的对子:

"庭松不改青葱色,盆菊仍靠清净香。"

北平初解放,住进菊香书屋的第一个中共领导人是林伯渠,住在北屋。毛泽东与周恩来是将这里作为临时休息的地方,分别住在东屋和南屋。在含和堂吃过晚饭后,他俩再返回香山住处。

中央政治局议了两次后,为了减少路途往返时间,也为了安全和工作方便,决定毛泽东从香山别墅搬进中南海,住入菊香书屋里。林伯渠与周恩来就从这里搬了出去。

6月15日这天下午,他离开香山双清别墅,到中南海开会。新中国成立迫在眉睫,新政协筹备会议预定这天晚上7时30分在勤政殿开幕,会要开一段时间。他除了参加会议,还要与来自全国各地的众多代表见面、谈话,洽商建国大事。

从3月25日至6月15日,他掐指算来,党中央在香山,只差十天就满三个月了。在这短短三个月里,形势又有了迅猛的发展,百万大军渡过了长江,接着又连续解放了南京、上海、武汉等重要中心城市,人民解放军正在江南前线乘胜追击。新政协筹备会议就是在这样的背景下召开的。

在这短短的时间里,形势发展虽快,但局面却极为错综复杂。2月初,斯大林虽然派了米高扬来访问西柏坡，同我领导人会谈，但与此同时，苏联驻华使馆那些天正随国民党政府从南京迁往广州。在渡江之前，斯大林就发来电报，劝中共就此止步，不要轻易南下，以免引起美国干涉。在占领南京后，苏联各主要报纸虽然都加强了对中国人民革命胜利的宣传报道，但苏联政府随即又同国民党政权就"延长合办中苏航空公司"开始谈判，罗申大使仍继续留在广州。

毛泽东对此是不满意的，很有看法。南京解放后，他满含激情写的那首《七律·人民解放军占领南京》中，就有隐有所指的"宜将剩勇追穷寇，不可沽名学霸王"的佳句。直到60年代中期，他在会见戴高乐总统的代表法国文化部长马尔罗时，还曾提起渡江前的这些事。

早在南京解放前，美国驻华大使司徒雷登就到处找中国共产党人拉关系；南京解放后，司徒雷登和其他西方国家的驻华大使又继续留在南京观望。这些

毛泽东率中共中央进驻北平时在南苑机场阅兵的照片

情况，新中国成立前夕的中共中央不能不加以考虑。本来，在3月初的七届二中全会上，他在报告中对于帝国主义是否会承认新中国的问题作出过基本估计：从来敌视中国人民的帝国主义，绝不能很快就以平等的态度对待我们，因此，"关于帝国主义对我国的承认问题，不但现在不急于去解决，而且就是在全国胜利以后的一个相当时期内也不必急于去解决"。

但是，根据现在这些新情况，如果能够通过外交渠道制止美国武装干涉中国革命的可能，促使美国政府采取接受现实的立场，抛弃众叛亲离、腐朽不堪的国民党政权，承认新中国，那将极大地有利于中国革命与中国人民。因此，他与党中央除了从最坏的角度对美国可能的出兵干涉与外交不承认进行充分考虑之外，也采取了灵活、积极的态度，他曾于4月28日致电渡江前线总前委和华东局负责人：如果美国（及英国）能断绝和国民党的关系，我们可以考虑和他们建立外交关系的问题。

这样，就产生了黄华在南京与司徒雷登的非正式接触。为此，他日前刚刚同意通过燕大校长陆志韦出面邀请司徒雷登北行访问燕大，他也准备在北平见一见这个美国前驻华大使。

因此，在准备今晚新政协筹备会议的讲话稿时，他写了这样的话：

> 我们现在所处的时代是帝国主义制度走向全部崩溃的时代，帝国主义者业已陷入不可解脱的危机之中，不论他们如何还要继续反对中国人民，中国人民总是有办法取得最后胜利的。
>
> 同时……任何外国政府，只要它愿意断绝与中国反动派的关系，不再勾结和援助中国反动派，并向人民的中国采取真正的而不是虚伪的友好态度，我们就愿意同它在平等、互利和互相尊重领土主权的原则的基础上，谈判建立外交关系的问题。中国人民愿意同世界各国人民实行友好合作，恢复和发展国际间的通商关系，以利发展生产和繁荣经济。

后来，在新政协筹备会议期间，上海来的陈铭枢捎来司徒雷登的材料时，他就特别嘱咐这位与司徒有来往的陈铭枢先生，捎话给司徒雷登先生，请其认真读一读他在新政协筹备会议上的讲话。

据裴坚章主编的《中华人民共和国外交史（第一卷，1949—1955）》记载，陈铭枢在给司徒雷登的信中表示，中共的政治路线是明智的、正确的和坚定不移的，并转达了毛泽东的口信："政治上必须严肃，经济上可以做生意。"

那天，他在菊香书屋送走陈铭枢之后，已是深夜。

他详细看了陈铭枢捎来的司徒雷登的材料，包括司徒拟的五点意见和所附的四份文件。总的印象是，还是帝国主义的腔调，还是帝国主义的嘴脸，还是蔑视中国共产党和中国人民革命的态度。他进而联想起南京市委发来的6月6日司徒雷登与黄华第二次见面谈话中，司徒对黄华说的：只有在新中国不和苏联结盟的情况下，美国才会承认一个共产党的中国。

中国共产党和中国人民当然不会容忍和接受。

每到深夜，他的思维特别活跃，司徒的这些材料，更使他想得很多很深。

他想起了张治中。

他在这次新政协筹备会议上被推选为新政协筹备会常务委员会主任。两三天前的一个下午，在酝酿和讨论国号的时候，为广泛征求意见，他以筹委会主

开国大典前夕，毛泽东与张治中、周恩来商议国事。

任的身份在勤政殿邀请各界人士座谈，张治中也应邀参加了。他让工作人员把筹委会上的专家们的意见介绍给与会各位，然后，他代表中央说，中央意见拟用"中华人民民主共和国"，征询大家意见。

这时，张治中说有不同的意见。张治中说："'共和'这个词的本身就包含了民主的意思，何必重复呢？我提议去掉那两个字，不如干脆就叫'中华人民共和国'。"

他觉得张的话颇有道理，"共和"者，其含义为通过民主选举产生国家元首和国家权力机关的一种政治制度，的确也包含了"民主"的意思。于是，他在会上建议大家采用。经过众人反复讨论，终于决定了即将诞生的新中国采用这个国名。

他很器重张治中的意见。张治中，字文白，曾三次到延安。在重庆谈判中，张让出官邸给他住，又负责护送他回延安。张治中有学问，有头脑，善思考，读过很多书。有一次他劝一个青年读书，就说人家国民党的张治中年轻的时候还读了十年线装书哪。这次国共和谈夭折，渡江开始，他就对周恩来说，文白先生要走的话，可以送去香港或者兰州（当时张治中还任国民党政府的西北地区行政长官）。后来，张治中决定留下来，周恩来也把张治中的家属接到北平来了。他很欢迎张治中参加中华人民共和国的筹建工作。

国共和谈期间，4月8日，他曾请张治中来香山见面谈话。那次，连谈话带吃饭共用了三个钟头。张治中胸怀坦荡，对国家大事有话直说，曾就新中国的对外方针提出过自己的意见。

张治中在国民党中被认为是左派，是主张国民党在联美之外，也要联苏联共的。此时，张治中认为，国民党失败的原因很多，除了反共反人民反革命、不实行三民主义之外，在对外方针上也犯了严重错误，就是长期以来推行一条亲美的一面倒政策。因而，张主张，今后新中国要实行苏美并重的新政策。

他问张治中，具体怎么解释？

张说，就是亲美也亲苏，不反美也不反苏，平时美苏并重，战时善意中立。以亲美又亲苏的美苏并重政策来消除美苏的对立，促进美苏合作，使中国成为美苏关系的桥梁。这对中国有利，对美苏有利，对世界和平也有利。单就从军事观点来说，如果在美苏对立之间中国不能保持善意的中立，而是联合美国对付苏联,则美国为了支援中国,就会派部队越过太平洋到中国来,这样,中国就成了美国的负担。反之,中国要是联合苏联对美国作战,苏军也会从西伯利亚过来支援中国,不仅中国成为苏联的负担,且使苏联陷于欧亚两面作战的不利局面。

因此,张治中说:"在亚洲,中国处于举足轻重的地位。现在的世界是美苏两雄争长,中国在中间举足轻重,是两雄争取的对象。中国投向哪一方,哪一方就占优势。我们要好好地利用它、珍视它。"

他已经听周恩来谈过张治中的这些观点了,这次他是亲自听张治中面述。这些观点使他很感兴趣。

张治中在4月8日这次见面中,对新中国的对外方针又作了进一步阐述。据张治中当年的秘书余湛邦在其回忆文章《"一边倒"争论的来龙去脉》一文中记述,"事后,张曾详细地从头到尾告诉了我,我作了速记,并整理成文字"。该文回忆说:

概括起来,张治中在谈话中提出了以下几点:

(一)抗日战争胜利后,在国民党政权中占统治地位的是亲美派反动集团,他们一边倒亲美、死硬反苏的错误政策是一个致命的赌注,给国家民族带来严重的灾难,不仅危及国家民族的命运,而且影响到远东的和平,因此,我坚决反对一边倒亲美,主张美苏并重。平时美苏并重,战时善意中立。我是一生坚持孙中山先生三大政策的,但在亲苏联共的总方针下,不妨在外交策略上美苏并重,保持同等距离。

(二)战争结束恢复和平之后,就要进行全国性的建设,以中国之大、人口之众,建设不可能只靠自己,还得寻求外援,光靠苏联帮助不够,还得向英、美等国去争取才行;光靠任何一国都不行。

(三)我们还要做生意。现在世界交通日益发达,各国人民贸易往来,有无相通,是正常的事,我们要和所有的国家做生意,尤其和苏、美、英等国做生意,而不能像清代那样闭关自守,一律排斥外来的东西。

(四)我们既然主张和平,既然要和各国建立邦交和做生意,那么就得注意态度,不能对别人采取敌对和刺激的做法。

他听了后，认为张治中所说的各点，在当时具有普遍性、代表性，因而一边吃饭，一边详细解答。解答完后，他还笑着对张治中幽默地说："文白先生，我准备为此进行一百年的辩论。"

毛泽东识穿了司徒雷登的用心。6月30日，经毛泽东审阅后，中共中央就司徒雷登来北平的事给南京市委发去电报，针对司徒雷登希望我方发邀请及欲乘美国军用飞机到北平之事，作出了具体指示：

> 望告黄华，谨守中央去电原则，即我们系准许司徒雷登去燕大一行，彼希望与当局晤面事亦有可能。因此，两事均为司徒雷登所提出，绝非我方邀请。此点必须说明，不能丝毫含糊，给以宣传借口。
>
> 司徒及傅如来北平只能挂一卧车，派人护送，不能许其乘美机来平。如司徒雷登借口不乘美机即无法赶回华盛顿，可置之不理。因美国国会闭幕与否，不应予以重视，我们对美帝亦绝无改变其政策的幻想。

就在这同一天，毛泽东发表了《论人民民主专政》的长篇文章，明确地指出了新中国实行"一边倒"的外交政策。

■ 陷入黑圈的杜鲁门只好使用否决权

夜里，柔和的灯光下，勃拉姆斯的一支欢快的乐曲回荡在白宫的琴房里。

杜鲁门总统端坐在那架黑色的大钢琴前娴熟地弹奏着。在少儿时代，管教严厉的母亲就规定他每天早晨一起床就首先要练钢琴。母亲还为儿子在堪萨斯城找了一位很出色的钢琴师，他必须一周去上两次他极不愿意上的课。母亲当然没有想到不愿意成为职业钢琴家的儿子，后来竟然成为国家总统。但当总统之后，在出国访问或是庆典活动时，人们经常邀请他做即兴表演，斯大林、丘吉尔都欣赏过他的钢琴表演，并给他以掌声与赞扬。他曾开玩笑地对丘吉尔说：如果不是当了总统，他可能最终成为酒吧间的钢琴演奏师。

但是,他有意识选择的欢畅旋律也不能冲淡他心中积蓄的烦恼。最近使他烦恼不已的就是中国问题。

自接任总统以来,中国问题就是一个令他极为头疼的问题,也可以说是一个甩不掉的包袱。赫尔利将军、马歇尔将军先后在中国对国共两党进行调停失败后,他对蒋介石愈发失去信心了。

现在,1949年夏秋间,人民解放军在大陆战场上节节胜利之时,在美国国内,在中国问题上,杜鲁门更加左右为难,四面受攻。他作为美国总统深知,如果要挽救蒋介石的命运,那就意味着美国不仅要投入更多的金钱,还可能要动用美国军队;如果不是这样,蒋介石就有可能被毛泽东的共产党彻底打败,肯定就会有人严厉指责总统对共产主义打击不力。在人民解放军渡过长江后,国民党政府摇摇欲坠,再三向美国求援。中国问题越来越成为美国国内关注的问题,也成为反对派攻击杜鲁门总统的靶子。一些反对派议员说总统在对华问题上全错了,先错在不应提出让共产党进入联合政府的主意,接着又错在马歇尔调停失败后没有全力帮助蒋介石打败共产党,他们要求全力支持蒋介石,甚至主张动用美军干涉。那些像谢伟思、戴维斯那样敢于向国务院指出蒋介石无可救药这一事实的外交官,都被扣上了美国叛徒的帽子。

美国总统杜鲁门制定了敌视新中国的政策。

在冷战阴云笼罩的岁月里，使他最为烦恼的是，他明知对蒋提供援助是白白浪费，但又不能背上一个对共产主义心慈手软的罪名。在这种情况下，连任总统不久的杜鲁门，便授命自己的新国务卿艾奇逊对当时的对华情况作一个"协调的解释"。

这真是一个倒霉的使命，艾奇逊感到无可奈何，但善于形象思维的他还是想到了一句绝妙的话。艾奇逊对反对派议员们解释说："如果森林里有一棵大树倒下了，在飞扬的尘土降落之前，人们是无法看清它的损失程度的。"这即是当时美国"等尘埃落定"的对华政策的由来。当时，艾奇逊也正为美国原先对华政策的失败准备一份白皮书，打算将失败的责任都推到蒋介石的身上去。

在这个背景下，司徒雷登在真要实施北平之行时，又变得小心、谨慎、甚至犹豫起来。

他通过黄华的渠道得知北平当局准许他去之后，就给艾奇逊国务卿致电报告，把去北平之事提交给艾奇逊作最后决定。司徒雷登在报告中先撒了个谎，谎报说中共方面作了邀请，却隐瞒了自己主动与中共联络并私下做好了北上旅行准备的实情，诡称是傅泾波无意中向黄华提起，中共方面显然当成一回事了，巴不得请他这个美国大使到北平去。

在电报中，司徒雷登用很长的篇幅陈述了他这次北平之行的利弊。此行的积极意义，是使他有机会接触中共最高层领导人，能亲自向毛泽东、周恩来陈述美国的政策，表明美国对共产主义和世界革命的担忧、对中国前途的希望。通过与北平中共领导人交换意见，他就可以给华盛顿带回关于中共意图的最可靠的官方消息。

司徒雷登还认为，这种接触可以增进中共党内自由主义分子和反苏分子的力量。简而言之，此行"将是富于想象力的，是一次大胆的行动，表示美国对改变中国的政治趋势持坦率的态度，可能对今后的中美关系产生有利的影响"。

司徒雷登在报告中还说，此行也有不利的一面，可能在美国国内引起批评而使国务院为难。而在南京的外交使团中的同行们也可能误解，认为美国使节出尔反尔：先是提出一致对付共产党，现在又率先与它接触，并有可能成为各国大使们以这样那样的借口纷纷前往北平的开端。此时，美国大使前往北平会极大_____中国共产党和毛泽东本人在国内外的威望。而这恰恰又是司徒雷登极不愿看到的。为了抵消这种"消极后果",司徒雷登还征询国务卿要不要同样做一次广州之行。但他又担心这样两面奔走,会显得美国在擅自干涉中国的内部事务,很可能激怒中共,从而抵消访问北平的任何成果。

司徒雷登将北平之行的利弊瞻前顾后地详加分析,使艾奇逊的助手们意见也不一致,众说纷纭,弄得艾奇逊也没法最后决定,只好"提交最高一级"决定。

关于司徒雷登北平之行的报告,在杜鲁门大办公桌上压了好几天。

已经被对华政策搞得矛盾重重、尴尬不堪的杜鲁门几经犹豫,最终还是更多地倾向于司徒雷登在报告中所列举的不利后果,从而行使了否决权。

6月30日,毛泽东在《论人民民主专政》一文中明确宣布了新中国"一边倒"的外交政策,更使杜鲁门感到非常恼火。他认为,此时如果派司徒雷登去北平同中共领导人会晤,不仅不会给美国政府捞到什么好处,反而会给人以美国有求于中共的印象,还会大大提高毛泽东和中共的声望。

7月1日,司徒雷登接到艾奇逊发来的电示:"根据最高层的考虑,指示你在任何情况下都不能访问北平。"

7月2日,傅泾波来到南京外事处对黄华说,艾奇逊国务卿来电称,司徒雷登须于7月25日以前赶回华盛顿,中途不要停留;并决定司徒雷登现在不去北平,以免引起各方评论。傅泾波还说,司徒回国短暂停留后即返回中国,届

美国驻华大使司徒雷登在南京的大使馆里。

时可去北平。

黄华听了这些外交辞令,很平静地作了回答:去北平的事情是根据司徒雷登的请求而准许他去燕大访问的,至于去不去,由司徒雷登自己定。

傅泾波又问:司徒雷登返美后,怎样保持与中共方面的联络呢?

黄华说:没办法联络,而且现在考虑不到联络的需要。

司徒雷登得到黄华的回答后,感到灰溜溜的,越想越觉得懊恼,北平之行是去不成了,他自作主张费尽心思张罗半天,却落得一个只令他自己尴尬的结果。但他还有些不甘心,他还想等一等去北平的陈铭枢即将带回来的消息。

司徒雷登曾经发电向华盛顿报告说:

> 我已间接得到陈铭枢的消息,他已同毛泽东和周恩来谈过话,他认为谈话结果完全令人满意。他报告说,他很快会经南京回上海,希望我能推迟原定的返美时间。虽然进一步的分析尚待我直接从陈铭枢那里得到消息才能作出,但我认为,他能如此迅速地见到这两位中共最高领导人,并得到他们的同意提前返回南方,这本身已很有意义。

因而,7月6日,司徒雷登向艾奇逊报告说,他将在7月12日—13日会见由北平返回上海的陈铭枢,并从那里得到毛、周的消息。在同陈会晤后,他立即返回华盛顿。

■ 在美蒋的封锁下,新中国外交要"一边倒"

毛泽东在中南海住了一段时间后,也渐渐安下心来。此时,占据他心中的就是建国的大政方略。

随着新政协筹备会议的召开,6月中下旬的中南海显得更为热闹了。过去就在这个地方,慈禧太后垂帘听政独掌国家大权,窃国大盗袁世凯策划复辟称帝,李宗仁把这里当做国民党北平行辕。如今在这里进进出出、欢聚一堂、谈论议决国事的,都是当代中华民族的精英人物。真是天翻地覆,这里已成为人民的中南海了。

新中国对外政策是由他亲自掌握制定的,张治中主张对外方针上美苏并重,从这次筹备会议的各方发言看,有相当的普遍性;他所敬重的张澜,还主张在如今世界冷战两大阵营的对峙中,新中国要走中间道路,主张他"要做铁托";还有一些要走第三条道路的人士在到达北平后,也热衷于宣传外交"向美苏两面靠"的主张。

为此,他分别对张治中、张澜等都郑重地说过:我准备写一篇文章,专门答复你以及和你具有同样观点的人。

在渡江后,尤其是在攻占上海的前后,中共中央是曾经寻求同美英建交的可能性的。他通过在南京的中美之间试探性的接触,已经基本摸清了美国的底。美国除了在上海解放后从青岛撤走了驻军外,未作其他任何积极的反应。美国国务院虽说让司徒雷登滞留南京,奉行的也只是"等尘埃落定"的政策。美国最高当局无意断绝与国民党的关系,反而还致力于同西方各国就承认新中国问题结成统一战线而对中共施加压力,要新中国不能和苏联结盟,要新中国同意维护西方帝国主义在旧中国的殖民利益,他们才能考虑承认问题。他们不理解新中国的独立自主的方针,愚蠢地认为中共一定会向他们乞求。他们一再预言:你们不敢占领上海,因为你们无法管理好它,除非你们向我们屈服。他要求西方国家改变过去殖民主义的态度,因而,5月29日,他在为新华社的社论稿《祝上海解放》审稿时,加写了一段话:

> 这些外国政府如果愿意开始从中国事变中吸取教训,那么它们就应该着手改变它们干涉中国内政的错误政策,采取和中国人民建立友好关系的政策。

6月25日,国民党海军在美、英支持下,开始对上海港以及解放军已经解放的港口进行封锁,试图通过封锁用经济压力使中共在政策上向西方屈服。他曾经愤怒地揭露美帝国主义的无耻行径说:现在,只有广州、台湾等一小片地方的门户,还向艾奇逊们开放着,第一个神圣的原则在那里"依旧维持"着。其余的地方,比如上海吧,解放以后本来是开放的,现在却被人用美国的军舰和军舰上所装的大炮实行很不神圣的原则：门户封锁。

美国的封锁必须打破！

在美国维护西方帝国主义殖民利益的错误对华政策所造成的双方对峙中，中国共产党除了联合以苏联为代表的一切反帝力量奋起反击外，别无选择。

"一边倒"就是对美国支持蒋介石实行封锁政策的一个针锋相对的回答。

与此同时，在渡江胜利后，特别在上海解放后的第三天，5月30日，苏联驻华大使罗申奉命离开广州回国，标志着苏联完全放弃了对国民党残余政权的支持和利用，苏联对华的弹性政策遂告结束。苏联态度的转变鼓舞了中国共产党人。早在5月初，斯大林已经同意中共中央派刘少奇去苏联访问，同斯大林就建国工作、技术援助和国际形势进行会谈。

6月24日下午6时，他给胡乔木写信说："写一篇纪念'七一'的论文（似不宜用新华社社论形式，而用你的名字为宜）。……请你好好安排时间，并注意抽空睡足觉。你起草后，我帮忙修改，你可节省若干精力。"

胡乔木写的这篇纪念"七一"论文，稿子写出后他没有采纳，而是自己重写了一篇，这就是毛泽东原来对张治中、张澜说过要写的文章，也就是著名的论文《论人民民主专政》，该文在文章中明确地宣布了当时新中国"一边倒"的外交方针。

这篇文章说：

> 在国外，联合世界上以平等待我的民族和各国人民，共同奋斗。这就是联合苏联，联合各人民民主国家，联合其他各国的无产阶级和广大人民，结成国际的统一战线。
>
> "你们一边倒。"正是这样。一边倒，是孙中山的四十年经验和共产党的二十八年经验教给我们的，深知欲达到胜利和巩固胜利，必须一边倒。积四十年和二十八年的经验，中国人不是倒向帝国主义一边，就是倒向社会主义一边，绝无例外。骑墙是不行的，第三条道路是没有的。我们反对倒向帝国主义一边的蒋介石反动派，我们也反对第三条道路的幻想。
>
> "我们需要英美政府的援助。"在现时，这也是幼稚的想法。现时

的英美统治者还是帝国主义者，他们会给人民国家以援助吗？我们同这些国家做生意以及假设这些国家在将来愿意在互利的条件下借钱给我们，这是因为什么呢？这是因为这些国家的资本家要赚钱，银行家要赚利息，借以解救他们自己的危机，并不是什么对中国人民的援助。这些国家的共产党和进步党派，正在促使他们的政府和我们做生意以至建立外交关系，这是善意的，这就是援助，这和这些国家的资产阶级的行为，不能相提并论。孙中山的一生中，曾经无数次向资本主义国家呼吁过援助，结果一切落空，反而遭到了无情的打击。在孙中山一生中，只得过一次国际的援助，这就是苏联的援助。请读者们看一看孙先生的遗嘱吧，他在那里谆谆嘱咐人们的，不是叫人们把眼光向着帝国主义国家的援助，而是叫人们"联合世界上以平等待我之民族"。孙先生有了经验了，他吃过亏，上过当。我们要记得他的话，不要再上当。我们在国际上是属于以苏联为首的反帝国主义战线一方面的，真正的友谊的援助只能向这一方面去找，而不能向帝国主义战线一方面去找。

1949 年 7 月，全国政协筹备会议期间的天安门城楼。

1949年7月19日,邓小平在致华东局负责人的信中,对这一方针的制定,作了精辟的论述:

> 帝国主义的各种花样直到封锁,其目的在于迫我就帝国主义之范,而一个多月的经验看出,帝国主义就我之范也非易事。这一时期双方斗争实际上都是试探的性质,直到英美摊出封锁的牌。封锁,在目前说来,虽增加我们不少困难,但对我们仍属有利,即使不封锁,我们的许多困难也是不能解决的。但封锁太久了,对我是极不利的。打破封锁之道,毛泽东强调从军事上迅速占领两广云贵川康青宁诸省,尽量求得早日占领沿海各岛及台湾。同时我们提出的外交政策的一面倒,愈早表现于行动则对我愈有利;内部政策强调认真地从自力更生打算,不但叫,而且认真着手做。毛主席说这两条很好,与中央精神一致,我们这样做,即占领全国,一面倒和自力更生,不但可以立于坚固的基础之上,而且才有可能迫使帝国主义就我之范。

1949年9月,全国政协第一届大会在怀仁堂召开时怀仁堂大门口。

7月7日，参加新政协筹备会议的各党派各团体发表联合宣言，拥护"一边倒"方针。9月29日，中国人民政治协商会议第一届全体会议通过《共同纲领》，明白接受了这一方针，奠定了它的法律地位。

新中国当时采取"一边倒"的外交方针，是在特定的历史时代产生的，具有极为强烈的现实针对性，为新中国在对美外交的策略上赢得了主动地位，对于洗刷西方帝国主义在中国土地上的污泥浊水与百年屈辱，赢得了相对有利的国际环境。新中国虽然宣布了"一边倒"的外交方针，但一贯有着独立自主的传统，仍然坚持着中华民族独立的基本立场，独立自主、自力更生的立场。基于这种立场，鉴于国际局势的变化，在50年代中期，新中国适时地改变了外交上"一边倒"的方针，大力倡导各国人民在五项基本原则上实行和平共处。

■ 出兵朝鲜：毛泽东一生中最难作出的决策

即使加大了安眠药的用量，他也还是睡不着。

在美军仁川登陆后，他已经苦思焦虑，反复思考，好几天没有睡着觉了。

但是，在1950年10月1日这天，他还是保持着旺盛的精力，与40多万军民一起欢度国庆一周年。

他双手扶着天安门城楼上的栏杆，俯望着天安门广场上喜庆欢乐的人海，心却系在与我国东北边境紧邻的那个冬瓜形的半岛上。欢庆新生的共和国一周年国庆节的群众，挥舞着彩旗，呼喊着热烈的口号，唱着欢快的歌曲，但却没有能够冲淡他凝重而复杂的心情。

他作为党和国家的最高领导人，与站在身旁的刘少奇、周恩来、朱德等领导人一样，尽管都在天安门城楼上与广场的数十万群众欢度国庆，内心却都共同关注着与新生共和国命运密切相关的一个极端敏感而重要的问题。

美韩军队置新中国政府的警告于不顾，昨天越过了朝鲜半岛上的"三八线"。

半个月前，也就是1950年9月15日，原先担心的情况发生了！正如设在中南海居仁堂的我军委作战部所准确判断的，美军趁海边涨潮时辰在仁川突袭登陆，向占据汉城而数量不多的朝鲜人民军发起反攻，守军在众寡极端悬殊的

1950年9月15日,美军在朝鲜仁川登陆。

情况下同美军血战两个星期,于9月28日撤离汉城,为洛东江地域的人民军撤退赢得了时间,但这已使朝鲜战场的战局骤然发生了变化,人民军的主力已被截断在南朝鲜。

美军在占领汉城后,继而又越过了"三八线",又一个严峻的新问题摆在眼前:敌人会不会打到中朝边境鸭绿江边呢?

在越过"三八线"的问题上,美国人向中国人玩了一个花招。

虽说杜鲁门总统给驻太平洋美军总司令麦克阿瑟下达了只有少数人知晓的"九二七训令",授权麦克阿瑟越过"三八线";而在外交上却施放烟雾,通过印度总理尼赫鲁向中国传话,说美军打到"三八线"即会停止,不会越过"三八线",如果过"三八线"也要联合国来决定。

数天前,即9月27日,解放军代总参谋长聂荣臻应印度驻华大使潘尼迦的要求,会见了这位大使。会见是在东交民巷御河桥的军委对外联络处进行的。这个处所是原日本驻北平总领事馆的旧址。谈话从这个旧址谈起是弦外有音。潘尼迦后来在伦敦出版的《在新旧中国——一个外交官的回忆》中,对这次谈话有所记述。解放军军史档案中也有记录。下面是谈话的要点:

　　大使:阁下的办公室,是签署"二十一条"的所在地。这是一个很大的讽刺,这好像是说历史的车轮现在已转回来了。

聂：阁下，遗憾的是这里不是我的办公室，这里是我军对外联络处的会客室。

大使：记得1949年南京陷落的时候，麦克阿瑟曾对美联社记者托宾亲口说：给我500架飞机就可以摧毁他们。

聂：我们把原子弹看成是纸老虎，何况几百架飞机呢？

大使：真正怕原子弹的是英国，英国的全部精华都集中在伦敦、利物浦、曼彻斯特三个城市，4000万英国人口中有1200万集中在伦敦。我毫不怀疑，没有任何人能征服中国，击败解放军。我所担忧的是万一发生什么事情，将要使中国的建设拖后十年、八年。

聂：那有什么办法！如果帝国主义者果真要发动战争，那么，我们也只有起而抵抗了。

大使：中国的工业不是在沿海，就是在中国东北满洲，一旦发生事故，是很容易遭受破坏的。

聂：一旦战争起来了，我们除了起而抵抗之外，是别无他途可循的。当然，这只是问题的一个方面，帝国主义有它们自己的弱点，因此我们今天的任务是争取和平、制止战争的发生和发展。

聂荣臻还告诉潘尼迦，对于美国入侵朝鲜，中国不能袖手旁观，坐视美国打到中朝边界，中国人民将不惜一切代价制止美国侵略。聂荣臻还说，美国能轰炸我们，能消灭我们的工业，但他们在陆地上打不垮我们。

当晚，聂荣臻将会见的情况向毛泽东作了报告。

他听后说，这是人家通过印度来摸我们的底，看来，这个麦克阿瑟很有可能要越过"三八线"。

据得到的情报称，美国方面的目的是要稳住中国，以便能越过"三八线"，越过以后再搞中国。当时，中央政治局正在酝酿一个重大决定：如果美军越过"三八线"，即出兵援朝。

朝鲜战争突然爆发后，他于7月间召开政治局会议，作出了立即成立东北边防军并屯兵鸭绿江江畔的战略决策，中央并采取了一系列未雨绸缪的防范措施，调动与实施了东北边防军以11个军（含36个师）约70万兵力作三线配置，分别以第13兵团、第9兵团和第19兵团为第一、二、三线，还决定从第四野战军中抽调10万老兵准备在参战后补充第一线部队，并做了相应的作战物资的准备。

他觉得通过聂荣臻与印度大使潘尼迦这次非正式谈话转达了信息，但还不够。为此，他同意周恩来向世界公开透露我们对美军入侵朝鲜不能置之不理的态度。昨天（9月30日），周恩来在全国政协举行的国庆一周年庆祝会上演说时，严正警告美国当局："中国人民热爱和平，但是为了保卫和平，从不也永不害怕反抗侵略战争。中国人民绝不能容忍外国的侵略，也不能听任帝国主义对自己邻人肆行侵略而置之不理。"

周恩来的演说立即在海内外引起了巨大反响。外国通讯社与驻京记者纷纷发表消息和评论，他们敏锐地捕捉到了新中国所传出的重要信息。

从收听的外电得到消息，美国人置新中国发出的严正警告于不顾，在昨晚，李承晚的南韩第三师已经越过"三八线"。

望着解放军的受阅游行部队从金水桥前经过，那整齐地挎着美式冲锋枪的陆军分队，那刚刚穿上水兵制服的海军方队，那十轮大卡车拖运的大炮，那坦克装甲部队……这是自己熟悉的人民子弟兵，八年抗战，打败了日本鬼子兵；三年解放战争，基本解放了大陆，把蒋介石赶到那个海岛上去了。在今年初春解放了海南岛后，数十万主力部队正在长江及华东一带操习水战与登陆作战，准备在近期实施台湾战役。朝鲜战争爆发后，美军进驻台湾，使局势骤然变得紧张与复杂起来。解放台湾的计划就只能往后推延了。毛泽东在前晚（9月29日）就曾给担任新闻总署署长的胡乔木作了指示：请注意，在今后的宣传中，只说要打台湾、西藏，不说任何时间。

这些日子，在酝酿出兵问题时，政治局的同志们反复研究的问题是，新中国有没有力量出兵朝鲜同美国作战？一旦打起来，能不能打赢这场战争？我们已经不是在陕北黄土高原的窑洞或是太行山的小山村里了，那个时候在农村根据地里说走就走，上了马背就是家，不怕打破坛坛罐罐。如今，我们已经建立了新中国，已经是要为五亿人口的国家负责任的执政党。我们刚从战争废墟中建国，百废待兴，而美国是世界上最强大的国家，拥有原子弹和世界上最先进的武器装备，并有世界上最大的军工生产能力。双方国力相差如此之悬殊，出

1950年10月，中国人民志愿军跨过鸭绿江。

兵的决心确实一时难下啊。

空中传来了悦耳的呼啸声，几架从天安门上飞掠而过的战斗机，吸引着广场上40万群众昂首仰望蓝天。

他看着想着，是的，我们刚组建的空军还没几架像样的飞机，我们刚组建的海军还没有什么像样的军舰；但我们这支人民军队凭着小米加步枪，不是在短短的三年中打败了用美国现代化武器装备起来的数百万蒋军吗？我军的精神力量，我们在长期战争中所积累的发挥人的主观能动性、以劣胜优的一系列宝贵经验，是可以在一定的条件下与美军较量的。

深夜，从朝鲜来的急电报告说，金日成在其地下指挥室里紧急接见中国驻朝大使倪志亮，向中国提出了紧急出兵援助的请求。接着，金日成又亲笔给他写信：敌人如果继续进攻"三八线"以北地区，只靠我们自己的力量是难以克服这一危机的；因此，我们不得不请求您给我们以特别的援助……急盼中国军队直接出动，援助我军作战。

这个国庆节的晚上，他就根本没有合眼。

10月2日，他紧急召开中央政治局会议。从这天起，在他居住的菊香书屋东厢房连续举行会议，反复讨论出兵援朝的问题。出兵抗美援朝的首次决定，就是在10月2日由他主持的政治局会议上作出的。决策后的这天晚间，他执笔为中共中央起草了致斯大林的电报。此电报说：

> 我们决定用志愿军名义派一部分军队至朝鲜境内和美国及其走狗李承晚的军队作战,援助朝鲜同志。我们认为这样做是必要的。

关于中国军队能否在朝鲜境内歼灭美军,他在给斯大林的电报中说:

> 我军目前尚无一次歼灭一个美国军的把握。而既已决定和美国人作战,就应准备当着美国统帅部在一个战役作战的战场上集中它的一个军和我军作战的时候,我军能够有四倍于敌人的兵力(即用我们的四个军对付敌人的一个军)和一倍半至两倍于敌人的火力(即用二千二百门至三千门七厘米口径以上的各种炮对付敌人的同样口径的一千五百门炮),而有把握地干净彻底地歼灭敌人的一个军。

就在他执笔给斯大林起草电报的同时,周恩来受中共中央的委托紧急约见印度驻华大使潘尼迦。中共中央还想争取最后一线希望来避免中美双方的交战,并准备通过这一努力,表明中国的出兵确实出于迫不得已。

已经上床入睡的潘尼迦被唤醒,待其赶到西花厅时,已是10月3日凌晨。周恩来请大使立即向尼赫鲁报告,并转告美国和英国政府,中国政府希望朝鲜问题和平解决,如果美军越过"三八线",我们不能坐视不顾。美国的解密档案证明,白宫在10月3日当天就得到了这一信息,可是杜鲁门总统没有理睬。

正在黑海边休假的斯大林得到中国要出兵朝鲜的通知后,非常感动,十分钦佩毛泽东,从此相信中国共产党人是敢于同帝国主义斗争的马列主义者,并表示愿意提供战争所需要的武器与空中掩护的飞机。

10月3日,中共中央政治局继续开会讨论出兵问题。他在会上让大家尽量摆出出兵的不利条件,陆续到会的中央领导人都发言说了自己的意见。从国内恢复国民经济的需要,从当时国家的财力物力及双方装备相差悬殊考虑,出兵确实很困难。他本来期望打过不少硬仗的林彪能挂帅出征,但没想到林彪不赞成出兵,说美军一个师拥有数百门炮,我军一个师才十几门炮,又没有制空权,客观条件太差。

他听了后甚不舒服，就表示说："你们说的都有理由，但是别人危急，我们站在旁边看，怎样说，心里也难过。"

次日，10月4日，担任人民解放军副总司令员兼西北军区司令员、中共西北局第一书记的彭德怀，乘专机从西安赶到北京，参加了中央的会议。他在会上坚决支持毛泽东关于出兵的意见，随即接受了挂帅指挥志愿军的任务。

10月6日，周恩来在军委所在地居仁堂主持召开了最高军事会议，研究入朝作战的具体问题。林彪在会上继续不赞成出兵，周恩来当即批评了这种态度，强调中央的决心已定，现在只是研究如何执行的问题。

10月7日，联合国在美国操纵下通过了所谓"统一"朝鲜的决议，表明了美国一意孤行、不听警告、要将战火燃至鸭绿江边的企图。

10月8日，他以中国人民革命军事委员会主席的名义发布了"着将东北边防军改为中国人民志愿军，迅即向朝鲜境内出动"的命令。

那几天，在同彭德怀商讨出兵的具体计划时，给他印象很深的是讨论设立志愿军总部指挥所的地点问题。

他问："老彭，你对你的指挥所设在哪儿有什么打算？"

彭德怀说："我还没有来得及考虑。"

他说："中央考虑了。为了你和指挥所的安全起见，指挥所应该设置在鸭绿江北岸，找一个隐蔽的地方，免遭敌机轰炸。"

彭德怀眉头一皱，说："主席，那不行。我的指挥所不能设在北岸。"他有点惊诧："不设在北岸，为什么？"

"抗美援朝，出兵朝鲜。部队都要开过鸭绿江出国门打仗，我彭某人当司令员怎么能在国门之内指挥作战？"彭德怀很坚决，"部队打到哪儿，我就到哪儿，我向来习惯靠前指挥。"

他有些担心地问道："你的指挥所万一被敌人一下子炸掉了，怎么办？"

"不会，不会。"

"不怕一万，就怕万一。万一炸了指挥所，你怎么指挥？"毛泽东也坚持己见。

彭德怀还是不松口："是我彭德怀去，指挥所就不能设在北岸。主席，人家要炸，我不给他炸嘛！"

好倔强的彭大将军哟！

朝鲜战争期间的毛泽东与彭德怀

10月18日黄昏，彭德怀乘一辆美式吉普车，在仅有一辆电台车跟随的情况下先行过江入朝。彭德怀的指挥所就设在鸭绿江南岸的大榆洞。大榆洞是新义州崇山峻岭里一个很偏僻的山沟。指挥所就设在山沟里一个金矿洞口的木棚里，紧靠着金矿洞口，像是个天然的防空洞。金日成已提前赶到那儿迎接彭德怀。

10月19日入夜，集结于鸭绿江边的志愿军四个军的部队开始过江入朝。天黑不久，他刚吃完晚饭，聂荣臻代总参谋长拿着电报兴冲冲地到菊香书屋向他汇报，我军已经跨过鸭绿江了！

他听了后只对卫士长说了一句话："睡觉吧。"

他很快就呼呼入睡了。自美军在仁川登陆以来，他第一次睡得很香。

如今，这场战争已经成为历史，有关的档案也已解密。在那个激情燃烧的年代，当战火就要烧到新中国的国门时，当麦克阿瑟扬言用多少架飞机就可以给中国的心脏地区动手术的时候，"抗美援朝，保家卫国"的伟大号召自然而然地成了五亿五千万人民捍卫新中国独立和尊严的一致行动。

卷 二 | 周恩来从万隆发出震撼世界的声音

■ 在日内瓦杜勒斯不准握手时发生的中美接触

1954年春夏间，新中国的一批外交精英云集日内瓦，首次参加重要的国际会议。会前，大家在周恩来总理兼外长的领导下精心作准备的时候，并没有料到会在这次会议上打开中美会谈的大门。

当时，朝鲜战争刚停战，中国将美帝视为最凶恶的头号敌人，每个政治集会上都少不了要呼喊"打倒美帝国主义"的口号。美国在极端反共的麦卡锡主义制造的恐怖气氛之中，中共被视为十恶不赦的"红色恶魔"。就连后来当了总统而飞往北京与毛泽东握手的年轻议员尼克松当时也是一个反共的得力干将。许多与共产党沾边的人士被投进监狱，连大名鼎鼎的"二战"功臣马歇尔将军也遭到了所谓有"亲共倾向"的指责。

关于在日内瓦国际会议上美国国务卿杜勒斯不准其手下与中国代表团人员握手之事，众多史书已有赘述，本书不再涉及。但杜勒斯以堂堂主管美国国家外交事务的国务卿身份下此命令，可见当时中美两国相互关系的鸿沟有多深。

早在有美、苏、英、法四大国外长参加的柏林筹备会议，酝酿召开专题讨论朝鲜停战和恢复印度支那和平问题的日内瓦国际会议时，苏联就主张要有新中国参加，就连英国、法国的外长也承认没有中国的参加无法解决朝鲜与印度支那问题，美国迫不得已同意了，但美方却坚决不在筹备会的有关协议书上签字，却另发一个声明称：跟新中国的代表坐在一起开会不等于美国对中华人民共和国的承认。这就是产生杜勒斯国务卿明确规定美国代表团成员不准与同会的中国代表团成员握手的背景。

作为出席日内瓦会议的美国代表团团长，杜勒斯却姗姗来迟了。

有一天，在杜勒斯尚未到达时，苏联代表团团长、老外交家莫洛托夫来找周恩来。他告诉周恩来，自己请美国代表团吃了一顿饭，在私下谈话时，美国代表团副团长史密斯流露出一种批评美国政府的看法,觉得美国政府对中国实行敌对政策是不现实的。莫洛托夫还说,史密斯是二次大战中在欧洲作战的将军,很有地位,他的这种观点,值得重视。

在政治上很敏锐的周恩来觉得莫洛托夫提供的这个情况很重要,便在中国代表团的智囊组中作了专门研究,引起大家对美国代表团成员们的关注。当时的美国代表团成员中,中方只认识一个叫罗伯逊的人。其人在抗战胜利后不久

周恩来与苏联外长莫洛托夫在日内瓦。

在北平军事调处执行部待过。这个军调执行部主要是调解国共两党停战的机构，罗伯逊当时就是个顽固派。

5月初，会议开幕之时，杜勒斯赶来了。此君冷僻高傲，在开幕会上作了个发言，就匆匆回美国去了。杜勒斯离开日内瓦后，当时担任副国务卿的史密斯将军就成了美国代表团的团长。6月16日，当周恩来总理发表了全面解决印度支那问题的六点方案后，史密斯即席作了一个发言。史密斯说：周恩来先生的建议包含着可供讨论的内容。

史密斯的发言引起了周恩来的注意。当晚，周恩来与智囊组作了研究，认为史密斯的发言是其个人的表态，没有经过美国政府的同意；但也说明了美国不是铁板一块，史密斯就有自己的看法，我们要善于抓住机会做工作。

果然，不出中方所料，翌日开会再次讨论此问题时，史密斯就没有到会，只是其副手罗伯逊到会。经打听，说是史密斯有事到瑞士首都伯尔尼拜会联邦政府去了。这位罗伯逊一发言就批驳周恩来提出的六点方案，将史密斯昨天的发言一下子就否定了，还说中国代表团的意见根本不值得考虑和讨论。

周恩来一听就火了，当即严厉地斥问罗伯逊："你们美国代表团说话算不算话？你们的团长史密斯昨天还表态说我们的意见可以考虑，今天怎么一下子就变卦了？"

罗伯逊自知理亏，面红耳赤。

周恩来指着罗伯逊说："罗伯逊先生，我们在中国是认识的，我了解你。如果美国敢于挑战，我们是能够应战的。"

罗伯逊更是狼狈不堪，讷讷地无言以对。

尽管中美之间对立空气如此浓重，但中美双方都有一些具体问题要解决。

首先是美国方面有一桩心事想和中国交涉，即在朝鲜战场上被俘的一批美国军人和在中国犯了罪的在押美国公民。当时美国政府因这个问题处于一种十分尴尬的境地。美国舆论对此问题的反应非常强烈，认为这些被俘被押的美国公民是美国僵硬的对华政策的受害者，国会山上有议员为此对美国政府做过质询。因此，美国政府受到了很大的压力，陷入一种极为矛盾的心态中：既想要求对方遣回那些在华人员，又不愿意和中国人直接接触，以免造成承认中华人民共和国的既成事实。美国因此想通过第三者来办理这件事。当时，在日内瓦会议期间，中英双方经过谈判达成了建立代办级关系的协议，在日内瓦会议期间作为英国代表团的成员汉弗莱·杜维廉，被任命为英国驻华代办。美国代表团便想委托杜维廉代办来照料美国在华利益，接手办理美国在华被押人员的遣返问题。

中国方面也有一批留学生和科学家在美国被无理扣押。当时，美国对外实行对中国的军事讹诈、经济封锁和政治攻击，在国内推行反动的麦卡锡主义，迫害和排斥一切对华友好的美国人士，对许多组织和个人进行调查和非法审讯。中国在美国有一大批爱国的、有成就的留学生，包括早年就去美国留学的钱学森、赵忠尧、张文裕等。在听到新中国成立的消息后，他们欢欣鼓舞，积极地筹划回祖国效力。但是，他们不但受到美国当局扣留，而且还受到非法的逮捕、监禁和虐待，致使有的人不敢提出回国的申请。新中国有责任、有义务保护他们。他们愿意回来，新中国的建设也需要他们。

有一天，美国代表团通过杜维廉向中国代表团成员宦乡口头转达，美国愿就在华被扣人员和中国在美留学生的回国问题进行接触。周恩来听了宦乡汇报后，连夜召集有关人员研究如何对待。周恩来说：我们不应该拒绝和美国接触，在中美关系如此紧张、美国对华政策如此敌对和僵硬的条件下，我们可以抓住美国急于要求在华的被押人员获释的愿望，开辟接触的渠道。周恩来抓住了时机，决策是明智和果断的。他当即派宦乡回答杜维廉：如果美国政府有意商谈这类问题，中国政府从不拒绝进行商谈。他还决定由担任代表团秘书长的王炳南出面与美国人接触。王炳南当时是外交部部长助理兼外交部办公厅主任，早在新中国成立前就在周恩来领导下多次与美国人打交道。

经过杜维廉的安排，王炳南和美国代表约翰逊进行了接触。杜维廉作为中间人和宦乡参加了在6月5日举行的第一次接触。地点是由美方挑选的，在国联大厦的一间会客室。王炳南与宦乡在中间人杜维廉的陪同下如约到达会客室时，约翰逊及其助手主动迎上来握手，双方还寒暄了几句。走进室内一看，里面没有一张桌子，只有几套沙发，给人的感觉是会客，而不是会谈。

第一次会谈进行了半个小时，双方都没有使用过激的言辞互相攻击，气氛显得比较轻松。或许因为初次见面，双方都表现得有些拘谨。王炳南根据过去跟美国人打交道的经验判断，约翰逊是位老练的外交家，对中国的情况也比较

美国国务卿杜勒斯

熟悉,反应也颇敏捷。约翰逊提出会谈时双方不做速记记录、不形成文字,以便使交谈更富于探讨性,避免那些到处乱窜的记者捕风捉影,也更少一些拘束。王炳南表示同意,并确定了五天后即6月10日举行第二次会谈。

第二次会谈是由中方确定地点,也是在国联大厦里找了一个房间。考虑到是双方会谈,而不仅是见面,王炳南就将房间布置得与上次不同,在房子中间摆了一张大长会议桌,双方各坐一边,这就比在沙发上谈显得严肃些。

寒暄过后,约翰逊提交了美方认为是被中国政府拘留的美国军人与侨民的名单,要求中国方面给予这些人早日回国的机会。

王炳南接过名单一看,共有83名在华的美国人,就答复说:"只要双方都有解决问题的诚意,这个问题是不难解决的。"他说,"在中国的美国侨民,只要遵守中国的法律,是会得到保护的。他们可以在中国境内居留,从事合法的职业。如果他们为了某种原因要离开中国回美国去,只要他们没有未了的刑事案件和民事案件,他们随时都可以走。实际上,从中华人民共和国成立以来,已经有1485名美国侨民离开了中国。至于极少数美国人在中国从事间谍和破坏活动,他们被扣压是罪有应得的。你方交来的名单,我们将进行研究并在下次会谈中答复你们。关于美国政府扣留中国留学生问题,我们准备在下次会谈中提出。"

在6月15日举行的第三次会谈时,王炳南代表中方同意对因犯罪而被拘禁在中国的美国人,中国红十字会可代为转递其家属来往信件或包裹。同时,中方提出:"中国在美国的留学生有5000多人,不少人要求回国。他们在向美国政府申请离境时,美国移民局向他们发出'不准离美和试图离美'的命令,违者将被判处5000美元以下的罚金或5年以下的徒刑,或同时给予这两种处罚。"王炳南强调说:"这是毫无道理的,美国政府应立即停止扣留中国留学生,并恢复他们随时离开美国返回中国的权利。至于居留在美国的中国侨民,也同样享有随时回国的权利。"

约翰逊发言时虽作了些搪塞,但也承认说:"不准中国留学生回国,这是美国的法律和规章。在朝鲜战争期间,美国政府确曾发布过一道命令,规定凡是高级物理学家,其中包括受过像火箭、原子能以及武器设计这一类教育的中国人,都不准离开美国。"他还说,"申请回国的中国留学生中有120人根据这项法律被阻止离美。"

王炳南对此反驳说:"这些留学生并未犯罪,美国政府剥夺他们回国与家人团聚的权利是不合理的,有些申请回国的中国留学生受到美国移民局长达四个小时的盘问,却不准他们请律师,当局甚至收走一些中国留学生的护照。在美方的压力下,许多中国留学生不敢要求回国。"最后,他坚决地表示:"你们这条无理的规定,应该予以废除。"

在6月21日举行的第四次会谈中,为合理解决侨民与留学生问题,王炳南首先建议双方起草一个联合公报,宣布住在一方的对方守法侨民和留学生将有返回祖国的完全自由;并建议在相互平等的基础上由第三国代管双方侨民和留学生的利益。

约翰逊拒绝了中方的建议,说美国政府将单独发表声明,肯定中国侨民依照美国的法律和规章,有完全自由到他们愿意去的任何地方。同时,他又一次强调了"美国的法律和规章",也就是不肯放中国留学生回国,但表示了将"依法"对被阻止离美的 120 名中国留学生的情况进行复查。

后来，在 7 月 16 日和 21 日，双方派联络员又接触了两次。中方由外交部科长浦山为代表，美方由国务院中国司政治事务官艾尔弗雷德·詹金斯为代表。7 月 21 日，日内瓦会议闭幕。在当天中美双方举行的最后一次接触中，中方通知美方，除 6 月中旬有 2 名美侨离华外，中国政府已批准最近申请返美的 6 名美国人离华。同日，美国代表团发表声明，宣布对"依法"被阻止离美的 15 名中国留学生已经复查完毕，他们可以自由离美，对其他希望离开美国返回"共产党中国"的中国留学生的情况尚在复查中，一俟收到关于他们的任何情况将转告中方。

除了朝鲜的板门店谈判是中、美、朝鲜、南韩等共同参加的接触谈判之外，1954 年六七月间，中美双方在日内瓦的这次谈判，是当时相互敌对的中美两国之间在新中国成立之后的第一次接触。

由此可见，就是在日内瓦会议开始时规定了美国代表团成员不准与中国人握手的杜勒斯，态度也有所松动，他不愿将这个打开了的口子再关闭起来。为了不使渠道中断，双方商定自 9 月 2 日起仍在日内瓦举行领事级会谈。这使得一年之后钱学森、赵忠尧、张文裕等能够陆续回国。

在日内瓦举行的领事级会谈于 1955 年 7 月 15 日终止。周恩来后来曾经说，此次中美会谈，我们要回了钱学森等人，也是一个胜利。

■ 周恩来从万隆发出震撼世界的声音

在万隆，在亚非会议开会的红白大厦，或是在大部分代表团下榻的市内最豪华的旅馆——普良格饭店与豪曼饭店，在那群为抢新闻或是抢镜头蜂拥而至的各国记者中，他总是显得很活跃。他属于敬业且执著的那类美国记者。他曾用中国话对一个被访问的中国官员说：你们中共在上海成立的时候，我正好也在上海的一家教会医院里出世，与你们的党同岁，但我没有赶上访问你们的二万五千里长征，也没有赶上跟斯诺先生一起去陕北荒原访问被蒋通缉的毛，只有此次有机会到万隆看一看铁幕里出来的中国代表团。

这位美国记者就是鲍大可。

当时，他还默默无闻，名不见经传。他因出生在上海，父母都是传教士，对中国有相当的感情，十分关注新中国的命运、发展与变化。鲍大可是他的中国名字，使用"鲍"姓，取音于他的中间名字"巴尼特"。他采访了万隆亚非会议的全过程。当时来雅加达、万隆的所谓美国新闻代表团，最为庞大，人数达50多人，其中大部分是中央情报局的特工，是来搜集关于中国的情报或是离间亚非国家与中国关系的，而鲍大可先生却是一个正直、真诚而认真的美国记者。

鲍大可先生在当年所写的关于万隆亚非会议的文章中，曾经这样记述道：

> 在万隆发生了两件也许有最大的国际影响的事。这两件事也是在会场外发生的，事实上，它没有必要非在万隆会议期间干不可。但不早不晚发生在这个时候，无疑是周恩来精心策划的，为的是要取得最大程度的心理效果。这两件事是：共产党中国和印度尼西亚签订了涉及华侨的《关于双重国籍问题的条约》和宣布愿意就台湾问题同美国进行谈判。
>
> ……
>
> 万隆会议期间发生的最轰动的新闻事件，是周恩来提出的同美国就台湾争端举行谈判的建议。

中美双方在朝鲜战场上的战争刚刚停下不久，敌对双方鸿沟还很深，鲍大可就将周恩来在万隆主动提出的中美进行谈判的建议，视为那次会议最为轰动的新闻事件，说明他是很有眼光的。

其实，台湾问题与中美关系问题从来没有在万隆会议大厅里面出现过。它并不是万隆亚非会议的既定议题。

虽说导致中美两国直接军事冲突的朝鲜战争，已经在1953年7月27日随着《板门店协议》的签字而在"三八线"停火，但美国艾森豪威尔政府仍继续实行敌视中国的强硬政策，针对中国组织了一个新月形的包围圈。1954年9月在马尼拉组织了反共的东南亚条约组织，接着又在1954年2月与台湾蒋介石签订了《共同防御条约》。在此情况下，毛泽东毫不示弱，一声令下，中国人民解放军于 1955 年 1 月中旬一举收复一江山岛，2 月间又收复了浙江省沿海的全部岛屿。美国国务卿杜勒斯则宣布与中国处于"半战争状态"，并在美国参议院外交事务委员会的秘密听证会上宣称，如果中国共产党的军队要"威胁"台湾，美国将准备对其发动海、空军事打击。艾森豪威尔总统也一再向中国发出核威胁，进行战争恐吓。中美两国在台湾海峡存在着军事冲突的严重危险。

这就是万隆会议召开时中美两国关系的大背景。因而，亚非会议与会各国，特别是亚洲国家，十分关心台湾海峡的紧张局势。就像鲍大可所说："只要周恩来在万隆，几乎不可避免地总会有人至少在这个问题上伸出触角来。"

率先"伸出触角"的是锡兰（斯里兰卡）总理约翰·科特拉瓦拉爵士。

在会议开幕前一天的下午，各国代表团已经先后抵达万隆。因锡兰是亚非会议发起国之一，本来就好出风头的科特拉瓦拉爵士更是显得特别活跃。在大会开幕前，他也没找东道主或者别国的代表团长商量，就自作主张，想请泰国、菲律宾与科伦坡会议的五个发起国的首席代表和中国总理周恩来，总共八个国家的代表，在一起吃一顿午饭，专门讨论台湾海峡紧张局势的问题。他邀请的对象谁也没有拒绝，但当时有的人还没到，有的人刚抵达万隆，正在安顿下榻的住处，因而在具体确定吃这顿饭的时间时，就不断往后推迟，一延再延，以至于人们认为这顿饭永远吃不成了。

待会议开至一半，到 4 月 21 日星期四那天，科特拉瓦拉对这样的拖延觉得面子受损，感到不耐烦了。于是，他决定自行其是，邀请了几个他选定的新闻记者到其住处的草地上去举行关于台湾问题的记者招待会。科特拉瓦拉对记者宣读了一份很长的声明稿，详细发表了他对台湾问题的看法。他竟然置历史于不顾，主张"台湾应当属于台湾人"，其所指的"台湾人"，既不是指大陆的中国共产党人，也不是指蒋介石的国民党人，他是想让台湾成为一个"独立国"。他主张大陆沿海的岛屿应该还给共产党中国，而台湾应该置于联合国或者亚洲的托管之下，然后，"五年以后，举行公民投票，决定其前途"。

鲍大可参加了这次记者招待会。据鲍大可报道和评论，科特拉瓦拉在会外举行的记者招待会是一场"相当笨拙的外交表演"，他的主张"成了一发哑炮"，根本没有人附和与响应，只是在新闻记者中间引起了一点不大的波澜。有的记者以为万隆会议要讨论台湾紧张局势的问题，就在第二天，即 4 月 22 日星期五，在采访印度总理尼赫鲁的时候,询问万隆会议是不是要将台湾问题列入议程。

尼赫鲁回答说:不论是公开还是私下,都还没有人认真向大会提出有关台湾问题的计划,估计也不会有。

但是,科特拉瓦拉在星期四自作主张地发表台湾问题的声明,却促成了他原来提出的午餐会的举行。不过,不是在科特拉瓦拉的住所,而是东道主印尼总理沙斯特洛阿米佐约邀请这八国首席代表到自己在万隆的家里。

午餐会是在4月23日星期六举行的。周恩来、尼赫鲁、缅甸的吴努、巴基斯坦的穆罕默德·阿里、锡兰的科特拉瓦拉、菲律宾的罗慕洛与泰国的旺亲王,在上午的团长会议结束后,先后乘车来到沙斯特洛阿米佐约的家里。这顿午餐安排的是西餐为主的冷餐。餐后,又在走廊上喝了一会儿咖啡。热情的主人理应是主持人,却没有将话题引入原来说的台湾问题上来。大家也都没有提起前天科特拉瓦拉所作的关于台湾问题的声明。

科特拉瓦拉在藤椅上坐不住了,眼看客人们快要告辞了,就忍不住发话问周恩来:"总理阁下,我想你该是看到了我前天所作的关于台湾问题的声明了。你认为你所在地区的紧张局势如何才能缓和呢?"

周恩来可是有备而来的,助手们将登载有科特拉瓦拉声明的各种报纸都寻来让他看了。周恩来觉得从这位锡兰爵士的声明来看,他不是无知,就是被人别有用心地利用了。

周恩来在万隆会议主席台上,右三为埃及总理纳赛尔。

周恩来与锡兰总理科特拉瓦拉会见。

周恩来曾明确表示中国不要求会议对这个问题进行讨论；但是在会外，他毫不隐讳地同关心台湾问题的有关国家代表团，如印度、缅甸、巴基斯坦、印度尼西亚等深入地交换了意见。周恩来严正指出："在台湾问题上存在着两个性质不同而又相互关联的问题。"

其一，"中国人民解放台湾是行使自己的主权，争取领土完整和中国的完全统一"。因此，这是"内政问题"。

其二，"美国侵占台湾、干涉中国人民解放沿海岛屿，造成了台湾地区的紧张局势"。因此，这是"国际性问题"。"现在的问题是如何缓和与消除台湾地区的紧张局势"。

缅甸吴努总理曾经提出："中国政府在历次声明中只说明要解放台湾，而未提用武力解放。"

周恩来说："中国政府在历次声明中也未提不用武力解放台湾。为了实现中国人民解放台湾的正义要求，中国有权用一切方法解放台湾，包括和平解放的方法。"

巴基斯坦总理穆罕默德·阿里在与周恩来会见时，讨论了台湾问题。阿里问："和平解放台湾后，对蒋介石怎么安排？是否可以委任蒋介石为一个将军？"

周恩来笑着答道："完全可以。"

周恩来与这些国家的领袖私下讨论台湾问题时，双方都同意有一个前提，就是不能随意向新闻界披露所讨论的内容。在万隆会议结束时，穆罕默德·阿里曾经向新闻界暗示，周恩来私下同其讨论过台湾问题的可能的解决办法，其中作出比北京已公开肯作的让步要大得多的让步。

其实，在东道主沙斯特洛阿米佐约家里的午餐会上，周恩来只是尚未同反共意识强烈的旺亲王、罗慕洛及科特拉瓦拉私下讨论台湾问题而已。

周恩来有备而来，有了进一步的想法。他就解决台湾问题的办法中的实质问题简单、明了地说："中国人不要同美国人打仗。中国政府愿意同美国政府坐下来谈判，讨论和缓远东紧张局势的问题，特别是台湾地区紧张局势的问题。"

尼赫鲁觉得周恩来抓住了问题的实质，在当前中美两国相互敌视、互不往来的情况下，周恩来的这段话是一个重大的表态。在朝鲜战争期间，处于交战状况的中美两国相互有某些重要信息要转达，是通过印度这条渠道的。尼赫鲁也主张，中美两国间需要直接对话。于是，尼赫鲁就问周恩来："总理先生愿意将这段话公开发表吗？"

周恩来说："当然应该公开发表。"

整个午餐会根本没有就台湾问题进行讨论，只是在快结束时有以上几句对话。这真是高境界的绝妙外交活动。

周恩来与印度总理尼赫鲁。

果然，当天傍晚，周恩来将那几句话打印成文：

中国人不要同美国人打仗。中国政府愿意同美国政府坐下来谈判，讨论和缓远东紧张局势的问题，特别是台湾地区紧张局势的问题。

周恩来没有像科特拉瓦拉那样，兴师动众地在草坪上举行记者招待会，而是将打印了这短短几句话的稿纸直接发给记者们。

周恩来的简短声明立即震动了万隆，并波及全世界，获得了亚非各国和世界舆论的欢迎和支持。

当年，鲍大可一接到这个声明，就觉得它虽然只有短短三句话，却有很重

周恩来倡导和平共处的五项原则。

的分量。他是这样评论周恩来的声明的:

> 他的这个声明实际上是一个放得很巧妙的试验气球,而不是一个建议。他没有提出什么具体的东西。他没有说他愿意在哪里坐下来,同谁谈,他又到底愿意谈什么。他没有说清楚他心里真正想的是什么。但是,在有29国代表参加的会上,他作了一个可以被认为是重大和平行动的声明。毫无疑问,万隆的大部分代表确实是这样看他的声明的。
>
> 周恩来在万隆的表演完全证明了他是世界上最有经验,最有才干的外交家之一。

美国总统艾森豪威尔对周恩来的声明作出了积极的反应。他在周恩来发布声明的几天后,在一次讲话中说:"如果看来有使我们进一步缓和紧张局势的机会,我则准备谈判。"

周恩来这个声明是4月23日发布的,因而有的传媒也将它称为"四二三声明"。在这个声明影响下,当时在万隆开会的好些国家领导人,如尼赫鲁、吴努、沙斯特洛阿米佐约等国家总理级的人物,都准备在会议结束后从中斡旋,促使中美两国坐下来为缓和紧张局势进行谈判。

周恩来在万隆的声明,震动了寓居在美国新泽西州某个镇子上的一个中国老人。这个老人就是国民党在大陆的末代总统李宗仁。他觉得这个声明为解决台湾问题指出了正确的途径。他很快就写出了一份《对台湾问题的建议》:恢复国共和谈,中国人解决中国事;美国承认台湾为中国的一部分,撤退第七舰队,让台湾问题成为纯粹的中国内政问题;台湾暂划为自治区,双方宣布不设防。

李宗仁这份建议一经发出,在海外反应甚为强烈。台湾蒋介石的发言人严厉地谴责他在"为席卷大陆的共匪张目"。在北京,当建议被新华社编入《大内参》而送到中南海西花厅的时候,周恩来就敏锐地意识到:这是从 1949 年国共北平和谈破裂以来,李先生在政治立场上的一个重大转变。周恩来指示派人在香港与李宗仁的渠道联络,这导致了数年后影响很大的李宗仁先生叶落归根回到祖国。

采访万隆会议的鲍大可,后来成了美国著名学者、研究中国问题的专家,担任了美国政府的中国问题顾问。其一生中撰写与编辑了 20 多本关于中国问题的专著。多年来,鲍先生始终坚信中国与美国之间的共同利益多于争论点。他的知名度因他在美国国会和国务院幕后为改善中美关系进行努力而越来越大。他曾暗中先后鼓励林登·约翰逊和理查德·尼克松两位总统结束孤立中国的政策。他在哥伦比亚大学教过的学生,如李侃如和迈克尔·奥克森伯格,均参加了后来促成 1979 年美中建交的秘密谈判。笔者写本书的时候,传来鲍先生于 1999 年 3 月中旬在美国华盛顿乔治医院逝世的消息,享年 77 岁。

■ 周恩来说中美会谈必须有一个前提,即蒋介石不得参加

万隆会议期间,周恩来发表的关于中美关系的"四二三声明",尽管只有短短三句话,却产生了极为强烈的震撼力。会议结束后,一些与会甚至不与会的国家,都愿意从中斡旋,促进中美会谈的实现。

周恩来还在回国的途中,有好些信息就已经反馈到北京。

首先是英国外交大臣麦克米伦传来口信:伦敦以很大的兴趣和希望对待周恩来总理在万隆发表的声明,愿意通过英国的渠道探询实现中美两国间直接谈

判的可能。在 1954 年日内瓦会议期间，当时的英国外交大臣艾登已经扮演过中间人的角色，促成了中美两国代表在日内瓦的接触，但双方观点对立没有谈成而中断了接触。曾经担任过印度尼西亚驻美大使的沙斯特洛阿米佐约也捎话至北京询问周恩来说：他在华盛顿有诸多朋友，周是否赞同在中美解决台湾问题上接受印尼的斡旋？

周恩来回京后的第二天，5 月 9 日，就应英国和印尼的驻华使节的要求，分别接见了他们。

周恩来首先接见英国驻华代办杜维廉。杜维廉转告外交大臣麦克米伦的询问：如何使一个有结果的中美谈判得以实现？不知有无口信转告给美国？杜维

周恩来在一次宴会上发表声明。

廉还告诉周恩来，麦克米伦表示英国急于不丧失使英国在调解中美关系中起作用的机会。

周恩来回答说："对此问题，我们研究后再作答复。我们注意到杜勒斯关于中美谈判的声明中所说'可以没有蒋介石参加'这一点。但杜勒斯说中美坐下来谈的题目是停火问题，这是文不对题。中国与美国之间不存在战争，谈不上停火问题。我们在万隆发表的声明中说，中美两国双方就缓和台湾地区的紧张局势进行谈判。"

这一天，周恩来还接见了印度尼西亚临时代办维约维尔多约。周恩来请临时代办代为转达他对沙斯特洛阿米佐约总理的问候，至于印尼总理询问是否赞成印尼对中美解决台湾问题的谈判进行斡旋的问题，他答复说：欢迎任何国家斡旋。双方还讨论了本月下旬印尼总理沙斯特洛阿米佐约访华的具体安排。

5月11日，印度驻联合国首席代表梅农在即将去美国之前，受尼赫鲁总理派遣，为商谈中美谈判缓和台湾地区紧张局势问题专程来到北京。

5月12日，周恩来在中南海西花厅接见了梅农。5月12日至20日，周恩来先后六次同梅农会谈。

在万隆会议后尽管对好几个愿为中美谈判斡旋的国家，周恩来都表示了欢迎，但在实际上，周恩来更多的是倚重于印度。

周恩来与　　斯特洛阿米佐约。

周恩来倚重于印度是有原因的。周恩来和尼赫鲁一起，倡导了和平共处的五项原则，在世界上产生了重大影响。在万隆亚非会议期间，他和尼赫鲁友好协商、密切合作，共同为会议的成功作出了贡献。尤其是印度在两个重要问题上立场十分鲜明：

其一，在台湾问题上，印度一贯认为台湾是中国领土不可分割的一部分，一贯主张恢复中国在联合国的合法席位，驱逐蒋介石集团，每年都在联合国大会上提出这样的议案。

其二，在朝鲜战争问题上，印度持公正的立场。对美国操纵联合国通过污蔑中国为"侵略者"的决议，印度表示不赞成。印度与中国频繁接触，为朝鲜停战作了不懈的努力。

另外，尼赫鲁总理专程派来的代表是梅农先生，梅农是印度驻联合国首席代表。去年在日内瓦会议期间，梅农代表尼赫鲁与周恩来进行过多次会谈，并陪同周恩来从日内瓦飞往新德里访问。俩人已经是相当熟悉的朋友。

1955年5月11日，梅农到京后，经过双方深入的会谈，周恩来把有关中美会谈的方案交给了梅农。

这个方案包括如下具体内容：

一、美国与中华人民共和国之间，就台湾海峡周围地区的紧张局势问题进行谈判；

（一）中美会谈议程；

（二）双方同意谈判的其他问题。

二、谈判形式可以采取以下方式：

（一）如苏联建议的十国会议形式；

（二）少于十个国家的会议形式；

（三）如泰国和菲律宾愿意，可召开有该两国参加的十国会议的形式；

（四）中美直接谈判的形式。

三、附带一个前提：蒋介石集团在任何时候、任何情况下都不能参加上述的国际会议。但中国政府不拒绝、相反的建议同蒋介石集团直接谈判。

梅农向周恩来提出了分三个阶段解决台湾问题的设想：

第一阶段，中美双方采取一些和缓紧张局势的措施，就中方而言，主要是释放在押美国空军人员；就美方而言，主要是让中国留学生回国；

第二阶段，在台湾海峡造成事实上的停火，通过一些国家对美国施加压力，使国民党部队撤出金门、马祖，然后在中美之间以及中国中央人民政府和台湾当局之间进行谈判；

第三阶段，实现台湾问题的长远解决。

周恩来表示欢迎梅农先生为争取缓和中美之间和台湾地区的紧张局势作出努力。他向梅农着重指出下述几点：

一、和缓紧张局势必须是双方的。应该促使国民党的武装力量从金门、马祖撤走。如果它这样做，我们可以同意在规定的期限内不予还击，让它撤走，以便我们和平收复这些岛屿，但这个行动绝不意味着：中国同意杜勒斯所说的那个"停火"，同意美国以敦促国民党集团撤出沿海岛屿来换取中国放弃解放台湾的要求和行动，承认美国侵占台湾的合法化和"两个中国"。

二、考虑到梅农先生的要求，中国愿意先处理侵入中国领空的四个美国飞行员，判决驱逐他们出境。在美蒋特务制造"克什米尔公主号"惨案尚未解决的时候，我们采取上述行动，表现了中国和缓紧张局势的意愿。其他一些在中国犯法的美国飞行员与侨民，根据中国法律程序，并依各人犯罪事实和狱中表现，再决定是否释放或者驱逐出境。至于美国方面，应该取消对中国的禁运，允许要求回国的中国留学生和中国侨民自由回国。

三、我们既愿意同美国谈判，也愿意同国民党集团谈判。我们说中美谈判蒋介石不得参加，我们从来没有说不同蒋介石谈判。在万隆4月23日八国代表团团长午餐会上，我们曾经讲到愿意同蒋介石谈判，只是下午发布声明时没有公开讲；在适当的时候，我们会公开宣布的。停火是中国中央人民政府同蒋介石集团之间的问题，应该由中国这两方面直接进行谈判。这种谈判与中美之间的国际谈判，在性质上是不同的。虽然这两种谈判有联系，但是必须分开。我们对这两种谈判都不拒绝，而是采取主动行动来争取。过去在国内战争、抗日战争和解放战争三个时期，我们都主动和蒋介石谈判。当时蒋介石代表中央政府，我们是地方政府，现在我们是中央政府，蒋介石顶多也只是地方当局。吴努总理曾经说，中国同蒋介石集团的谈判应该谈停火和中国的和平统一。出席万隆会议的日本代表团团长高崎也说愿意看到台湾同中国一体化。（中国）同美国谈的不是停火问题，而是缓和台湾地区的紧张局势和美国放弃干涉的问题。

周恩来还说，刚才梅农先生提到杜鲁门政府在朝鲜战争爆发的同时，派第七舰队去台湾是为了防止蒋介石进攻大陆。这是美国的说法，我们不能同意。杜鲁门政府1950年初就公开承认中国解放台湾是中国的内战，美国将不干涉。但是朝鲜战争爆发以后，美国政府推翻自己的诺言，派第七舰队去干涉中国解放台湾。因此，美国的目的并不是防止蒋介石进攻大陆，实际上蒋介石当时根本就没有力量进攻大陆。

周恩来对梅农说：远东曾经有三个地方有战争，那就是朝鲜、印度支那和台湾。现在前两个地方的战争已经停止，但台湾却更紧张。如果要缓和远东的紧张局势，首先就要从台湾地区和缓起。因此，讨论的中心问题应该是和缓台湾地区的紧张局势，包括通过中美的谈判，使美国放弃干涉，从台湾和台湾海峡撤走一切武装力量，从而使中国人民可以和平解放台湾。

5月18日晚上，周恩来到毛泽东住处开中共中央书记处扩大会议。会议在讨论了胡风问题之后，就讨论了毛泽东接见梅农的事。毛泽东和中央批准了关于中美谈判的有关方案。

5月20日晚上，周恩来陪同毛泽东在中南海勤政殿接见了梅农。之后，周恩来与陈毅副总理在西花厅设宴为即将离京回国的梅农饯行。

周恩来刚刚送走了梅农，又迎来了印度尼西亚总理阿里·沙斯特洛阿米佐约。5月26日下午，周恩来亲自到首都机场迎接沙斯特洛阿米佐约总理和夫人，并陪同沙斯特洛阿米佐约乘敞篷汽车，穿过夹道欢迎的市民来到东交民巷的迎宾馆。

下午6时整，印尼总理就得到毛泽东的接见。接见是在中南海勤政殿进行的。

毛泽东一开始就高兴地谈到了万隆会议。在谈了万隆会议的成功和亚非国家的团结以后，毛泽东就谈到了中美关系问题，说："我们要争取和平的环境，时间要尽可能地长，这是有希望的，有可能的。如果美国愿意签订一个和平条约，多长的时期都可以，50年不够就100年，不知道美国干不干。现在主要的问题就是美国，我想你们是不会反对的。"

5月26日至6月3日,沙斯特洛阿米佐约总理在京期间,周恩来先后四次与其会谈。双方除了对华侨的双重国籍问题条约的具体实施办法交换意见外,还用了不少时间讨论中美关系问题。

沙斯特洛阿米佐约首先表示说:"如果双方愿意的话,印尼愿意为调解中美纠纷效劳。我还没有具体调解方案,想先征求总理阁下的意见。"

周恩来说:"非常感谢阁下的善意和热情,我们欢迎贵国的斡旋。一个多星期前,尼赫鲁总理的代表梅农先生也来北京跟我们讨论过这个问题。我与他讨论过中美会谈的一个具体方案。"

周恩来将那个关于中美谈判的议程和形式的方案提了出来讨论。周恩来还说:"为了给中美直接谈判创造良好的气氛,我们也同意采取对等的缓和紧张局势的措施。如中国可以重新审查被拘留的美国公民的身份。他们中的一些人已被判刑,可以酌情予以减刑。中国政府还可以邀请他们的家属来华探望。但是,美国方面也应该采取相应的措施。"

鉴于印尼方面表现出的诚意,周恩来也为印尼斡旋提供了一点新东西。他告诉沙斯特洛阿米佐约:"在被拘留的13名美国飞行员中,只有4名尚未审判。他们的飞机侵犯了中国的领空,在华东被击落。他们没有犯其他罪行,我们将立即把这4个人驱逐出境。"

沙斯特洛阿米佐约回国后,即通过渠道将信息传至美国白宫,但被杜勒斯拒绝。杜勒斯认为周恩来是在利用美国战俘向美国政府施加压力。

1955年6月间,印度驻联合国首席代表梅农从新德里来到华盛顿。梅农先生在美国为促成中美会谈进行了积极的努力。

■ 与美国人打交道的最佳人选

7月17日这天夜里,周恩来从毛泽东的住处回来时,已经是后半夜了。刚才他到毛泽东那里开政治局会议,听取陆定一的工作汇报,并商谈了西藏、云南问题,也商谈了即将开始的中美大使级会谈。

尽管夜已深,他还是不能入睡,还须将天亮后要在国务院第十五次全体会议上通过的重要报告再细看一遍。报告的题目是《关于根治黄河水害和开发黄河水利的综合规划的报告》。当他看完报告才发现已是凌晨 5 点半，天已经大亮了。

他还没有睡意，走出院子里来看一看花，听一听鸟鸣。刚才在审看治理黄河的报告时，他想起八九年前美国马歇尔将军来华调解国共冲突时，他还借用了马歇尔的专机，与当时黄河水利委员会的专家一起，飞去河南的花园口视察黄河。

他想起来了，那架马歇尔专用的美军飞机就是王炳南去打交道借用的。王炳南是善于与美国人打交道的。

这几天，他常想起与美国有关的事，这是因为美国通过英国方面传达口信已经好几天了。

6 月间，英国驻华代办杜维廉卸任。7 月 13 日下午，新任英国驻华代办欧念儒在向周恩来总理递交委任书时，特别转达了当天上午英国外交部要他及时转达的美国政府致周恩来的口信。

简短的口信说：

重庆谈判期间，毛泽东与美国大使赫尔利在机场。居中者就是给毛泽东任秘书的王炳南。

> 为了有利于进一步讨论和解决我们双方之间目前有所争执的某些其他实际问题，如果你对此赞同的话，我们将指定一个大使级的代表在上述基础上同你们相当级别的代表于互相同意的日期在日内瓦会晤。

7月15日下午3时整，周恩来在中南海西花厅接见英国驻华代办欧念儒，向他递交了中国政府经由英国政府转交美国政府的回文和中国政府提出的关于中美两国同意在日内瓦举行大使级会谈的联合公报草案。

中国政府在回文中对美国政府说：

> 在过去一年中，我们对于美国在华侨民的情况，曾经向你们作了适时的和具体的通知。但是，关于中国在美国的侨民，特别是中国在美国的留学生，我们却没有得到应有的和适当的回答。因此，一年来中美双方在日内瓦会谈的结果，对我们来说是更不能满意的。
>
> ……
>
> 我们认为你们来函中说及的建议是有用的，即中美在日内瓦的会谈在更有权力的一级进行，以便于双方平民回国问题的解决，并有利于进一步讨论和解决我们双方之间目前有所争执的某些其他的实际问题。我们将按照这个建议派出大使级的代表同你们的相当级别的代表在日内瓦会晤。

当天下午3时半，周恩来在西花厅接见印度驻华大使赖嘉文，递交致梅农的信函，并请他将此信同样转告尼赫鲁总理。周恩来将从英国渠道传来的美国新建议和中国的答复及时转告给梅农与尼赫鲁。周恩来指出：关于中美双方在日内瓦即将进行的大使级接触，"只是美国的一个姿态，主要的问题是要经过印度、苏联和英国三国从中斡旋，特别是梅农先生的斡旋。只有这样才能推动中美谈判，解决关键问题，也就是缓和消除台湾地区紧张局势问题。当然，这需要一个长的时期，而不是一个短的时期。"

他在西花厅的院子里看着想着，跟在身后的秘书提醒他上床睡一会儿，今天还要主持国务院的全体会议呢。

1954年日内瓦会议期间,王炳南陪同周恩来会见卓别林夫妇。

7月18日这天,他在国务院全体会议上作了根治黄河的报告,回到西花厅后,在下午4时40分,又接见了英国代办欧念儒,接受他递交的杜勒斯所建议的关于中美大使级代表第一次会晤日期的新闻公报。

欧念儒走后,他着重考虑的就是此次会谈中方首席代表的人选了。

他考虑了好几个同志。他想起了去过纽约出席联大安理会的伍修权。修权同志今年5月间才去刚建交的南斯拉夫任首任大使;他又想起了驻瑞典大使耿飚,耿飚在延安时代接待过美军观察组,后来在军调部也有与美国人打交道的经验;他还想起了曾在板门店与美国人进行朝鲜停战谈判的乔冠华,冠华还不是大使……

想来想去,他考虑得最多的就是今年5月间刚去华沙接任驻波兰大使的王炳南了。

王炳南去年在日内瓦会议期间,已经作为中方代表参加过几次中美关于侨民与留学生回国问题的谈判。再说,王炳南有十年从事外事工作的经验,和美国人打交道的时间比较长,熟悉美国人的思想、作风和处事方式。好些美国人也认识和熟悉王炳南。

他想起了那年在重庆向美军借电台的事。

那是抗战刚胜利毛泽东与蒋介石举行重庆谈判后不久，国共双方在各地不断发生摩擦交火，双方也在重庆就召开全国政治协商会议而谈判，在重庆的南方局任务很重。南方局在重庆与延安联系使用的秘密小功率电台，已经不能承担联络的繁重任务。他想起了王炳南与美国人的关系，就对炳南说："你去找美军司令部借一台大功率的电台给我们用，并请他们派人来安装。"

王炳南稍有犹豫，还是应允了。

他又问："有没有困难？"

王炳南说："我会努力去办的。"

应该说，这个任务是很困难的。当时，杜鲁门接替因病去世的罗斯福担任美国总统，执行的是扶蒋反共的对华政策。在这种情况下，要从美军手中借出一部大功率电台来使用，是很不容易的。与王炳南关系很好并主张援共的美国外交官高斯、谢伟思、戴维斯等都以"亲共"嫌疑被撤回国了，但王炳南仍与美军驻华总部长官们保持着良好的关系。

次日，王炳南即去美军司令部拜访，主管长官一口答应。当天，美军司令部就派出了4名技术人员，来到中共代表团驻地，安装了一台400瓦的电台。当晚就能使用了。

说起王炳南与美国人打交道的历史，要追溯至30年代。

1936年春，王炳南与他的德国妻子安娜利泽刚从欧洲回来，奉命协助杨虎城工作，担任杨的秘书。他在西安利用这一特殊的身份，安排了美国人埃德加·斯诺与其同伴马海德医生越过敌人围剿的封锁线，去陕北红区访问。这就产生了后来闻名于世的斯诺的《西行漫记》（即《红星照耀中国》）。他与斯诺、马海德从此成了终生的好友。

西安事变中，他作为杨虎城将军的亲信、助手，参与了西安事变的全部过程。特别是他作为杨虎城、张学良两将军信赖的联络员，在西安事变中起了牵线人的作用。他还安排了美国著名作家艾格尼丝·史沫特莱采访杨虎城，将西安事变真相公布于世。事变后，毛泽东、朱德、周恩来分别给王炳南写信，高度评价他在西安事变中所作的贡献。

后来，杨虎城被迫出洋"考察"，王炳南夫妇送杨虎城登上黄浦江上的外轮后，不久就离开上海来到武汉，从此在周恩来身边工作，成为周恩来重要的外事助手。

抗战初期，中国共产党还没有成为中国的执政党时，王炳南就跟随周恩来在国统区与美国人交往了。当时在武汉成立了直属中共中央南方局的对外宣传小组，这个小组由周恩来直接领导，由王炳南具体负责，组员有陈家康、章汉夫，后来还来了乔冠华。该组的主要任务是利用一切可能的渠道，对外宣传中共中央的方针、政策，并安排和处理一切属于外事方面的工作。他在武汉先后安排了加拿大白求恩大夫、印度柯棣华大夫去延安，还与艾黎、斯诺和史沫特莱等商定建立中国工业合作社。在武汉，他还与美国驻华使馆武官史迪威将军、海军陆战队的卡尔逊上校、美国驻汉口总领事戴维斯等都有频繁的交往。这些接触可算是中国共产党与美国驻华机构及人员的最早交往。

武汉失守后，中共南方局也迁往蒋介石政府的陪都重庆。1939年，叶剑英宣布南方局正式成立外事组，组长就是王炳南，副组长陈家康，组员有乔冠华、龚澎、李少石、章文晋、刘光、陈洁等。外事组在周恩来直接领导下工作，冲破了国民党一党办外交的局面，争取了英、法等反法西斯同盟国对中国共产党的理解、同情和支持。当时，外事组争取国际援助的重点是美国。遵照周恩来指示，外事组积极活动，广交朋友，深交朋友，结识了美国驻华军事总部人员、使馆人员、美国记者等。王炳南就与美国驻华大使高斯、参赞范宣德有很多交往。美国使馆年轻的外交官戴维斯和谢伟思，以及埃弗特·屈姆莱特、包瑞德上校，还有美国新闻处的费正清、麦克·菲谢等，都是王炳南的好朋友。他同史迪威在重庆重聚时，史迪威已经担任远东战区总司令，两人成为好友。用王炳南的话来说，两人"建立了相互信任和尊重的友好关系"。能讲一口流利的中国话、相当了解中国国情的史迪威将军，痛恨蒋介石政府的腐败，向华盛顿当局建议让蒋介石和共产党会谈，坚决主张把军事援助给在敌后坚持抗战的八路军、新四军和人民游击队，并打算在华北和华中建立军事基地，与八路军共同对日作战等。

经外事组和美国朋友的共同努力，1944年6月间，由21人组成的"中外记者西北参观团"，打破了国民党的重重封锁，访问了延安，向全世界大量报道了中共领导的抗日根据地生气勃勃、艰苦抗战的真实情况。紧接着，在外事组、史迪威将军和来华访问的美国副总统华莱士的推动下，美军观察组于1944年7月在包瑞德上校的率领下到延安地区考察。观察组包括16名现役军人、2名外交官。这是进入解放区的第一个美国官方代表团,受到毛泽东、周恩来、朱德等领导人的重视和热情接待。观察组在写给美国政府的报告中,赞扬中共的抗战政策,建议不要推行扶蒋反共的政策。

日本投降后,毛泽东到重庆谈判,王炳南担任了他的秘书。《双十协定》签字后,王炳南奉命去美国驻华使馆,通知罗伯逊代办:中国共产党欢迎杜鲁门总统12月15日发表的声明,欢迎马歇尔将军作为总统特使来华。1946年初,马歇尔来华后,国民党、中国共产党和美国三方代表组成张治中、周恩来与马歇尔的三人委员会,调解国共冲突。叶剑英担任三人委员会下属"北平军事调处执行部"的中共代表。王炳南就作为周恩来、叶剑英的直接助手为国内和平奔波。他与马歇尔及美国驻华大使司徒雷登保持联系,转达传递周恩来的意见和信件,并协助周恩来与马歇尔、司徒雷登进行会谈。国民政府从重庆迁回南京后,中共代表团也于1946年5月从重庆迁至南京,周恩来任首席代表兼中共中央南京局外事工作委员会书记,王炳南任副书记兼代表团发言人。在周恩来回延安后,王炳南留在南京,在十分复杂、险恶的环境下,严谨而灵活、大胆而细致地开展对美国代表、国民党代表的工作,直至1947年3月撤回延安。紧接着,中共中央成立外事组,叶剑英任组长,王炳南任副组长。在战争的困难环境下,他还主持编印了供中央领导外事决策参考使用的《美国手册》。

所以说,在新中国成立初期,王炳南确实是中美大使级会谈的中方首席代表的最佳人选。

1955年,王炳南出任中国驻波兰大使时向波兰国务委员会主席萨瓦茨基递交国书。

卷三　外交史上独特的马拉松会谈

■ 会谈一开始"中国抢了主动"

连续下了好几天的雨终于停了,美丽的维斯瓦河的水位都涨了上来,漫至岸边的草地上。这是1955年7月雨季中的一个难得的好晴天,阳光显得格外明媚,空气格外清新,树林和原野也显得更绿了。又逢星期天,华沙城的众多市民在天主教堂做过虔诚的礼拜以后,就纷纷到郊外的绿树丛中游玩和野餐去了。驻华沙大使馆的中国外交官们,当然不会去教堂里做礼拜,却很愿意去郊游。这天,当大家正围坐在一片小树林里谈笑用餐时,在城里使馆值班的机要秘书急匆匆赶来,送来了国内的一份急电。

王炳南大使立即接过电报,读过之后,心里不禁纳闷起来。

这是外交部发往伦敦给中国驻英代办处的一份电报。其内容是说,美国通过英国方面的斡旋,向中国建议举行中美大使级会谈。这个电报是加抄送驻华沙使馆的。为什么发往驻英国代办处的电报要加发到驻华沙使馆来呢?

旁边的同志议论纷纷。有人猜测说:关于美国事务的电报加发到华沙来,是不是周总理要让王大使去参加中美会谈?

王炳南却说:不会吧,我4月间刚出任驻波兰大使,至今才3个月;再说,去年日内瓦会议后,我再没有管过中美关系问题了。

几天后,疑团解开了。外交部来电正式通知王炳南担任中方首席代表,参加即将在日内瓦开始的中美大使级会谈。外交部为这场大使级会谈专门成立了一个中美会谈指导小组,负责研究会谈中的对策。小组由章汉夫任组长,副组长是乔冠华,秘书长是董越千,另外还有龚澎、浦山、王保流等。王炳南回忆说:"这次不像上一年日内瓦会议期间与美方会谈,当时有周总理及一个阵势雄壮的代表团在身边,事事有依赖。而现在要远离祖国在外独当一面,要善于随机应变,随时自己拿主意。我原来感到情况复杂、担子很重;但仔细一想,这个指导小组是在周总理直接领导下工作,小组是一个人才济济的智囊团。有大家做后盾,我就放心了。"

王炳南在其回忆录《中美会谈九年回顾》中说,由于周恩来总理对他的了解和信任,他才被指派去担负这样的重任。想到周围的同志们,又总结了过去的经验,感到有信心去打好这一仗。他这样记述当时的心情:"我是代表中国共产党、代表中国政府、代表六亿站立起来的、不可战胜的中国人民去和美国会谈,它不愿意承认我们,却又不得不找我们,我内心升腾起一种无比的自豪感和强烈的自信心。"

他接到国内指示时离会谈日期已经没有几天了,他翻阅大量材料,根据国内的指示作了充分的思想准备,并和其他同志一起研究了可能出现的问题。

没过几天,中美大使级会谈的消息由两国同时公布,整个世界为之震惊。各国大报都将此消息作为头版头条或通栏大字标题的新闻,并且纷纷发表评价和预测,中共首席代表自然成了众多传媒关注的热点人物。王炳南个人的身世,与周恩来的关系,甚至他与原来的德国妻子王安娜的婚恋等,都被人品头论足。

王炳南先从华沙到瑞士首都伯尔尼,中国驻瑞士大使冯铉又陪他乘坐火车去日内瓦。抵达日内瓦那天,刚下火车,早已探听到中共首席代表到达消息而

日内瓦万国宫老楼,为中美日内瓦会谈所在地。

王炳南大使从华沙去日内瓦时在机场发表谈话。

守候在车站的各国记者,蜂拥而上,一下子就将王炳南和冯铉团团围住了。镁光灯频频闪亮,各种型号的麦克风都伸了过来。

早有准备的王炳南就向新闻界发表了一个简短的演说:

> 中国人民一向对美国人民是友好的,中国人民不想和美国打仗。周总理在亚非会议中,早已经提到说中美应该用谈判方式来缓和目前的紧张情势。如果双方都有一样的诚意,我相信这次会谈,不仅是遣返侨民问题不难得到合理的解决,而且还能更进一步对缓和中美之间的紧张情势有所贡献。

王炳南跟随周恩来工作多年,即使在外事工作中,也深受周恩来言传身教的影响。在出使华沙之前,即 1955 年 1 月,他作为外交部办公厅主任,负责安排接待联合国秘书长哈马舍尔德访问北京。其间发生的一件小事,使他对周总理灵活而大度的外交风格有了深刻的印象。那是在一次宴请哈马舍尔德的宴会结束后,周总理亲自送哈马舍尔德出来,发现哈马舍尔德的一个保镖被冷落在外面,没有被请进去。

1955年8月1日,中美日内瓦会谈开始了!左二是中方首席代表王炳南,右二是美方首席代表约翰逊。

周总理立即就问身旁的王炳南:"为什么不请进来?"

在场的礼宾司的同志答道:"这个保镖是美国人。"

周总理批评说:"是美国人怕什么?为什么不做美国人的工作?下次宴会一定要请他参加,我还要敬他一杯酒。"

后来就按周恩来的指示做了,这个普通的美国人为此非常感动。

在准备会谈时,周恩来决定在会谈开始前首先宣布释放在押的11名美国间谍,中国先迈出第一步,为中美会谈创造良好的开端,使中国在会谈中夺得主动。当时王炳南的想法是,不如先谈后放人;但他到达日内瓦后发现,这第一步是非常成功的。

在王炳南到达设在国联大厦的会场之前,在此采访的新华社记者告诉他,大厦的"记者之家"酒吧里早已喧闹开了!因为在会谈开始的前一天,即7月31日下午2时,周恩来在北京接见印度驻华大使赖嘉文,请大使先生转告尼赫鲁总理和梅农先生:中国政府准备采取行动,提前释放犯有罪行的11名美国飞行员。这个消息已经传到了日内瓦,在中美会谈前夕引起了一阵热浪。

对此,王炳南在回忆录中作了这样的记述:"原来,有些记者已经收听到我国政府将在第一次会谈中宣布释放11名美国间谍的消息。这个消息使新闻界因为中美会谈而激动起来的情绪更加高涨了。有个美国记者听了此消息，禁不住脱口说："啊！中国又抢去了'主动'！"

在旁边的一些外国记者不无嘲讽地对这位美国记者说："美国何尝不可采取'主动'，比如美国国务院紧跟着发表一个声明，宣布撤退保护蒋介石的第七舰队，对远东国家采取友好态度。这样不就把谈判的主动权抢过来了吗？！"

王炳南这才意识到，周恩来总理采取先宣布释放美国间谍的做法是成功的。这使国际舆论很快就认识到中国对会谈是怀有诚意的，也是积极的，人们的感情很快就倾向于中国。

第一次会谈在8月1日下午举行，地点是以前国联理事会主席的办公室改成的小会议厅。中央放着一张很大的椭圆形议事桌，陈设简单，气氛庄严。

美方首席代表是王炳南去年的老对手、美国驻捷克斯洛伐克大使约翰逊，也不知是有意还是路上耽误了，约翰逊等人来迟了几分钟。镁光灯闪了一阵，记者退场，会谈开始了。

王炳南首先宣读了中国政府释放11名美国间谍的声明，约翰逊表示了谢意。由于中方主动宣布这一表示诚意的步骤，加上他们俩已经熟悉，两个敌对国家的第一次大使级会谈的气氛显得相当轻松愉快。

第一次会谈比较顺利。双方达成了会谈议程的协议：一、遣返双方侨民问

钱学森博士在美国上课的情景

题；二、双方有争执的其他实际问题。

次日（8月2日）举行了第二次会谈。第二次会谈进行了一个小时，双方就遣侨问题进行了谈判。双方都提出了一份遣侨名单。中方的这份名单中包括了钱学森的名字。王炳南还提出，我国授权印度作为第三国关照在美国的中国公民的利益。

约翰逊看了中方提出的名单后，就说："王大使先生，您提供的仅是名单，没有证据表明旅居美国的中国人想回中国去。"

早有准备的王炳南就拿出了一封钱学森写的要求政府帮助其回国的亲笔信。这封信是钱学森写给全国人大常委会副委员长陈叔通先生的，是他夹在一封给国内的家书中捎给陈先生的。

约翰逊看了钱学森的信，就说不出话来了。于是，约翰逊提出休会一天，以便他请示国务院。双方商定第三次会谈在8月4日举行。

20多年后的1979年中美两国实现了建交，晚年的王炳南飞越重洋，首次访问美国，受到了约翰逊老朋友一样的热情接待。约翰逊告诉他，在当年第一次会谈开始前，杜勒斯国务卿嘱咐其在会谈中要忍耐，要想办法维持住和北京

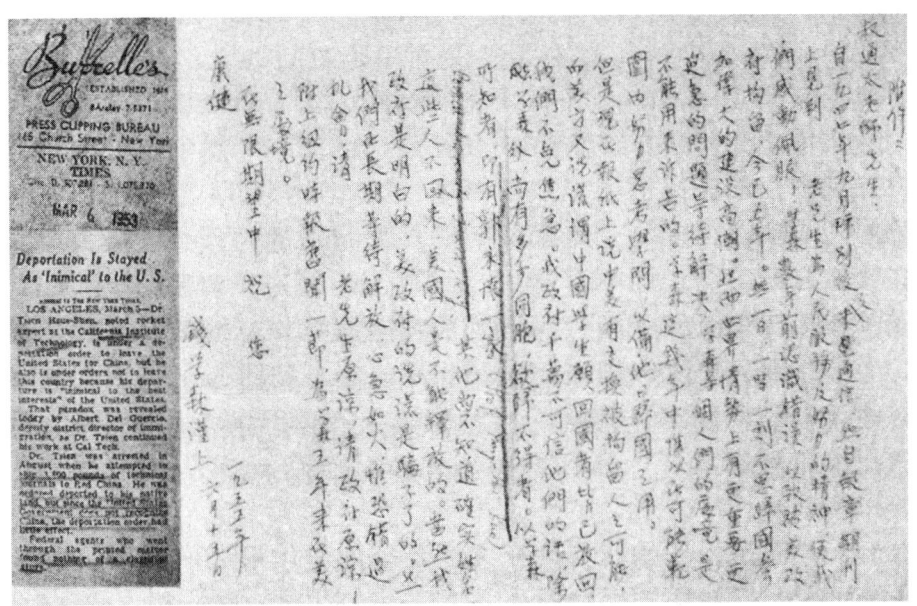

钱学森写给全国人大常委会副委员长陈叔通的要求回国的亲笔信

的这种联系,会谈不能破裂。杜勒斯还说,如果中美会谈能谈上三个月,他将很高兴。

谈判开始的时候是仲夏暑天,7月底他从华沙出发的时候,就只带了几件夏装。他以为,中美会谈即使再复杂,也不过是多开几天会而已,没想到,这竟然是一次马拉松式的会谈!直到1971年夏天结束大使级会谈、升级至周恩来与基辛格在北京会谈,前后经历了整整15年,他参加了其中的9年。

■ 要回了钱学森,也是一个胜利

王炳南曾说他是共产党人,是唯物主义者,不信神鬼不信命。但据他过去在西安的朋友说,早在西安事变前,十七路军几个朋友曾经拉着他一起穿了便服去算命。那位在西安城里名气很大的算命老先生端详了他好一会儿,才说他傍山知虎性,高宽的额头可以跑马,上耳沿又高又大又冲是"龙提耳",说他可以逢凶化吉,寿终正寝,称其父辈顶多是个地方官,而他将可至龙窝(京城)任京官。这个朋友对他说,你父亲是王宝珊,你给杨虎城当秘书,人家算得没错。

想不到50年代中美会谈时王炳南有一次真是"逢凶化吉"了。当时华沙与日内瓦之间没有直达飞机航班,他每次去日内瓦都必须提前一天先到捷克斯洛伐克首都布拉格去换捷航班机,然后从布拉格经苏黎世换瑞士飞机去日内瓦。有一天,他订了座位的一架从苏黎世起飞的捷克斯洛伐克大型飞机刚飞上天5分钟就爆炸了,机上有数国乘客,还有一批从拉丁美洲演出回国的中国演员。真是鬼使神差,他因有事晚走了一天,才幸免于难。

他在中美会谈开始后不久,才意识到自己认为开几次会就能解决问题的想法是错误的。他意识到在中美两国相互敌视的大背景下,此种会谈将是十分艰难和旷日持久的。

双方仅就遣返侨民问题就反反复复地进行了多次会谈。约翰逊奉美国政府之命,固执地要坚守住美国对华政策的最根本一条原则:不承认中华人民共和国是一个完全独立的主权国家。因此,在会谈中涉及的一些具体问题上,美国

钱学森夫妇携儿女搭乘克里夫兰总统号邮轮在回祖国途中。

政府总是要敏感地联想到是否会形成承认新中国的印象和结果、凡是涉及中国主权的问题，约翰逊就兜圈子。

例如，对王炳南在8月2日的第二次会谈中提出的授权印度作为第三国关照在美国的中国侨民利益的问题，约翰逊就奉命始终不同意。因为华盛顿当局认为，同意这种授权，就等于承认中华人民共和国对居住在美的侨民负有合法的领事权利，就是承认中国是个主权国家，排除了台湾当局。这是美国政府无论如何都不能同意的。

单是这样一个问题，双方就经过了好几个回合的辩论。经过王炳南充分摆事实，讲道理，约翰逊理屈词穷，经请示杜勒斯国务卿后，最后被迫接受中方授权印度的意见，但又在"授权"二字上做起文章来。约翰逊毫无道理地提出，中国对印度大使馆的授权要严格限制在只调查那些真正想离开美国的中国公民；还说，不能使用"授权"两字，只能使用"邀请"两字，他认为这样就减少了中国的合法性和法律责任。对于美方在特定条件下所作的任意解释，中方当然是不能接受的。后来,双方同意改用"委托"这两个字。

这样,会谈进行了近十轮,却迟迟未能取得什么积极成果。到了当年8月底,会谈从每周举行三次减少到每周一次。用王炳南的话来说,"温度显然降低了"。连一直守在会场外等待突破消息的各国新闻记者们,都渐渐失去了热情和期望。

但双方首席代表都是老练的外交家,在坚定不移地坚持自己的防线时,几乎始终是彬彬有礼的。

王炳南对会谈的情景作了这样的记述:

> 到这个时候,会谈实际上是程式化的。我和约翰逊轮流照本宣科。当然有时也会出现你来我往的答辩,这就要靠反应灵敏,要看善不善于抓住对方谈话的漏洞了。约翰逊是一个老练的、知识面颇为广泛的职业外交家。也许他严格遵守了杜勒斯的嘱咐,在辩论中从不失礼,不用尖刻的语言进行还击。在最难受和尴尬时,他也不过就是红一红脸,多抽几支香烟。
>
> 我们也始终彬彬有礼。我们的立场是坚定的,态度是严肃的,但是言谈有理,举止沉着,保持着文明讲理的外交风格。

人们现在回顾这次会谈的时候,发现双方在会场内都坚守着自己的防线,而在会场外却进行着甚为友好的私人交往。周恩来指示王炳南要大胆地同对方进行私下接触;约翰逊也取得杜勒斯的同意,可以和中方代表进行个人交往。在会谈僵持不下的时候,为了缓和气氛,双方就相互邀请吃饭。

外交无小事,有时连吃饭也需主管长官批准。在正式场合不便说的话,吃饭的时候气氛轻松随便,私下可以磋商,交换看法,摸摸底。王炳南说,"甚至还可能有点突破"。有一次是约翰逊需解决一个技术问题,经杜勒斯批准,他请王炳南吃饭。为了避开记者的视线,他在附近一个僻静的山上找了一处别墅,邀请王炳南悄悄地去共用晚餐,在饭桌上解决了这个技术问题。后来王炳南为了同样的需要,经请示周恩来总理同意后,也在同一地点请约翰逊进餐。王炳南回忆说:多年以后,周恩来还几次问起,人家请你吃饭,你有没有回请?还有一次，国内京剧团到日内瓦演出，王炳南特意邀请了约翰逊及其助手们来看戏。他们特别高兴，还一再叮嘱说：要保密，不要声张，千万不要让那些记者知道。

由于约翰逊是美国驻布拉格的大使，而王炳南去华沙需中途在布拉格换乘捷航飞机，两人经常同坐一架飞机，返程也一样。有时遇上气候不佳，飞机不能起飞，途中留在苏黎世过夜，两人又同住在一个酒店。旅途中，没有翻译在场，他俩不谈公事。王炳南凑合着能说一点英语，约翰逊也会几句中国话，两人便用这种夹杂英语汉语的语言随便聊天，显得很是轻松愉快。旁观者会以为这两人是一对异国好友，绝不会想到刚刚在谈判会场上他们还是坚守各自立场互不相让的对手。

直接掌握着中美会谈的周恩来眼光远大，为了使会谈不在一个侨民问题上纠缠，更快地进入实质性会谈，就指示对在押的美国人进行更进一步的核实和处理。在9月10日的会谈中，王炳南奉国内指示向约翰逊宣布，中国有关当局对在华的12名美国人的复查已经结束，他们可以获准出境。在其他一些具体问题上，中方也作了一些适当的让步，从而使这一段反反复复在原地踏步不前的会谈有了进展。

中方释放的四个美军战俘在深圳的情景

获释的四个美军战俘在登机回国之际。

在中方一再主动争取下，历时 40 天、会谈 14 次后，中美双方终于在 9 月 10 日这天的会谈中，在双方没有外交关系的情况下，达成了一个关于遣返侨民的协议，并且公布于世。这也成了中美 15 年大使级会谈中达成的唯一协议。其内容如下：

> 中华人民共和国（美利坚合众国）承认在中华人民共和国的美国人愿意返回美利坚合众国者（在美利坚合众国的中国人愿意返回中华人民共和国者），享有返回的权利，并宣布已经采取且将继续采取适当措施，使他们能够尽速行使其返回的权利。

同时双方商定，中美两国特别委托印度和英国政府协助中美侨民返回本国。

这个协议，用王炳南的话说，"是在双方互不承认的情况下，处心积虑搞出来的一份奇怪的联合公报。在公报中既要体现互不承认，又要体现双方的一种共同意见，还要体现双方的联系，于是就别出心裁，搞了这么一个各说各的'杰作'，叫做'协议声明'，英文为 AGREEMENT ANNOUNCEMENT"。

王炳南当时并没有意识到，十多年后周恩来总理与尼克松总统达成的有名的《上海公报》，也是沿用了这种形式。是毛泽东与蒋介石的重庆谈判最早创立了这种各说各的联合声明模式。

会谈从 1955 年 9 月 20 日进入第二阶段，中方提出要讨论实质性问题，即台湾问题及周恩来总理与杜勒斯国务卿直接会谈的问题，希望通过消除禁运和外长会谈，寻求缓和台湾地区紧张局势，促进两国来往，改善相互关系。

但美国采取敷衍纠缠、拖而不断的态度，先以"关于遣返平民的声明得到履行之前，讨论其他问题未免为时过早"，接着又以朝鲜战争中失踪的 450 名美国军人的命运问题进行纠缠；还以先讨论台湾地区除防御之外不使用武力问题，企图阻止中国人民解放台湾。王炳南一一给予驳斥，并郑重指出，和平解决中美之间的争端而不使用武力，正是中国的一贯主张。中国主张坐下来谈判，也正是为了实现这个主张。但是在中美两国之间的国际关系中不使用武力的问题，绝对不可能同中国通过和平方式还是使用武力方式来解放台湾这一内政问题混为一谈。解放台湾问题是中国内政，绝不能成为中美会谈的议题。要谈就得谈

毛泽东在中南海宴请归国的钱学森。

美国应该放弃对中国使用武力,从台湾和台湾海峡撤走它的一切武装力量问题。但美方不愿认真讨论,一味拖延敷衍。在当时美国的对华政策不可能改变的情况下,双方一再处于争执不下的情况,使会谈陷入僵局。

1956年1月、3月和6月,中国三次公布会谈经过,揭露了美国拖延谈判的真相。同时,中方接连提出的准许双方记者互访、有关禁运的协议草案、有关文化交流及人民往来的协议草案、司法协议草案,均被美方一一拒绝。

1957年12月12日,中美会谈已经进行了73次。约翰逊在这次会谈中彬彬有礼地宣布,他将撤出会谈,出任美国驻泰国大使;他指定他的副手埃德·马丁接替他的谈判工作。

这分明是杜勒斯在耍花招,美国想把中美谈判降级。王炳南当即表示:这种变化是我所不能同意的。

王炳南也很有礼貌地向约翰逊指出:中美进行的是大使级会谈,而马丁先生只是一个参赞,不能代表大使,你们这种做法是很不严肃的。正如周总理说过的,我们愿意谈判,并积极争取成果,如果美国不愿意谈,我们也可以中止谈判。我们不愿破裂,但我们不怕破裂。美国如想打仗,我们也可以奉陪。

于是,在第73次会谈后,中美大使级会谈中断了。

50年代末,周恩来总理曾经说过:中美大使级会谈至今虽然没有取得实质性成果,但我们毕竟就两国侨民问题进行了具体的建设性的接触,我们要回了一个钱学森。单就这件事来说,会谈也是值得的,有价值的。

■ 炮击金门之后,王炳南被急召回京

王炳南在莫斯科登上葛罗米柯的专机时,刚刚出任苏联外长不久的葛罗米柯情绪很好,与他寒暄了几句。

这是1958年9月初的一天中午。飞机就起飞了,他靠在椅背上,心里还想着这次奉召赶回国内的事。

前天夜里,他收到这封国内发来的特急电报时已经很晚了。电报只是简单地说:有要事相商,请你立即动身尽快回京!国内这封特急电报,是由外交部

副部长章汉夫署名发给中国驻波兰大使王炳南的。身边的同志看了电报纷纷猜测，是什么事会这么紧急呢？有的说，是不是另有紧急任命？也有的说，是不是跟台湾海峡的紧张局势有关？但又有人说，炮击金门与驻波兰使馆好像没有很直接的关系。王炳南自己在心里估计，很可能与恢复中断半年多的中美大使级会谈有关。

最快的路程就是乘飞机经莫斯科转机飞回北京。

他匆匆做了收拾与安排，就上了从华沙飞往莫斯科的飞机。当他在莫斯科伏努科沃机场走下舷梯时，中国驻苏使馆的同志已经赶来迎接。此时尚未到中午，驻苏使馆的同志告诉他，当天没有飞往北京的航班，但使馆经过与苏联外交部联系获知，碰巧苏联外长葛罗米柯因朝鲜问题要乘专机到北京去，他可乘机回去。

他早上离开华沙，晚上就可以回到北京，真可说是朝发夕至。但是他心里一直在寻思着，到底是什么紧急的事？

他当然会联想起数天前，即自8月23日开始，我福建前线解放军炮兵对金门、马祖等岛屿进行了猛烈的炮击。凭着他作为驻外大使的敏锐感觉，他不能不将此次炮击与最近的国际紧张局势联系起来思考。日内瓦国际会议后，毛

1958年8月，解放军万炮轰金门。

金门岛上蒋军的美援巨炮

泽东与党中央强调要宣传解放台湾，也强调由中国人自己和平解放台湾的问题，这是为了实现祖国统一，也是为了打破美国制造"两个中国"或"台湾独立"的阴谋。美国人还与蒋介石签订了美蒋《共同防御条约》，蒋介石不肯放弃"反攻大陆"的口号，不断对大陆进行骚扰，甚至空袭福建地面目标。艾森豪威尔继任总统后，国际形势变得比较复杂，全世界反美的呼声高涨。1958年入夏以来，中东地区出现了新形势，黎巴嫩人民起义，推翻了亲美的夏蒙政府，伊拉克也爆发了推翻王朝的革命。美国为了扑灭中东的反美火焰，7月间出兵黎巴嫩。美国第七舰队还加强了在台湾地区的活动。在苏联执政的赫鲁晓夫也对西方采取了姑息的政策。我中央军委命令人民解放军从8月23日开始对金门、马祖等岛屿进行惩罚性的大规模炮击，就是为了打击美国在国际事务中的嚣张气焰。前天，他在华沙还收听到外电广播，在解放军"八二三炮击"后，艾森豪威尔下令在台湾海峡集结有5艘航空母舰的兵力。

他不能不猜测，自己被召回北京与台湾海峡的形势有关。

9月5日当晚飞返北京后，他立即风尘仆仆赶到部里见了章汉夫副部长。章汉夫说："你回来得好快呀。是总理要你回来的。驻苏使馆已经来了电报，总理知道你今晚就到了。"

"总理有什么指示？"他问。

章汉夫说："要你等候通知。主席、总理正在北戴河开会。开会期间，总理给我打来电话，说要你赶回来，说是因为中央要讨论对美国斗争问题，并说主席对这个问题考虑了很久，有许多新的想法，要你回来一起参加讨论。"

他听后觉得自己的预感与判断是对的,也在思想上做了相应的准备。

在人民解放军炮轰金门、马祖岛屿的打击下,9月4日,艾森豪威尔总统授权杜勒斯发表了愿意同中国会谈的声明。

9月6日,周恩来总理发表声明表示:"中国政府准备恢复中美两国大使级会谈。"

9月9日,杜勒斯向记者宣布:美国政府准备响应周恩来总理9月6日声明,"随时"恢复同中国的大使级会谈。

9月9日当天,王炳南接到通知,晚间到中南海颐年堂去参加政治局会议,要他在会上具体汇报前一阶段中美大使级会谈的情况。毛泽东、刘少奇、周恩来、张闻天等中央领导都出席了。他们刚从北戴河回来,毛泽东的脸晒得黑红黑红的。周恩来让他首先汇报。这是他第一次有机会在中央政治局和毛泽东面前谈中美会谈的情况,领导人们都望着他,他显得有点拘谨。

毛泽东开口笑着说:"炳南,你的'炳'不是木字旁而是火字旁。你本来该炳烛光照南天,恩来却将你这根蜡烛插到西天去了。"

大家都笑了。笑声使王炳南消除了拘谨,他开始了汇报。

王炳南在其回忆录中,对此次汇报作了如下记述:

1958年台海危机中,美国派五艘航母驶入台湾海峡。图为其中一艘航母。

当我谈到，由于我们掌握真理，对美国无所惧、无所求，因此在会谈中处于主动地位时，毛主席笑着插话问我：我们要台湾回归祖国，怎么就无求于美国呢？

我说：台湾自古就是咱们中国的领土，是我们的地方，美国无权霸占，它本该交还我们，而不是我们去求它。

会议中间，一些政治局委员还对中美会谈的情况提出了一些问题，我都一一作了解答。

最后会议商定，要指定专人起草一个中美会谈的新方案。会议要散场时，毛主席握着我的手兴奋地说：你讲得好，有朝气，跃进了！和我一起参加会议的乔冠华等同志也对我说：你讲得真好。

散会后，外交部的同志便赶忙根据中央的决定草拟重新开始中美会谈的方案。

1958年，美军第7舰队在台湾海峡的一支航母编队

半年前刚出任外交部长的陈毅没有出席这次政治局会议，当时陈毅正在上海。陈毅作为副总理兼外交部长协助周恩来总理处理中美会谈工作。陈毅从上海回来后，找王炳南谈了话，指示他：前一阶段会谈分别提出的种种问题难以分别解决，今后要确定"一揽子"解决问题的原则，就是说台湾问题不解决，其他问题都谈不上。陈毅部长这个指示，在台湾海峡局势紧张的情况下是十分正确的，它表明了中国政府在台湾问题上的坚定立场，无论美国在台湾问题上是谈判还是使用武力，中国的原则是毫不动摇的。陈毅风趣地对他说："你嘛，跟美国人是武戏文唱。"

在他这次回国期间，周恩来总理和他详谈了几次，对他的工作作了具体、细致的指示，还调换并加强了新的助手班子。中方已经同意美国"改变会谈地点"的建议，地点改在华沙，美国已经正式指派驻波兰大使雅各布·比姆为美方首席代表。

周总理告诉他，在他回华沙之前，毛主席还准备特别接见他一次。对毛泽东的接见，他在回忆录里也作了较详细的记述：

> 在返回华沙前，毛主席特意接见了我，指出了在会谈中应该注意的事项。他说，在同美国人的会谈中，你要多用一种劝说的方法。譬如说，你们美国是一个大国，我们中国也不小，你们何必为了仅仅不到一千万人口的台湾岛屿与六亿中国人民为敌呢？你们现在的做法究竟对美国有什么好处呢？他还说，在会谈中要多用脑子，谦虚谨慎，说话时不要对美国人使用像板门店谈判那样过分刺激的语言，不要伤害美国民族的感情。中国人民和美国人民都是伟大的民族，应该和好。
>
> 他还向在座的同志指示，在我返回华沙时由新华社发一条消息，就说王炳南回国述职完毕。

这次，他在北京逗留了一个星期。

他走的当天没有班机，周恩来获知后连夜打电话给有关同志，让他们加派一架专机送他到伊尔库茨克，然后换乘苏联班机去华沙。

■ 在台湾海峡的紧张局势中开始了华沙会谈

当送他一程的专机朝西北方向飞行时,他方才有空将周总理刚刚给他的亲笔信细细地看了两遍。

总理的笔迹他是格外熟悉的,总理那么忙,还亲笔给他写信,给予会谈的指示,使他很受感动。信中还附有外交部草拟的发言要点,作为他的发言底稿。

周恩来总理的亲笔信全文如下:

炳南同志:

现将发言要点(草稿)打送给你,在第一次会谈中,如果美方急于要表达自己的意见,可让他先说;照杜勒斯今天接见记者的谈话,这种可能是存在的。如美方先提出方案,而方案本身又有研究余地,你不忙提出我方方案,而将其中过分荒谬之点予以评论,其他则保留下次会议再予以全面回答。如果美方不提具体意见而又急于要知道我方的意见,我方亦可使用这一发言要点,并将预定方案提出。

如第一次会谈为纯技术性事务作安排,双方只作一般接触,则发言要点第一段稍加发展,可作你在第一次会谈时的发言底稿。

如何,请酌办。

周恩来 一九五八年九月九日

他经伊尔库茨克转机回到华沙。在确定会谈的具体场所时,又费了一些周折。

就在王炳南还在北京逗留的时候,华盛顿当局内部为会谈的场所进行了一场辩论。担任美方代表的美国驻波兰大使雅各布·比姆向国务院建议,会谈轮流在双方的使馆内举行。固执的杜勒斯不同意,认为美国大使到中国的使馆来会谈,会让人联想到对中华人民共和国已构成某种形式的承认。

王炳南回到使馆后,就接到了比姆大使打来的电话,声称愿意与王大使进行会谈。他回答说,准备两天后即9月14日在中国大使馆会见比姆。比姆没有当场回答,显然是要请示杜勒斯。后来,比姆打电话来说,他还是不能到中国

晚年王炳南

使馆来，建议会谈在瑞士的驻华沙使馆举行。经双方商量，建议请求波兰外交部提供会场。

波兰外交部很乐意地提供了华沙城内的梅希里维茨基宫作为会谈场所。

1979年，晚年的王炳南赴美访问，比姆作为老朋友很热情地邀请他到家里做客。两人重提旧事，还很高兴地笑谈起在梅希里维茨基宫会谈时被窃听的情景。据比姆大使退休后所写的《出使苏联东欧回忆录》一书披露，第三方提供场所，使会谈的保密性受到了影响。比姆记述说：

既然我们安排了在双方名义上掌握保密控制的大使馆之外的地方

金门炮战后,蒋介石与蒋经国到金门岛上视察。

进行会谈,显然就等于邀请第三方(波兰)、大概还有第四方(苏联)参加。会谈开始不久,我们就接到报告说,当地无线电爱好者收听到了我们的谈话。我们在那个宫殿里会谈时,电子系统受到了干扰,播放出清晰可闻的声音来,美国代表团感到可笑,而中国人却不动声色地默默听着。

中苏关系在 1958 年时还比较好,因此中国人起初可能同意这种泄密方式,把情况通给苏联人,以消除他们的疑虑。从这种做法里美国并没有得到相应的好处,因为这妨碍了机密的交谈。在特殊情况下,我们和中国人安排在自己的使馆里进行秘密会晤,但华沙会谈继续在波兰人提供的、不保密的房子里举行这一点,也促使会谈降为不那么重要的、主要是例行公事性质的会谈。

客观地说，中美华沙会谈开始进行的时候，中方还没有对苏联保密。在王炳南离京后，周恩来曾指示，为中央及时掌握华沙中美会谈的情况，请苏联帮助架设一条北京—华沙的直通电话线，使周恩来与王炳南的联系更加紧密和经常。周恩来经常亲自打电话给王炳南，及时听取汇报，发给指示，并不断提醒他应该注意某一方面的问题。至于中国方面注意对苏联保密，已经是60年代初中苏关系全面紧张的时候了。

其实，他和比姆早已在华沙的外交场合见过面，只是不打招呼、不相往来而已。王炳南此次和美方代表团团长雅各布·比姆正式见面时，一边寒暄，一边注意打量着这位代替了约翰逊的会谈对手。

这是1958年9月15日下午3时整，中断了9个月之久的中美大使级会谈在台湾海峡形势十分紧张的情况下，于华沙恢复了。双方代表团到达后，先后被分别引进会场左右两边的小厅内休息，时间一到，即被领进会场。做东的波兰人将宫殿里的会场布置得既简单又讲究，四张大桌子拼成一个长方形，波兰外交部礼宾司长请中美双方代表团入席，双方相互鞠躬致意。

比姆是栗色的头发，小圆框眼镜架下有一张窄长脸，面容沉静。王炳南拿对方与约翰逊相比，觉得其缺乏幽默感，很少露出笑容，却比约翰逊更具学者的风度，文质彬彬，像个教授。在这次会谈之前，他通过有关友好国家驻华沙使馆的朋友及其他渠道，对比姆有了一定的了解。

此君要比他迟两年来华沙出任驻波兰大使。据说，他在美国国务院那批得力的外交官中，是富有与共产党打交道经验的专家。比姆于50年代初先是在雅加达担任参赞，然后调到南斯拉夫任参赞，因善于跟铁托打交道而被国务院所赏识。在斯大林去世后，他奉调去莫斯科接替那位被苏联宣称为"不受欢迎的人"的驻苏大使乔治·凯南，以临时代办身份接替使馆馆长职务。不久，他又被调回国内任国务院政策计划司副司长，后又被任命为负责苏联与东欧事务的助理国务卿帮办，直至奉派来华沙出任大使。他来华沙时还是个单身汉，被戏称为"寡公大使"。初接触，王炳南感觉这人不善辞令，不是那种巧舌灵齿的外交家，但其经历说明他绝不是一个他可以轻视的谈判对手。

双方代表相对而坐。团长坐在中间，两侧分别为各自的顾问和翻译。

中方首席代表为王炳南，顾问已经换成黄华和赖亚力。黄华在新中国成立

金门炮战后,美国国务卿杜勒斯到台北为蒋介石打气。

前夕在南京与美国前驻华大使司徒雷登进行过接触,赖亚力在加入中共之后曾到美国华盛顿乔治城大学学习,后来在纽约参加了《华侨日报》工作。有时候,华沙使馆的姚广参赞也参加会谈。

比姆的助手为懂中文的国务院中国科科长拉尔夫·克拉夫。王炳南以前在南京见过这个拉尔夫,他曾于国民党政府时期在中国工作过。据比姆回忆说,历次和王炳南打交道的美国代表都觉得他是通情达理的人。双方见面时,王炳南向他谈起了过去在重庆、南京认识的美国朋友。当时,在华盛顿负责华沙会谈的助理国务卿沃尔特·罗伯逊,也是王炳南过去认识的朋友。罗伯逊曾经给比姆下过死命令,绝不允许发生像1953年板门店停战谈判中那样在会谈中拂袖而去的事情。

在第一轮会谈中,王炳南请比姆首先发言。比姆一开始就要求中国方面停止对金门、马祖几个岛屿的炮击。比姆用很呆板的声调说,美国承认,中美长期以来对台湾及其附近岛屿存在着严重争议,美国并不要求任何一方在这个阶段放弃自己的意见,美国的目的是消除可能被对方视为战争挑衅的行动,否则,军事行动将可能扩大。

王炳南对此早有估计,因此很平静地反驳说,美方无权代表台湾当局说话,无权提出停火的建议;台湾及澎湖列岛是中国的领土,解放台湾及澎湖列岛是中国的内政,包括金门、马祖。

9月30日,杜勒斯放出要蒋军撤出金门、马祖的口风,而且亲自为中美第78次会谈提出一个协议草案,用平行的格式说明中美双方各自对台湾问题的看法,妄图搞"两个中国"的阴谋,被王炳南断然拒绝。

美国方面一方面反对中国人民解放台湾,另一方面,也要求蒋介石"放弃将金门和马祖作为基地以便进攻大陆的打算"。从比姆的谈话中,王炳南还可以了解到,大多数美国人几乎肯定地反对蒋介石利用沿海岛屿做军事基地,用以

中美华沙会谈的地址:华沙市梅希里维茨基宫

"收复"大陆。

北京方面及时掌握了美方动态,毛泽东亲自两次起草了以国防部长彭德怀的名义发布的《告台湾同胞书》。

10月30日,杜勒斯跑到台湾,给蒋介石以"面子",阻止其反攻大陆的挑衅性行动。蒋介石允诺,"光复大陆的主要手段是实行孙中山的三民主义而不是使用武力"。

台湾海峡紧张局势逐步缓和下来。但因为美国对台湾的态度依旧,没有任何松动的迹象,中美华沙会谈陷入了程式化之中。王炳南每次发言的开场白都要重申中国政府对台湾的立场,美国若不放弃在台湾问题上干涉中国内政的做法,中美之间不可能解决其他问题。

用王炳南的话说,以后的谈判几乎都是千篇一律的。双方在互相提防和抑制的气氛下,你谈你的,我谈我的。但在会场之外,双方仍进行一些私下的会晤,相互请喝茶或吃饭。

1959年,杜勒斯离开了美国国务卿的职位,继任国务卿也没有给华沙会谈带来什么起色。

1961年,肯尼迪出任总统,除了在华沙会谈中玩一些小花招外,在台湾问题上的顽固立场仍然没有丝毫变化。

1961年9月,比姆奉调回国,出任美国军备控制和裁军署副署长。

接替比姆担任华沙会谈美方代表团团长的是一个"老中国通"——卡伯特。波士顿人卡伯特在旧中国担任过美国驻上海总领事。据说,美国国务院在挑选驻华沙大使时,首先考虑的是候选人对中国事务是否熟悉,而不是考虑其对波兰事务是否熟悉,因为这个人要和中国大使进行持续的会谈。

■ 华沙会谈僵而不断:中美联系的特殊渠道

在美国波士顿,有两个最大的富翁,一个是洛奇,另一个是卡伯特。当地社会流传着一句顺口溜:当地人向洛奇说话,洛奇向卡伯特说话,卡伯特向上帝说话。此话的意思是说,卡伯特比洛奇更有钱,钱多得可以买通上帝。

洛奇与卡伯特都是美国的驻外大使，洛奇是那个有名的驻越南大使，卡伯特是驻波兰大使。卡伯特到华沙成为王炳南的对手之前，担任过驻巴西大使，已经有了36年的外交工作经历。在后来的1979年访问美国时，王炳南受到了卡伯特十分隆重的礼仪接待。卡伯特在其濒临大西洋的豪华花园别墅里，专门为王炳南举办了盛大宴会，邀请了波士顿所有的名流出席，宾客如云。整个宴会十分热烈，充溢着友好之情。卡伯特为自己过去有过一些对华不友好的言论而深感不安，想重访中国，又怕不受欢迎。卡伯特夫人在一旁埋怨说：像你这样的人，中国是不会让你再去了。王炳南却说：过去的事都过去了，当即邀请卡伯特夫妇俩访华（但遗憾的是，在定下访华日期、准备动身时，卡伯特不幸因心脏病突发而去世）。当时，杯盏交错之中，听着大西洋的涛声，这两位上了岁数的老对手竟然谈笑风生地回忆起昔日谈判桌上的唇枪舌剑。

1962年3月，王炳南与卡伯特继续进行谈判。两人是同龄人，都是50多岁年纪。卡伯特言谈举止很随便，不拘谨，不在乎外交上的礼节。两人经常开玩笑，使谈判桌上经常充满笑声。

有一次，卡伯特笑呵呵地说：你们中共应该感谢我们美国，看你们胜利后检阅军队，不是有很多美式装备吗？这些装备是蒋介石送给你们的，所以你们称蒋介石为"运输大队长"。这老蒋送武器给你们，连一张收条也不要！

王炳南就回答说：你们怎么忘了？我们已经感谢过了。我们解放北平举行入城式的时候，毛主席让入城部队全部换成美式装备，还特意绕道经过你们驻北平总领事馆门口，以示谢意呀。

1962年春夏间，国内连续遭受自然灾害，中印边界局势紧张，中苏关系恶化。在这样的背景下，蒋介石妄图趁机"光复大陆"，福建前线战云密布，局势空前紧张。5月底的一天，正在国内休假的王炳南接到周总理紧急召见的通知。当天深夜，他奉召来到西花厅，周恩来总理给他介绍了情况。中央得到了有关蒋介石要"反攻大陆"的情报，台北当局正在大量购进新式武器，改进战斗机性能，增加飞机装油量，使之在飞至大陆上空作战后能够返航。蒋介石还宣布延长服兵役时间，士兵一律不准离开营房，随时待命。人民解放军也进行了防御部署，向福建前线一带大量集结部队，制订作战方案。

周恩来总理对他说，中央经过认真研究，认为蒋介石反攻大陆的决心虽大，但困难也不小，关键得看美国当局是否支持。周恩来决定让他立即中断休假，赶回华沙，尽快通过中美会谈的接触，寻找机会，摸清美国的底。

王炳南知道这个任务至关重大，不能有丝毫疏忽，就立即动身赶回华沙。他回到使馆后，即同美国大使卡伯特联系，约定会面时间。在见面的前一天，国内又来指示，让他称病推迟正式见面的时间，他只好连续几天待在使馆里不出大门。事后他才知道让他推迟见面的原因，是国内正紧张地向福建前线调动部队、集结兵力，但因南方大雨，一些重要桥梁被大水冲断，火车停运，部队受阻。待铁路修复、前线兵力部署完毕以后，王炳南又根据国内的指示，重约与卡伯特会见时间。为便于交谈，更好摸清美方的情况，他采用了非正式会谈的方式，请卡伯特到他的官邸来品茗聊天。

6月23日，卡伯特应约前来，仍是不拘礼节、毫不在乎地在客厅入座，品着龙井茶，尝着中国小点心，两人神态轻松地聊起天来。王炳南采用迂回办法，先从东南亚局势的发展谈起，说中国政府对东南亚局势的发展感到担心。今年以来，美国增兵越南，出兵泰国，加紧干涉老挝，东南亚局势已经发展到随时可能引起大规模国际冲突的边缘。中国的态度一向是克制的，尽管蒋介石残部参加了老挝内战，中国的安全正遭受到严重的威胁，中国仍然没有放弃争取和平解决老挝问题的努力，也没有放弃争取在不干涉有关国家内政的基础上使印度支那和整个东南亚局势缓和下来。但是，局势缓和下来的关键并不掌握在中国手中。

接着，王炳南缓缓地将话题一转，提出：中国政府还要提请美国政府注意台湾海峡的紧张局势。

据王炳南回忆，卡伯特听到这个话，连刚刚端起的茶杯都放下了，神情突然严肃起来，目不转睛地望着王炳南。

王炳南郑重地说：美国政府完全清楚蒋介石集团准备窜犯大陆沿海地区的

情况，这种准备工作正是在美国的支持、鼓励和配合下进行的。……美国的如意算盘显然是，支持和鼓励蒋介石进行军事冒险，不管冒险的情况如何，美国都可以收到进一步控制台湾的实力。在美国的支持和鼓励下，蒋介石集团正跃跃欲试。

在王炳南反复强调美国政府对蒋介石反攻大陆的支持时，卡伯特显得有些紧张了。

王炳南进一步指出：中国人民同蒋介石打过几十年的交道，完全懂得怎么对付他。中国政府必须指出，美国政府是在玩火，蒋介石集团一旦向大陆挑起战争，其结果绝不会给美国带来任何好处，美国政府必须对蒋介石集团的冒险行动和由此产生的一切严重后果负完全责任。王炳南最后说：鉴于形势的严重性，请卡伯特立即把上述情况报告美国政府。

卡伯特听完这段话，稍作思考后说：很欣赏大使先生的坦率精神，他将尽快地把中方所说的情况电告美国政府。他还很爽快地说：在目前情况下，美国决不会支持蒋介石发动对中国大陆的进攻。卡伯特还说：蒋介石对美国承担了

中美华沙会谈第一任美方代表：美国驻波兰大使雅各布

美国总统肯尼迪

义务,未经美国同意,蒋介石不得对中国大陆发动进攻。

当天,卡伯特一回到自己的使馆,立即给华盛顿发去了有关王炳南谈话的紧急报告。

据说,马歇尔国务卿走进总统的椭圆形办公室之前,是沿着走廊一边走着,一边不断地说着话,不是跟所遇着的人打招呼就是给对方下指示,这是因为这位五星上将国务卿在战争年代里养成了不断下达命令的习惯；而腊斯克国务卿却正好相反，他在走廊里走路时总是沉默寡言，几乎不说一句话，就是遇到熟人也不爱打招呼。

此时，腊斯克拿着卡伯特刚从华沙发来的紧急报告去面见肯尼迪。因为时差的关系，驻波兰大使卡伯特发给国务卿腊斯克的报告是6月23日发至国务院的。他一看，报告中称中方代表反复强调说美国要对蒋介石即将发动的反攻大陆的一切严重后果负责，就不能不使他立即联想起去年（1961年）刚刚发生在古巴的登陆行动。

那是一次使肯尼迪政府十分丢脸的外交败绩。

1961年1月，美国宣布与古巴断绝关系。4月14日，由中央情报局组织、训练、武装和运送的1400多名雇佣军，在美国飞机、军舰的掩护下，在古巴吉隆滩突袭登陆，企图颠覆卡斯特罗政权。但是，这次秘密的登陆行动不到两天就被古巴人民挫败。消息传出，美国内外纷纷谴责美国当局策划的这次侵略行径，令肯尼迪政府威信扫地。对于这次秘密行动，腊斯克是国务院中唯一知道详情的人。腊斯克最初不赞成这个计划，但肯尼迪在外交决策上赋予总统特别助理、国防部长、司法部长、中央情报局长和参谋长联席会议更大的权限，因而腊斯克无力阻止这个秘密行动。中央情报局给总统的报告称采取这个行动"有百利而无一弊"，才酿成了这次失败。

华盛顿方面已经得到了有关蒋介石"反攻大陆"的情报，腊斯克对此计划也持反对态度。这除了他担心重蹈去年吉隆滩登陆失败的覆辙外，还因为他一贯对蒋介石没有好感。太平洋战争爆发后，他应征入伍，因勤奋工作而青云直上；1943年间，他刚30来岁就被调往中缅印战区，担任该战区盟军总参谋长史迪威将军的副参谋长，对蒋介石有相当的了解。他与史迪威一样，不喜欢甚至厌恶蒋介石。在朝鲜战争期间，他担任负责东亚事务的助理国务卿，虽然极力主张美国出兵朝鲜，但也极力反对蒋介石派兵入朝参战。

近年来，大陆出现经济困难，中苏两国交恶，美国国会、美国中央情报局及军方都认为，如果蒋介石进攻大陆，苏联将坐视不救。不久前，中央情报局驻台湾负责人甚至赶回华盛顿,提出美国掩护蒋军大规模"隐秘"登陆的方案,他得悉后就极力反对,认为这将是一次更大规模的"吉隆滩事件"。中央情报局与军方情报机构的日前报告称,中共从全国各地向福建沿海大量调运集结军队,还说前线地区有几天停止了客运。军方的高级专家认为大陆在目前的实力与环境下尚不至于发动攻占台湾的战役,最大可能是防御蒋介石集团反攻大陆,顶多也可能再一次炮轰金门、马祖。他觉得美国方面既要反对蒋介石反攻大陆,也要避免让中共误以为美国要放弃台湾。

于是,他就拿着华沙急电走向总统的椭圆形办公室,要向总统表示他的反对意见。刚刚经历了吉隆滩惨痛失败的肯尼迪,当然不会再轻易听从中央情报局的主张。前不久,当中央情报局和军方主张支持蒋介石集团对中国大陆有所行动时,肯尼迪还特别同意腊斯克派出负责东亚事务的助理国务卿哈里曼和情报研究司司长希尔斯曼专程飞去台北访问,同蒋介石、蒋经国父子俩分别进行了长谈。蒋氏父子反攻大陆的论据没能说服美方。

经肯尼迪总统批准,腊斯克国务卿于6月26日复电华沙,指示卡伯特大使通报中共王炳南大使:美国决不支持蒋介石反攻大陆。另一方面肯尼迪指示军方,加强第七舰队在台湾海峡的巡逻,以避免中共误以为美国要放弃台湾。美方还在华盛顿举行的记者招待会上宣布,反对任何一方在台湾海峡动武,对沿海岛屿保持1955年以来的政策不变。

卡伯特接到了华盛顿的明确指示后,在会谈中对王炳南说:"我向贵大使保证,我们绝不要一场世界大战,我们要尽一切力量来防止这种事情。"在以后的会谈中,他又好几次重复了这个保证。据王炳南在回忆录里记述说:

> ……在分手时,卡伯特甚至说,如果蒋介石要行动,我们两家联合起来制止他。
>
> 听了卡伯特这个明确的表态,我的目的达到了。我不禁松了一口气。美国的态度已经很清楚,这正是我们急于要知道的。这个重要情况将直接关系到党中央对福建前线战略部署的制定。我一刻也不迟缓

地把卡伯特谈话内容报告了国内。

事后，中央一些领导同志对我及时摸来了情报、了解了美国的态度十分满意，这对当时国内的决策起了很大作用。

1963年9月，蒋经国访美回台后就改变了调门，不再鼓吹"反攻大陆"了。台湾地区的紧张局势又缓和下来了。

1963年11月，美国总统肯尼迪遇刺身亡，由约翰逊接任总统。中美大使级会谈仍然没有进展。

1964年4月5日，双方举行中美大使级会谈时，王炳南告诉卡伯特，自己将奉调回国，这是中美大使级第120次会谈，也是他最后一次作为中方代表参加会谈；以后的会谈中方代表由新任中国驻波兰大使王国权继任。会谈结束后，双方还吃了一顿饭。当卡伯特获悉王炳南将升任外交部副部长时，还向其表示了祝贺。

中美双方在华沙的大使级会谈之所以没有中断，是因为中美两国之间都需要在相互不承认的情况下，保持着这个唯一而独特的接触渠道。此后的中美大使级会谈虽然没有中断，但几乎千篇一律，你谈你的，我谈我的，且时断时续，难有进展。正如1968年11月26日中国外交部新闻司发言人就第135次会谈的会期问题发表谈话时所说的："中国政府在中美大使级会谈中一贯坚持两项原则，第一，美国政府保证立即从中国领土台湾省和台湾海峡地区撤出它的一切武装力量，拆除它在台湾省的一切军事设施；第二，美国政府同意中美两国签订关于和平共处五项原则的协定。但是，13年来，美国政府一直拒绝就这两项原则同中国政府达成协议，而是本末倒置，老在一些枝节上做文章。中国政府已经明确告诉美国方面，中国政府是绝不以原则做交易的。如果美国方面继续采取这种做法，不管美国是哪个政府上台，中美大使级会谈决不会有什么结果。"

这时，美国在侵越战争中越陷越深，败局已定，华盛顿当局需要通过改善对华关系来摆脱它在越南的困境和对付苏联的扩张。美国副总统汉弗莱就曾于1968年7月表示要积极地与中国"搭桥"，并主张"谋求同大陆（中国）建立正常关系","取消对非战略物资贸易的限制"。因此，当中方 11 月 25 日建议于 1969 年 2 月 20 日重开华沙会谈时，美方即表示欢迎。但是，由于深陷越战泥潭的约翰逊政治声望日益低落，且卸任在即，其政府已不可能对改善中美关系采取重大措施。这样，中美会谈只好暂时中断。

于是，改善中美两国关系的历史责任就落到了新当选的美国总统理查德·尼克松的身上。

卷 四　　**武成殿另外开起了绝密会议**

■ 毛泽东睡不着了，又想起了四位"老帅"

6月的武汉，已经热得难耐了。已经夜深了，东湖旁一所静谧的别墅的一间卧室里，在柔和的床头灯下，有一个人靠着高垫的枕头，半躺在床上把卷夜读。这是一本线装书，当他读到"魏以40余万兵马据城死守，陈庆之以精兵三千大破之"时，竟激起了他感情上的共鸣，忍不住执卷下床站起了身，在屋里踱了两圈后，走到窗前站着。他扔掉烟头，又点了一支烟吸了起来，遥望着满天星斗。

他就是73岁的毛泽东。

北边的大国大兵压境，发射架上的导弹瞄准着我国境内的要地，咄咄逼人啊！每当在这种时候，他都爱读历史。这个晚上，他读的是《二十四史》。

这是他平生最爱读的一部书。这个版本还是刚进京城没几年的时候购得的，是乾隆武英殿的大字本，读起来舒畅悦目。这是他盼望已久的一部书，几乎每年都要花时间读它。每次外出巡视，他所带的一大堆书中，都有这套书。他已经在许多册的封面，用他那雄浑苍遒的笔迹标出传、纪的人名，还在书中做了圈点断句。有的地方，他还细心地改正了书中的错字。

这天晚上，他读的是《二十四史》第61卷的列传第51《南史·陈庆之传》。陈庆之是梁武帝时的名将，受封武威将军。对魏作战，陈庆之有勇有谋，屡立战功，曾在半年之内鏖战数百次。魏以7万人分筑九垒抗拒，陈庆之半天之内攻下三垒，又在14天内连克32城，作战47次。书中对其作战过程有较详细的记载。从1000多年前叱咤风云鏖战疆场的陈庆之，联想到自己一生经历过的无数惊心动魄、威武雄壮、艰辛卓绝的战争场面，他忍不住又从窗前走到书桌边坐下，执笔在书的天头上写下"再读此传，为之神往"几个字。

兴奋之中，他又联想起当前的现实来。他刚得到报告，5月底到6月上旬，苏联军队又在新疆边境挑衅，引起了流血冲突。据外电报道，苏联军队在漫长的中苏边境处于一级战备状态；勃列日涅夫于6月8日在莫斯科的国际共产党会议上谴责了毛泽东，并且鼓吹建立针对中国的"亚洲集体安全体系"；还有消息说，有苏联人在某种外交场合试图与台湾接触；还有苏联外交官暗示，苏联避免恶化同美国的关系，便于孤立中国……

形势是极为严峻的。

不久前，珍宝岛的战斗打起来后，他曾经同意周恩来的提议，让陈毅、叶剑英、徐向前与聂荣臻四个老帅，每星期在中南海开一次国际形势座谈会，将意见上报中央供决策参考。

上次出兵朝鲜时，他想起了彭德怀。这次北边紧张了，他又想起了靠边站的几个老帅了，到底是多年来戎马征战打出新中国的老元帅啊！前年2月份所

毛泽东在细阅材料。

谓的"二月逆流"，无非是他们对一些做法发一些牢骚而已。"苏修"要是真的打进来，还得要靠他们带兵打仗啊！

但是，中苏两国同以马克思为老祖宗，为什么要刀兵相见？这绝对是马克思老祖宗没有预见到的。他却很清楚，中苏两党的分歧由来已久。

他知道，斯大林一直不相信他，把他当做"农民领袖"。斯大林认为，在中国，只有国民党有力量，它又能得到英美两大盟国的同情和援助；"西安事变"发生后，苏联竟认为张学良是在"帮助瓦解中国并制造混乱"，苏联《消息报》还发了社论谴责张学良。斯大林还通过共产国际和王明要求中国共产党人在抗日民族统一战线中放弃独立发展，放弃争取领导权的斗争原则。他早就在党内讲过，"抗战"初期的王明右倾机会主义，都是从斯大林那里来的。

"抗战"刚胜利，斯大林发来电报，要他去重庆与蒋介石谈判。中央还在研究时，斯大林又发来口气很严厉的电报，说他不去重庆要承担什么什么责任。他看了好不舒服！但是，他仍然冒险去了重庆，在与国民党的谈判中占了主动。

解放战争后期，我们的政治、军事形势都很好，正准备南下渡江，解放全中国。南京解放前夕，苏联同国民党政府仍保持着外交关系。蒋介石在南京待不住了，迁都广州，苏联大使罗申奉命随同蒋介石政府迁馆到广州；而美国大使司徒雷登则未走，留在南京观察形势发展。苏联的做法同他们对当时整个国际形势的错误估计有关。苏联担心中国内战会打乱雅尔塔会议划定的势力范围，导致美国卷入，危及苏联利益。斯大林也害怕打第三次世界大战。斯大林的总出发点是要从战略上稳住美国，赢得和平建设的时间。苏联对我们能否解放全中国在很长一段时期内也持悲观态度。当时，我们对国际形势的估计和是否能解放全中国的看法同苏联是有分歧的。当然，我们打赢了，苏联背靠新中国还是高兴的。

他还记得，1949年底，他率代表团乘专列抵达莫斯科时，正是中午12点整，专列一停靠月台，克里姆林宫的大钟就"当当"地敲响了。除斯大林以外的苏联最高党政军领导人，几乎全部到车站迎接。当天下午6时，斯大林率领苏共全体政治局委员会见毛泽东。刚一见面，斯大林不等介绍，就走上前来握住他的手，高兴地说："想不到你是这样的年轻和健壮。"他还说："你们已经取得了伟大的胜利，而胜利者是不受指责的。"为签订《中苏友好同盟互助条约》，他在苏联待了很久,很费了一番力。斯大林害怕触犯《雅尔塔协定》,但后来还是同意签订这个条约,这是好的。往后好几年,是两党两国关系最好的时期。苏联援助中国143项工业项目,还派了大批顾问和专家帮助我们搞建设,为我们培训技术干部和接受我们的留学生、进修生。

1969年,中苏珍宝岛战事后我边防军在巡逻。

苏共"二十大"以后,随着中苏大论战的开展,两党之间又有了裂痕,他和赫鲁晓夫当面争论过两次。第一次是1958年,赫鲁晓夫来北京强行要求在中国建立海军基地,他冷冰冰地回答说:"你最好全部接管中国海岸。"赫鲁晓夫问他:"如果真是这样,主席怎么办?"他说他将重新上山打游击。赫鲁晓夫反唇相讥:"游击战在现代世界里已经没有市场了。"他也回敬说:"如果你一定要捏住中国人的鼻子,除此之外还有什么办法?"

第二次是1959年,赫鲁晓夫在戴维营结束与艾森豪威尔总统的会谈后,飞来北京。他要求中国释放8名在朝鲜战争时期在东北俘获的美国空降特务。他回答说:"这很难做到,你知道,中国有自己的法律。"赫鲁晓夫当场就红了脸,坚持说这几个人一定要释放,因为他在戴维营会谈中已经答应了艾森豪威尔。赫鲁晓夫接着又为尼赫鲁当说客,要中国答应给尼赫鲁一片领土,说:"那不过是一块荒无人烟的不毛之地。"他回答说,根本的问题是印度有预谋地入侵中国领土,他本人以及驻西藏的边防军的领导也都没有觉察,直至边民和巡逻兵多次报告之后,中国政府才不得不发出正式抗议,采取了自卫反击步骤。此后,苏联撤退专家,撕毁协议,两国关系就恶化了,一直发展到珍宝岛武装冲突。

以前是笔墨对阵不伤人体,现在是刀枪相见他也不怕。中国革命本来就是以弱胜强、以少胜多打出来的,打垮了蒋介石王朝,又与美国军队在朝鲜作了较量,面对苏联,何惧之有?!

中华民族饱经忧患，历尽沧桑，好几代人前仆后继，浴血奋斗了上百年，付出了极为沉重的代价，牺牲了数千万人的生命，才推翻了半封建半殖民地的统治，结束了动乱的局面，在1949年取得了胜利——建立了人民的新中国！可是，苏美两大国根本不把新中国放在眼里，动辄欺侮挑衅，在50年代与60年代，先后将战火燃到新中国的家门口。是可忍，孰不可忍！

这深深地刺痛了他的心。

他咽不下这两口气！

彻底的唯物主义者是无所畏惧的。他从来没有在任何高压与威逼下低过头。如今既要对付正面的敌人，还要防止背后射来的冷箭。一手对付苏联，一手对付美国。真像鲁迅说的，得横过身来，才能有效地两面作战。否则久而久之，十分不利！

他深谙辩证法，两害当头取其轻；何不利用苏美两国之间的矛盾，使新中国处于有利的地位呢？！……

远处隐约传来一声鸡鸣，天快亮了，他还没有睡意。

他又想到美国，想起他的美国朋友斯诺，还有斯特朗女士。他跟斯特朗在延安窑洞里谈"一切反动派都是纸老虎"时，翻译将"纸老虎"这个词译成"Scare-crow"。他觉得不对，打断谈话，在美国"那是扎成的人形，农民把它竖在田里来吓唬乌鸦"。他说，这样译不够确切，不是他的原意。他说："纸老

毛泽东床边所摆放的随手阅读的书籍。

虎并不是吓唬乌鸦的死东西。它是用来吓唬孩子的。它看起来像可怕的老虎，但实际上是硬纸板做成的，一受潮就发软，一阵大雨就会把它冲掉。"他自己用英语说"纸老虎——Paper Tiger"。

上了年纪的人经常不自主地陷入回忆之中，领袖也不例外。他又想起 10 年前，1959 年 3 月的一天早上，他在这东湖边上会见斯特朗时的情景。她是跟黑人朋友杜波依斯夫妇一块儿来武昌看望他的。他跟斯特朗说起，这是自延安那次谈"纸老虎"以来，他第一次接见美国朋友。大家坐下之后，谈笑风生。他先问起岁数。那年杜波依斯 91 岁，斯特朗 73 岁，而他自己是 66 岁。他开心地说："有三代了！"斯特朗说："只有两代半。"他挥了一下手说："我们不讨论确切数字问题，可是，杜波依斯的年龄完全可以当我父亲了。"

他十分钦佩杜波依斯 91 岁高龄尚且如此身强体健，他说道："连我也感到上年岁了，但我还有精力，人也健壮。我每年还能畅游长江，也在中国其他河流里畅游过，还希望多游一点。如果你们三位不反对的话，我想在密西西比河里游。但我估计另外三位——杜勒斯先生、艾森豪威尔先生、尼克松先生——可能要反对。"

杜波依斯有点儿严肃地回答："正相反。这三位很可能想见到你在密西西比河里游泳，尤其是在河口附近游。"

他笑着回答说："真的吗？如果这样的话，我便近日内动身出发，就算是位旅游者好了。我不谈任何政治问题，只在密西西比河里游泳。如果艾森豪威尔允许的话，我倒还想看看他打高尔夫球呢。或许我再去医院探望一下杜勒斯先生。"

杜波依斯冷冰冰地说："这可能会给杜勒斯一击。"

他记得当时自己回答说："这远非我去的用意，我非常希望杜勒斯先生能康复。作为美国国务卿，他对我们很有用。同时，他对美国人民、对全世界劳动人民都有用。"他是指杜勒斯作为反面教员的作用。

天蒙蒙亮了，他才躺回床上，把书卷搁在枕头边上。当他闭上眼皮时，已经不再想 1000 多年前的名将陈庆之了，而是想着他能不能到密西西比河里去畅游？

他还是睡不着，忽而又想起 1958 年秋天的一个下午。也是在湖北。他的一

1958 年,毛泽东在武汉会见美国客人杜波伊斯与斯特朗。

号专列停在孝感站外,他要对中央向湖北提的年产 600 亿斤粮食摸个底,邀请当地的干部与农民代表上车座谈。农民代表晏桃香是个农村小姑娘,正闹感冒打喷嚏,人家怕她传染给他,不让她进来。他知道了即说:"怕什么,少奇肝炎多年也没有传染给我。进来,小姑娘,请坐。"

她刚坐下,不料打了一个大喷嚏,喷得他满脸唾沫星子,在座的人都紧张起来，小姑娘也脸有惧色，他赶忙笑着说："不要紧，我是60多岁的老头子，不怕死，人家说身经百战，我也是身经百战不死，你的一个喷嚏打得死我吗？你比美帝国主义厉害？比日本侵略者厉害吗？比蒋委员长厉害吗？"他这样一说，气氛缓和多了。

他又问小姑娘："你为什么感冒？"

晏桃香说："报告主席……"

他立即打断说："不要报告。大家平起平坐，随便谈心。"

晏桃香说："昨晚我通宵开夜车锄棉梗，天亮才通知我开座谈会。一直打喷嚏，来这之前我先吃了药的。"

他问她："你们开夜车点灯吗？"

晏桃香答："300瓦电灯，20盏汽灯。"

"你赞成开夜车吗？"

"说实话，不赞成。但上面要我们开夜车，我是妇联主任，不能不开。我认为开夜车划不来，花钱很多，第二天还打不起精神，大家都不愿意。"

他又问："你认为你所在的生产队粮食产量能达到指标吗？"

小姑娘回答得很大胆："差十万八千里。"

他又问："那么你想如何办呢？"

晏桃香很恳切地说："希望上面实事求是。"

她说这话很不简单，在座有的人鼓了掌。有人也汇报说，事实上老百姓有的已经开始饿肚子了。

他听着听着泪便流下来了。他还记得当时他没有擦眼泪，并且说："不要同不让她进来的人讲打喷嚏的事。我毛泽东是久经考验的人嘛。"

他甚至挂念着这个向他脸上打过喷嚏的晏桃香。她今天怎么样呢？日子好过吗？要是苏联人真的打进来，像晏桃香这样的人会成为最勇敢的战士的……

他又想起陈毅他们几个老帅来，他们都富于战略眼光，他很希望听到他们的意见……

■ 四老帅的研究"不要被框住了"

参加了"天天读"之后,他带着一张小凳子回来了。

工厂里参加"天天读"的工人和干部们,都一律带着小板凳,他也不例外。至今厂里的老职工中,不少人都还记得这位过去叱咤风云、大名鼎鼎的元帅,记得他每天早上拎着小凳子来去的模样,记得他念《毛主席语录》时的浓重的四川口音。当然,他们也记得当时支左的8341部队的军代表老韩对大家宣布的:不要跟他说话,没有必要跟他打招呼。有人还回忆说,工厂里有的造反派针对他贴出了《批判反动的"二月逆流"》的大字报,但到了晚上就被老工人们撕掉了!

他就是在那个特殊的动乱年代里,在1969年春夏间,来到这家工厂"蹲点"的陈毅。

虽说还没有宣布罢免他的国务院副总理兼外交部长的职务,但他实际上已经被打倒了。

他是在两年多前的所谓"二月逆流"后靠边站的。那次"二月逆流",其实是二月抗争!在老帅老将们的发言中,这位"便衣元帅"的话最有分量。

根据所存档案中张春桥、姚文元、王力亲自整理的会议记录,可以查到陈毅当年所说的话。

陈毅矛头直指林彪说:"历史不是证明了谁反对毛主席吗?以后还要看,还会证明。斯大林不是把班交给了赫鲁晓夫,搞了修正主义吗?"他愤慨疾言:"这样一个伟大的党,只有主席、林副主席、周总理、伯达、康生、江青是干净的,承蒙你们宽大,加上我们5位副总理。这样一个伟大的党,就只有这11个人是干净的?!如果只有这11个人是干净的,我陈毅不要这个干净!把我揪出去示众好了!一个共产党员,到了这个时候还不敢站出来讲话,一个铜板也不值!"

在这著名的"二月抗争"后,他的名字从报纸上消失了。不再让他接待外宾,也不再让他批阅外交文件了。除了受造反派批判外,无事可做,以致后来连《大内参》也停发给他看了。习惯于思考国家外交大局问题的陈毅痛苦地慨叹道:"我现在耳塞目盲了。"

周恩来了解陈毅及其他受批判的老同志们的痛苦。经过周密思考,他向毛

刘伯承元帅与陈毅元帅在议事。

主席提出了一项建议："让几位老帅和中央各部各省、市、自治区一些被打倒靠边站的老同志到工厂蹲点，搞些调查研究。"

经毛泽东同意，周恩来做了周到的安排。四老帅"蹲点"的工厂，都是周恩来经过慎重的比较和苦心的斟酌而亲自选定的。周恩来选点的原则是：这些单位既是自己有把握保护这些老同志生命安全、身心健康的地方，又不能让大权在握的林彪找借口再做文章。最后，周恩来经过调查，选定了已被"中央文革"划定为"斗批改"的样板单位，即中央警卫团支左的"六厂二校"。

周恩来在选点讨论会上说：到样板单位蹲点，有利于接受"再教育"，提高革命觉悟。会后，周总理还找来中央警卫团的领导干部，一一作了交代，让他们必须绝对保证这批老革命的安全，衣食住行都要尽量给予照顾，还对工厂职工怎么对待"蹲点"的老帅也作了嘱托和规定。

就这样，1969年2月初，陈老总就来到了南口机车车辆装配厂"蹲点"。据他的秘书杜易回忆，他住在厂里一栋普通的四层楼房里。

叶帅则被安排在新华印刷厂，徐帅在"二七"机车车辆厂，聂帅在化工三厂。

1969年2月中苏珍宝岛战斗爆发，在4月间秘密召开的中共"九大"会议上，根据毛泽东的意见，将所谓"二月逆流"以来长期靠边站的四位老帅选为中共九届中央委员，叶剑英被选为政治局委员。毛泽东在"八大"十二中全会上说："你陈毅就以那个右的一方面的资格，以这个身份来参加'九大'。"

他是被上海党组织选为"右派代表"出席"九大"的。他憋了一肚子气，但没有计较。

当时，国际形势极为紧张，火药味很浓。中共"九大"刚结束，毛泽东就交给四位老帅两项任务：一是在北京四家工厂"蹲点"，二是共同研究国际形势，由陈老总负责，提出书面看法。

开始的时候，陈毅与叶帅、徐帅和聂帅交换了意见，都是很不理解：经毛主席审定的"九大"政治报告刚刚发表，又经"九大"全体会议"逐段逐段讨论"后一致举手通过，报告中对国际形势已经作了详细阐述，为什么还要我们进行研究？如果按"九大"报告照搬照抄，就算不上研究了。如果要提出某些不同看法，这又谈何容易？即使能够说，会不会被认为是与"九大"报告唱反调？

在当时林彪当权、"文化大革命"动乱的日子里，经历了所谓"二月逆流"的四老帅有这些顾虑，是可以理解的。

据一直亲身参与其事的熊向晖在回忆录《打开中美关系的前奏——1969年四位老帅对国际形势的研判和建议》一文中记述，周恩来总理给四老帅细致地做了工作：

> 总理对四位老帅说，主席交给你们这个任务，是因为主席认为还有继续研究的必要。主席的一贯思想是，主观认识应力求符合客观实际，客观实际不断发展变化，主观认识也应随着发展变化，对原来的看法和结论要及时作出部分的甚至全部的修改。所以，你们不要被框住。现在国际斗争尖锐复杂，各部门集中力量进行"斗、批、改"，只能应付门市；熟悉国际问题的干部大部分尚未解放；我一天到晚忙于

聂荣臻元帅与陈毅元帅在议事。

处理日常工作，实在挤不出时间过细地考虑天下大事。主席没有让你们回到原岗位，除了"蹲点"，你们可以不受行政事务的干扰，每星期有几天时间专心考虑国际形势。你们都是元帅，都有战略眼光，可以协助主席掌握战略动向，供主席参考。这个任务很重要，不要看轻了。你们也不要因为我这样讲就去拼老命，要注意身体，量力而行。世界风云天天变，但是战略格局不是天天变，一个月讨论两三次就可以了。有了比较成熟的看法，请陈总归纳几条送给我，我帮你们参谋参谋再转呈主席。但讨论的内容要保密。

周恩来指示外交部和其他涉外部门将涉外文电及时分送四位老帅。总理让四老帅每星期二至星期四在工厂"蹲点"三天，其余的时间自行支配，阅看有关国际问题的资料。周恩来还指定了四老帅的讨论由陈总主持，地点就在武成殿或者紫光阁，每月讨论两三次。

在周恩来布置好之后，陈毅作为主持人就召开了一次预备会。四人都带了秘书与会。周总理知悉后就找了陈毅，批评说："为什么要带秘书？以后开会讨

叶剑英元帅在家看世界。

论,只限于你们四位,不许其他人参加。"

他太了解周总理了,一听就明白其心意。总理是担心我们四个老帅聚在一起,难免不放炮,传出去又要惹祸。我们的秘书不外传,谁知哪天再有风吹草动,红卫兵把他们揪走,勒令他们揭发检举,不得下台。不让他们参加,免得他们遭灾。

于是,他对周总理说:"总理的批评、指示,我完全理解,非常感谢,坚决照办。主席交给我们的任务,我们要努力做好。只是我们四个人都上了年纪,有些事力不从心,请总理给我们派个帮手。"

总理就点了熊向晖的将。熊向晖曾到美国留学,英语很好。总理说:"熊向晖来给你们的座谈会当帮手,还可以帮你们看些英文材料。"

他说:"好,赞成,请总理马上下命令。"总理让他直接找熊向晖谈。

熊向晖自从1962年间接替宦乡,担任驻英国代办已经5年,1967年卸任回国后尚未分配工作。5月27日下午,陈毅直接找了熊向晖谈话,告诉了上述情况。并问:"你看可不可以,忙不忙得开?"

熊向晖说:"总理给了我向四位老帅学习的机会,我一定按照四个老帅的指示,全力以赴。"但熊向晖考虑到自己近两年来脱离外交实践,不了解外交内情,就建议从外交部挑一个现职工作的干部参加,以介绍当前外交内情,使静态的材料与动态的材料相结合,以利于研究,不要造反派。外交部代理部长姬鹏飞就挑选了组织纪律性很强的姚广。姚广曾任中国驻波兰大使馆参赞,曾以王炳南大使助手的身份参与过中美大使级华沙会谈。周总理很快就批准了。

熊向晖与姚广都是与美国人打交道的好手。两人为老帅们的国际形势研讨会搜集准备了各方面的材料。

陈毅从这一年2月初到南口机车车辆工厂"蹲点"后,《大内参》、重要的中央文件及外交部的有关材料等都无法看到了,只能在参加工厂活动后和夫人张茜一块学习马列著作和《毛泽东选集》,每周给中央、毛泽东主席写一份调查报告。现在,为了准备国际形势座谈会,他又能看到这些材料了。他对《大内参》这些资料都看得非常仔细,画道道,写眉批,每一则消息都不放过。

■ 四老帅的报告为打开中美关系提供了重要依据

武成殿在中南海那金碧辉煌、雕栏飞阁的诸多殿堂中,只是一个很不显眼的偏殿而已。据说,在封建的皇朝里,这儿是武臣们等候朝见皇帝的地方。

在1969年林彪权重一时的年代里,它更是一个不惹人注目的场所。四位老帅就在这里开始正式讨论研究国际形势问题了。由于这项研究是绝密的,服务员送上茶水后,就被叮嘱不要再进殿来。连老帅的贴身秘书都不准参加,密级就更高了,因而蒙上了一层神秘的色彩。

1969年6月3日下午3时半,在武成殿内的简朴的沙发上,坐着四位老帅和两位中年人,表面看来未免有点冷清。可是,唱主角的这四位老人的神色都甚为兴奋。这种兴奋的神情近些年来在他们显得过于凝重忧虑的脸上是难以见到的。这一年,叶帅72岁,聂帅70岁,陈老总和徐帅都是68岁。年龄虽很大,精神却格外好。

配合老帅做工作的两位中年人熊向晖、姚广属列席参加。

6月7日这天下午算正式的第一次会议。陈老总的"开场白"讲得生动、活泼,熊向晖在回忆文章里已详做记录,现转录如下:

> ……他说,主席指定我们议议天下大事,让我牵头。平时各人看材料,用不着我"牵"。上次我们谈过,材料很多,有价值的不多。一些单位的调研报告,差不多都是上面怎么说,自己做注脚。这种"二路货"可以不看。要重视第一手材料。《参考资料》每天两大本,内容很丰富。香港、台湾的几家报纸杂志,有时透露一些内幕消息。对有用的材料要认真看、过细看。对这些材料要按毛主席的教导,去粗取

晚年陈毅

精，去伪存真，由此及彼，由表及里，形成看法。开会的时候交换意见。总理让我们每月讨论两次到三次。地点就在武成殿，或者紫光阁。时间一般定在礼拜六，下午3点开始，讨论半天。每次开会之前，由我这个牵头的人分别打电话通知。我们这个会，就叫"国际形势座谈会"，在沙发上"座"而谈之。上次开的会不算，今天重打锣鼓另开张，算做第一回。我们四位老家伙，增加两位"壮丁"、"强劳力"。一位是熊向晖同志，他不再当驻英代办，总理让他专门协助我们，包括从英文书报里选择材料。另一位是姚广同志，他的工作比较忙，不一定每次都参加，他可以向我们通报情况，提供外交动态。开会的时候，每人清茶一杯，我请客，算是一点"物质刺激"，"刺激"大家踊跃发言。欢迎长篇大论，也欢迎三言两语。现在开不得"神仙会"，我们就来个"自由谈"。不拘体，不限韵，鸣放一通。可以插话，可以打断，可以质问，也可以反驳，讲错了允许收回。"自由"不能漫无边际，国际形势千头万绪，什么都议也不行，鸡毛蒜皮可以不管。要抓重点，抓要害。现在北边苏修磨刀霍霍，会不会向我们发动大规模进攻？南边美帝虎视眈眈，会不会把越南的战火向中国烧？这是关系到党和国家安危的大事，我们要作出明确回答，不要模棱两可，含糊其辞。总理的指示很重要：第一，脑袋里不要有框框；第二，要密切注意世界战略格局的发展变化。一次议不出名堂，就多议几次。由向晖同志做记录，议有所得，加以整理，再请大家复议。意见比较一致，上报总理。总理为我们把关。如果总理认为有可取之处，他会呈送主席参考。讨论的过程和内容要保密，这是总理规定的纪律，大家都要遵守。

熊向晖在其回忆录中说，四位老帅发言都没有稿子，没有提纲，高瞻远瞩，侃侃而谈，条理分明，语言生动。据此看来，他们事前都作了认真的准备。虽说他们都年岁已高，但精神都很好，一谈开来，连续讨论三个半钟头，中间都不曾休息。以后每次开会，四老帅都很守时间，都能提前几分钟来到会场。

当时，在珍宝岛战斗后，由林彪与"四人帮"掌握的在国内占主导地位的《人民日报》，用显著的篇幅发表文章揭露苏联军队入侵中国领土，制造流血事件，特别强调苏美以反华为重点的勾结,并一再渲染苏美联合日本等亚洲国家进行反华,疯狂地做战争部署,等等。这些宣传给人造成的印象是,大规模的侵华战争似乎旦夕即发。

但是,老帅们并不如此看。

他们认为,苏修与美帝的相互敌对是日愈剧烈的,苏修与美帝在政治上难于组成反华的统一战线,在军事上难于找到反华的打手。种种事实表明,美帝的战略重点在欧洲,经过朝鲜战争与中国进行的较量,当时又深陷在越南战争的泥潭里,美帝不敢贸然侵略中国,也不会亲自上阵参与反华大战。

老帅们认为,苏修在中国边境上搞点紧张是可能的,但不可能对中国大搞。老帅们认为,苏修搞一个东欧国家就动用了四五十万军队,若要对中国大搞,至少要动员 300 万兵力,谈何容易!老帅们还认为,苏修若要侵华,其后方补给线太长太远,后方不巩固,且其战略重点仍在欧洲与美国争高下;一旦其发

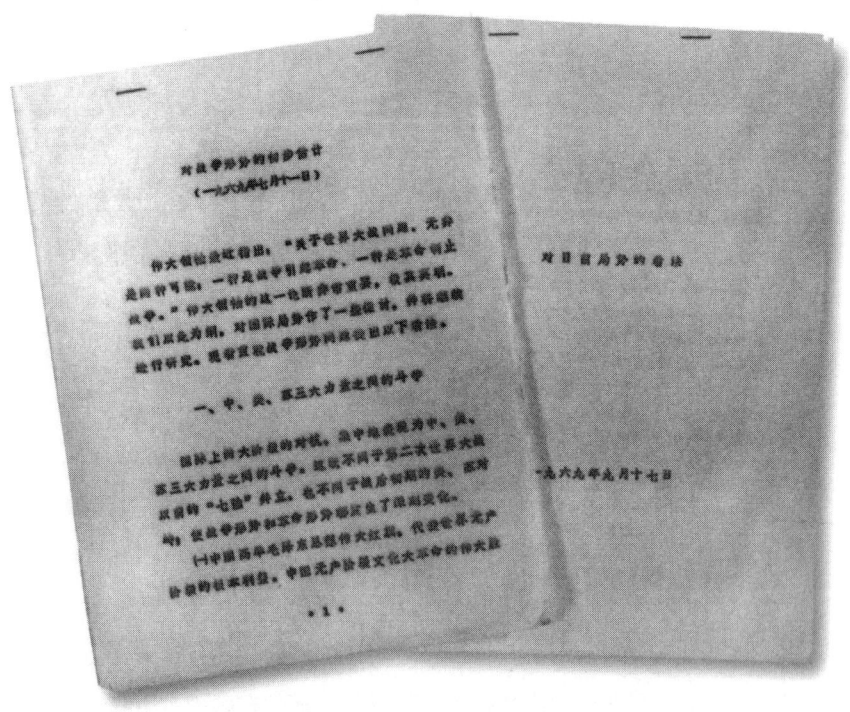

1969 年 7 月 11 日,陈毅终审定稿的《对战争形势的初步估计》报告原件

动侵华战争，前方未解决，又恐后方祸起萧墙，美军在东欧突破。

讨论愈是深入，老帅们兴致愈高，讨论的次数都超过了周总理预定的计划，有时候连礼拜天也不休息，跑来开会讨论。

据熊向晖统计，从6月7日至7月10日的一个多月时间里，他们共进行了六次共19个钟头的讨论，写出了题为《对战争形势的初步估计》的书面报告。7月11日，这份经陈毅最后审阅定稿的报告，由陈毅、叶剑英、徐向前与聂荣臻签上各自的名字后上报周总理。

在这份《对战争形势的初步估计》中，四位老帅全面分析了"中、美、苏三大力量之间的斗争"，指出反华大战不致轻易发生，准确地判定中苏矛盾大于中美矛盾，美苏矛盾大于中苏矛盾，明确提出"苏修扩张是挤美帝的地盘，它们的斗争是经常的、尖锐的"，从而勾画出刚刚形成并延续了十余年的国际战略格局，为打开中美关系提供了依据。

两年多以后，在一次毛泽东与基辛格的谈话中，基辛格大讲苏联战略重心已经从欧洲转移到亚洲，特别是转移到远东，苏联的大军云集在中苏边境。毛泽东立即对基辛格说，"祸水"并没有"东移"，苏联的中苏边境所谓"陈兵百万"，只是虚张声势而已，其实它的许多师都不满员。毛泽东笑着说，苏联的战略重心仍在欧洲，重点是与美国争夺地盘，首先是争夺欧洲。

毛泽东说的这个观点，就是四老帅经座谈分析后给毛泽东所写的形势报告中的观点。

■ 周恩来亲自过问两名美国旅游者误入事件

他批阅完别的文件之后，又拿起压在案头的那份报告，再次细细看了一遍。

这份报告写得很好，很及时，充分显示了老帅们的高度的智慧与过人的战略眼光。

他前天已经粗看了一遍，今晚又细看了一遍，触发了他浓厚的兴趣和联想。他准备立即将报告呈送给毛泽东。他建议将报告由中央办公厅作为中央文件印发中央负责同志。

看完报告，他抬起头看看窗外，天已经大亮了。中南海西花厅四周的松柏上已有鸟雀在啁啾，周恩来这才离开办公室。他长长地舒了一口气，平端起两只胳膊，做了两下扩胸的动作。这是1969年的7月，他已经71岁了，还两肩齐平，脊梁挺直，保持着他特有的风度。只是常年的劳累已经损害了他的身体，

日理万机的晚年周恩来。

尤其是近两年，他的体重在减轻，原来饱满而略显方形的下颌已变得尖削了。此时，他已经十分疲惫。安眠药的剂量已经加大了。要不然，他睡不着觉。使他忧心的事太多了。尤其是上个月9日贺龙去世的消息，猛地使他的心像铅块似的往下坠。这是一颗蒋介石悬赏十万大洋要买的头颅啊！他曾问过自己的保健医生卞大夫。卞大夫说，尽管我国医学界对糖尿病还缺乏认识、还没有特别奏效的医疗手段；但是，贺老总是送进301医院不到6小时就去世的。既然血糖那么高，患者又病了那么久，为什么不早住院治疗呢？

安眠药起了作用。他睡着了。不一会儿，他就发出了均匀而轻轻的鼻息声。

周恩来只睡了两个多小时，8点刚过，就被值班秘书催醒了。不催醒他，是要受到他严厉批评的。他动作迅速地起了床，穿着毛巾睡衣来到卫生间。这个卫生间，被国务院的部长们与周恩来身边的工作人员称为周总理的"第一办公室"。许多急件急电在这儿批阅；当天报纸的国内外重大新闻及新华社的《参考资料》，周恩来也在这儿过目……

一份急电引起了周恩来的注意。这是公安部转来广东省公安厅的急电。昨天，也就是7月16日，在临近香港的海面，抓到了乘游艇冲进我们领海的两个美国人。周恩来立即吩咐秘书，上午10点召集公安部、外交部的负责人来开会。

当天报刊的重大新闻：美国在肯尼迪角发射了载人登月宇宙飞船"阿波罗11号"，人类将在月球踏上第一个脚印；尼克松总统将于本月下旬从太平洋开始他的环球旅行，将在访问菲律宾、印度、巴基斯坦等亚洲六国之后，访问罗马尼亚……秘书在《参考资料》上刊载的一则合众国际社记者特勒从伦敦发出的报道上，用红铅笔画了好些杠杠。被画上红杠杠的文字说：

> 从共产党重要前哨传到这里的外交方面的消息昨天说，中苏紧张局势可能很容易爆发成重大的边境冲突，但是全面战争极少可能发生。据说，北京和莫斯科的紧张局势正在向极危险的程度发展。
>
> 伦敦外交界的消息说，据了解莫斯科政界和军界之中的一些人士正在悄悄地主张对中国实行先发制人的打击。
>
> 这些消息说，但是克里姆林宫居于负责的领导地位的人已拒绝采

取这种行动，因为除非莫斯科使用核武器从而无可挽回地毁掉自己在全世界的声名，否则这种行动将会把苏联拖入一场可能无法自拔的游击战中去。

周恩来记得上个月澳大利亚的报纸最先透露出这种消息，苏联的不是职位很高的驻外武官在某种外交场合向美国同行转弯抹角地试探：要是苏联对中国的罗布泊使用原子弹的话，美国会采取什么态度？周恩来觉得，不能因为西方报纸有这种报道，就完全相信；可是，他相信在3月份中苏军队在珍宝岛交火的事件发生之后，苏联至少是想咬中国一口的。尽管对于苏联试探美国的态度，还没有更直接的材料；但是，这肯定不是笑话，在外交场合没有一句话是无所谓地谈出来的。

珍宝岛事件以来的中苏关系，确实是压在周恩来总理心中的一块大石头。1966年以前，中苏两国在意识形态上的分歧，还没有导致两国军队交火。新中国刚成立时，中苏边境是"有兵无防"。到60年代初，是"有兵少防"。中苏边境长达12000多里、4000多英里，当时苏军只有12个师。大师两万，小师一万五，确实没有多少兵可防。到了1969年夏天，苏联在中苏边界驻军至少50个师。新闻报道说的"陈兵百万，大兵压境"，绝非是形容词。

从1969年3月珍宝岛事件开始，到7月，从东面的乌苏里江、黑龙江到西面的新疆，可以说充满了火药味，几乎每十天就会发生一次边界冲突，局势非常紧张。苏联至少有一部分实权人士在考虑对中国进行轰炸，或是外科手术式的打击。

周恩来看罢报纸，洗漱完，只喝了一碗豆浆，连碟子上松软的馒头也没有动。

美国总统尼克松不会不利用中苏之间的紧张关系。罗杰斯国务卿已经不止一次在讲话中"呼吁中美恢复会谈"，宣布"美国不是要改变对大陆中共的政策，而是要改变中美两国的关系，在某个时候我们即使单方面地采取措施，我们也将努力……"周恩来很欣赏曾经担任过美联社驻莫斯科记者的索尔兹伯里在《纽约时报》上所发的文章。索尔兹伯里说："……在中苏冲突中，尼克松得到一个大好的机会——使他能成为像样的历史人物的机会；当然，也存在着巨大的危险性，尼克松得下巨大的赌注。一旦中美接近，将使世界的政治形势产生结构性的变化。"

他将碗里的豆浆喝完后，"嚯"地站了起来，边走边将两条胳膊向后伸，秘书将灰色中山装上衣的两条袖管套进他的前臂。他两手轻轻伸着一抖，上衣就贴了身，紧接着他自己飞快地系好衣扣。

他想，对昨天在广东抓获的两个乘游艇侵犯我国领海的美国人，要让广东省公安厅派得力的人去搞清楚真实情况。在没有查清楚之前，不要在报纸上大肆渲染，不要随随便便给人家戴上"美国中央情报局间谍"的帽子，不要随随便便挖苦人家，住处、饮食都要安排好。我们的机构在这些年头给造反派搞乱了，简直是无法无天。

他还记得毛主席在几次会上都批评的一件事。珍宝岛打起来后，苏联人也急，担心上升为大规模的武装冲突，他们就打电话来。那时候，我们和克里姆林宫之间还有热线联系。据说，勃列日涅夫直接找毛泽东主席讲话。我们的话务员问："你是谁呀？"回答说："我是勃列日涅夫，请找毛泽东同志讲话。"我方话务员说："修正主义分子！你是什么东西，能找我们伟大领袖讲话？！"话务员把人家骂了一通。电话断了。事后，中央机要局的负责人批评话务员："你也没有经过领导，怎么能胆大包天干这种事！"

为了防止这种意外，周恩来决定要对这两个美国人入侵领海的案子一竿子过问到底。

当时，尼克松总统为了努力促进同中国建立联系，批准了放宽对美国公民来中国旅行的限制，允许六类公民（议员、记者、教员、科学家和医生、红十字会代表）到中国旅行，还允许在国外工作的美国人可以购买100美元的中国货物。当美国方面正准备公开宣布的时候，发生了7月16日两个美国人进入中国领海的事件。基辛格决定推迟几天宣布，看看中国人会不会利用这次事件掀起例行的反美浪潮。

几天过去了，中国人一直保持沉默。

7月21日，在尼克松即将出国做环球旅行时，美国国务院低调地宣布放宽对中国的贸易和到中国旅行的限制。

广东省公安厅在周恩来总理过问下，派了得力干部去调查。查了一个星期，把两个美国人误入领海的案子搞清楚了。这两人是暑假来香港旅游的美国大学生。船上没有窃听器,也没有发报机,不像是间谍。两人态度很好,承认误入领海,写了字据。7月23日,周恩来接到报告后,同意立即释放。

7月24日,那两个美国大学生通过罗湖桥来到香港。

这就是尼克松上台后中美之间的第一次奇特而无声的对话。双方都没有跟对方说明白,双方也都没有丧失自己的尊严。

卷 五　　老外长提出"不合常规"的想法

■ 尼克松煞费神思寻求通往北京的渠道

天哪！昨天他来到这里时就受到50万人的夹道欢迎，今天夹道欢送他的罗马尼亚人竟有100万之多。人们在街道两旁穿着鲜艳的民族服装，挥动着鲜花，挥动着罗美两国国旗。

尼克松总统与齐奥塞斯库总统并排乘着黑色的敞篷轿车，缓缓地穿过布加勒斯特的街道，驶向奥托佩尼机场。这是1969年8月3日。

欢呼的声浪，热诚的笑脸，有的人眼角还挂着泪花。一束束鲜花向敞篷汽车扔来。街道上陈设了漂亮的花坛，到处都挂着罗马尼亚与美国国旗，甚至苏军英雄纪念碑附近的大厦上也悬挂了美国国旗。

这些年来，尼克松已经访问过包括苏联在内的60多个国家，他觉得从来没有像这次访问罗马尼亚给他留下更深刻的印象。布加勒斯特市民的脸上突然爆发出来的那种亲热的情绪，真有点儿使他不可思议。

要是他真能如愿访问东方那个神秘的中国，他受到的会是什么样的欢迎？

他昨天在跟齐奥塞斯库进行的3个小时的会谈中，就谈到了中国。他真诚地告诉齐奥塞斯库："我想在我的任期中改善美国同中国的关系，能否请您从中斡旋，向中国人传递我的意愿？"

齐奥塞斯库微笑着打量了尼克松一眼。

尼克松又说："美国反对苏联提出的亚洲安全体系，在亚洲建立反对中国的小集团是错误的。资源丰富、人口众多的中国被错误地孤立起来，会变为一种爆炸性的力量。美国的政策是同中苏两国都建立良好的关系。"

齐奥塞斯库告诉尼克松，中国人信仰坚定，说话算数，通情达理。1960年6月下旬，好些朋友来布加勒斯特参加罗马尼亚党的会议，他作为乔治乌·德治的主要助手，接触过中国人。中国人给他留下很深的印象。

尼克松手抚圣经宣誓就任美国第 37 任总统。

尼克松细问齐奥塞斯库当时的情况,齐奥塞斯库没有详谈,只是说:"赫鲁晓夫在布加勒斯特出人意料地公开骂中国人。毛泽东派来的彭真也毫不含糊地给以回敬,顶撞了赫鲁晓夫。"

齐奥塞斯库还清楚地记得,中苏矛盾就是这样公开化、激烈化的。那时候,彭真引用了一句中国有名的成语来反击,说赫鲁晓夫"只许州官放火,不许百姓点灯"。当时气氛十分紧张,作为东道国,主人见此状况很为不安,担心中国人会提前回国。主人去做了中国人的工作,那天一直谈到深夜。中国人通情达理地答应按原定的日程开完会再走。经过那一次,罗马尼亚与中国人成了好朋友。

尼克松说:"我在 1959 年 7 月访问苏联时,也和赫鲁晓夫顶撞过,领教过他的坏脾气。"

又有几束鲜花朝尼克松飞来,落在敞篷车的后盖上。他想,他在有的国家

尼克松总统苦思如何打开中国大门。

被人扔过鸡蛋、西红柿,他的肩膀上曾经落过黏糊糊的蛋黄;而在这个共产党国家里扔来的却是鲜花。

他站在车子上,侧头望了望身旁的齐奥塞斯库。这个卷发漂亮、魅力迷人而思想坚定的共产党领袖,朝他微微点头笑着。

尼克松为群众的情绪所感染,把双手高高地举起,像在美国各州竞选时面对他的选民一样。他这两天格外地兴奋。访问罗马尼亚是他这次环球旅行的最后一站。

他是7月24日在太平洋的"大黄蜂号"航空母舰上观看了"阿波罗11号"宇宙飞船壮观的溅落之后,开始他的旅行的。宇航员阿姆斯特朗、奥尔德林与柯林斯乘坐"阿波罗11号"完成了人类首次登月飞行,在月球的地面第一次留下了人类的脚印,取回了第一块月球的岩石。

向月球发射"阿波罗11号",是向全世界大声地宣布的。而他这次访问亚洲六国与罗马尼亚的一个很重要的内容却是不能张扬的——那就是他要寻找一条打开中美关系的新渠道。可是,美联社却在一则报道中几乎泄露了天机。那则报道称:"美国官方某个不透露姓名的人士在谈到尼克松总统这次环球旅行时,透露了这样一种期望:'这次访问,也许会打开美中之间新接触的道路……'。"

幸好这句话没有引起国际舆论的关注。

尼克松在这次旅行中,要以两条渠道探索中美新接触的道路:一条就是找巴基斯坦总统叶海亚·汗;另一条就是找罗马尼亚总统齐奥塞斯库。巴基斯坦和罗马尼亚都与中国有着十分友好的外交关系。他要找这两国总统帮忙的想法,是他今年2月下旬作为美国总统第一次出访欧洲、在法国凡尔赛的大特丽爱侬宫与戴高乐总统会谈之后形成的。

他记得那天跟戴高乐站在路易十四当年的客厅的大窗户跟前,一边看着窗外好几英亩花园的美丽景色,一边谈到苏联,谈到第二次世界大战,谈到中国。他把和戴高乐的会谈当做那次旅行的高潮。他从谈话中发现,戴高乐的想法和他的想法不谋而合。他对戴高乐说:"法国已经走在前面,早就与中国建交了。我是越来越觉得,鉴于中国的幅员、人口和战略上的潜力,同中国人对话总比同他们打仗要好得多。"

"我对他们的意识形态不抱任何幻想,"戴高乐说,"但是,我认为,我们不应该让他们怒气冲冲地与世隔绝。西方应该力图了解中国,同它接触,对它产生影响。"

"考虑到将来,"尼克松说,"在我和苏联人进行对话的同时,我也可能需要在中国问题上为自己找个可以依靠的有利地位。不出十年,只要中国有了巨大的核进展,我们就毫无选择的余地了。极为重要的是,我们和中国的来往必须比目前增多。"

戴高乐十分赞同:"你现在承认中国,总比将来中国强大后被迫这样做来得好。"

会见戴高乐回到白宫后,尼克松很快就决定了安排这次旅行。因为这次旅行是以看"阿波罗11号"溅落开始的,尼克松就给这次旅行起了个代号叫"月辉"。

尼克松的这次旅行是在基辛格的陪同下进行的。基辛格,个头要比尼克松矮,硕大的脑袋顶在粗壮的身子上,硕大的鼻梁上架着宽边黑架玳瑁眼镜,镜片后的眼睛因瞳仁小而显得眼眶大,那瞳仁时而凝视,时而转动,使人觉得这个人特别自信而又捉摸不定。他那带喉音的男中音说起英语来,明显的是德国腔。当时,基辛格还远不及尼克松出名。尽管此人挂着总统国家安全事务特别助理的头衔,人们更多了解的是他写过几本什么《核时代与外交政策》之类的专门论述外交新政策的书,知道他是哈佛大学的教授、博士。在这一年初,尼克松就任总统后,基

罗马尼亚总统齐奥塞斯库

尼克松访问巴黎向戴高乐总统请教中国问题。

辛格就奉命进行一项专题研究，以确定美国转变对华政策是否可取，如属可取，实施这一转变可以采取什么步骤。

这一项研究纳入《国家安全研究备忘录》(NSSM)和《国家安全决策备忘录》(NSDM)的一套文件中。这项对华政策研究，被命名为NSSM14课题。

NSSM14课题的研究，于1969年7月完成。它建议美国为了着手改变对华关系而应该单方面采取若干步骤，即美国取消对进口中国传统产品的限制，放宽美国的对华出口禁运，允许向中国出口非战略性的物资。

尼克松就是在这样的背景下开始7月的环球旅行，试图找到一个能同北京联系的半直接的中转环节。

8月1日，他在拉合尔与巴基斯坦总统叶海亚·汗举行的秘密会谈中，就谈到中国。他说："尽管我们政府中的其他人和许多美国人完全不这样看，我还是认为，要是像中国这样的一个大国继续处于孤立状态，亚洲就不能向前进。"

叶海亚·汗说："我很欣赏您的见地。"

尼克松又说："中美两国对骂了20年，相互敌视，互不往来。我想结束这种状况。"

叶海亚·汗想了想，摇摇头说："中美两国积怨太深了！依我看，不是一两次对话就能解决的。当然,我是中美两国共同的好友,当尽力而为。"

尼克松站起来,踱了几步,转身对叶海亚·汗说:"美国决不会参加孤立中国的任何安排。你可以把我的想法在最高一级转达给中国人。"叶海亚·汗说:"你放心。毛泽东、周恩来都是有教养的、务实的、说话算数的领袖。"

在拉合尔,尽管街道上欢迎尼克松来访的人还不如插的旗帜多,尼克松对叶海亚·汗表示出来的热心与友谊还是满意的。

而在布加勒斯特,尽管事先有报告说他将受到有礼貌的接待,可是欢迎的规模以及群众自发的热情却完全出乎他的预料。

尼克松对齐奥塞斯库总统心怀敬意,觉得他是一位坚强的、有主见的领袖。罗马尼亚要和中国保持良好的关系,就必须在一条很细的钢索上行走,免得苏联人像1956年在匈牙利和1968年在捷克斯洛伐克那样进行干涉。齐奥塞斯库一直施展着精湛的技艺在钢索上行走。

尼克松为了感谢齐奥塞斯库的厚意,在举行告别宴会之前做了特别安排——特意运来了白宫瓷器、金质餐具、玻璃杯、空军乐队甚至白衣侍者,只有花是在布加勒斯特借的。宴会是尼克松在极为现代化的玻璃和大理石装饰的宾馆举行的。

尼克松举杯祝酒时说:"我们这次已设法尽量把我们能从美国运来的东西都运到布加勒斯特。座位牌、牛肉是从堪萨斯城运来的,豌豆是从加利福尼亚运来的,西红柿是从佛罗里达运来的,棕榈心是从夏威夷运来的。只有花没法运来。因为你无论到世界上什么地方,都找不到像布加勒斯特那样漂亮的花!"

尼克松又说:"空军乐队也是从威斯巴登用喷气式飞机运来的。把空军乐队运进罗马尼亚的目的,不是使《华沙条约》和'北大西洋公约组织'的军事条约起作用;因为,对我们来说,音乐是和平的语言,而不是战争的语言。"

齐奥塞斯库也接着说:"的确,音乐是用来促进人与人之间的友谊、促进和平,使音乐不必绕弯就能传到各处,这也许是件好事。我们可以把《华沙条约》和'北大西洋公约组织'都变成在音乐领域里进行国际合作的工具。"

在布加勒斯特出现的热烈气氛,是尼克松这次"月辉"旅行的高潮,冲淡了几天前他在亚洲旅行时感受到的一种莫名的黯淡心理。他在旅行开始时,在关岛宣布了后来被称为尼克松主义的美国的新的亚洲政策——越南战争一旦得

基辛格博士

到解决，美国将保证不再发生越南那样的事情，除非出于美国切身利益的需要，美国不再承担新的义务。他宣布的这项新政策，使他在亚洲的旅行始终笼罩着一层阴影。有的报刊公开称这是"美国萎缩的新政策，它说明苏联的力量在增强，美国的力量在削弱"。

尼克松和齐奥塞斯库乘坐的敞篷汽车驶到了奥托佩尼机场。欢送的声浪像潮水似的一阵又一阵扑向"空军一号"总统专机。

"空军一号"呼啸着昂首飞上天空。

尼克松那颗被热烈欢送场面搞得热乎乎的心，渐渐冷静下来。根据安排，基辛格将马上动身去巴黎，表面上是向法国官员介绍尼克松出访的结果，实际上是和越南外长春水举行秘密会谈。尼克松这次旅行为基辛格和北越人的首次秘密会谈提供了极好的伪装。

尼克松在想，基辛格的秘密会谈会不会顺利？美国什么时候才能从越南战争的泥潭中脱身出来呢？

他又想，他能不能在任期内乘坐这架总统专机像飞抵布加勒斯特一样，飞抵东方那个神秘而又有悠久文明史的都城北京？尽管他在布加勒斯特获得了成功，但他飞往中国的希望还是十分渺茫的。

他望着舷窗外浩瀚无垠的天空，忽而想到，从华盛顿飞越太平洋到北京，也就是那么一两天的航程，为什么我们的科学与技术手段已经能够把阿姆斯特朗和奥尔德林送上月球，而我们要飞往大洋那边的紫禁城竟然那么难？怪不得基辛格说，要打开中国之门，其艰难程度不亚于进行一场革命。

尼克松介绍随访的基辛格。

■ 柯西金突然要求路过北京

胡志明主席于9月3日河内时间9点47分因心脏病去世。

周恩来一听到这个消息，静静地沉默了好一会儿。正在西花厅办公室里向他汇报的一个部长下面再说什么，他都没有听进心里。他手里攥着写有这个消息的字条，动也不动。部长暂停了汇报。秘书给他的茶杯里添上热水时，他才从沉重的悲痛中清醒过来。

周恩来与胡志明的关系，不仅是中越两国两党的关系，两人的私交也很深。他20来岁在法国勤工俭学时，住在巴黎城南郊意大利广场附近的戈德弗鲁旅馆，去雷诺汽车厂做工，那时就认识了从越南来勤工俭学的胡志明。在广州黄埔军校，胡志明又担任过孙中山的顾问鲍罗廷的翻译。周恩来与邓颖超的婚礼，胡志明也参加了。……现在，周恩来提出要到河内去吊丧，毛泽东批准了。中央考虑到中苏两国关系极端恶化的状况，决定周恩来到河内要回避苏联领导人。当时，估计苏联要派二号人物部长会议主席柯西金赴河内。周恩来就决定在9月5日越南正式开始举行吊丧活动之前赶去河内。周恩来通知河内：他将在叶剑英、韦国清陪同下乘专机于9月4日飞抵河内，不要求越南方面任何接待，与胡志明遗体告别后，当天就飞回国。这样，待柯西金到达河内时，周恩来就已经离开了。

专机从北京起飞。周恩来望着舷窗外茫茫云海，想起四年多以前他最后一次去莫斯科会晤苏联领导人的情景。

1964年10月16日，赫鲁晓夫突然被勃列日涅夫赶下台了。就在苏共中央作出这一决定的当天夜里，世界上所有的人对此还毫无所闻的时候，苏联驻华大使契尔沃年科向中共中央作了通报。也就在这天，毛主席下令进行我国第一颗原子弹试验，并取得了成功。这两条表面互不相关的爆炸性消息，一下子成为震动全世界的特大新闻。

在新形势下，为改善中苏关系，中国又作了新的努力。当勃列日涅夫、柯西金等就任新职时，中国领导人很快联名发了贺电。贺电以几年来从未有过的热情语言，对苏联新领导人以及苏联一艘宇宙飞船发射和着陆成功，表示了热烈祝贺。勃列日涅夫等人也联名向中国领导人复电致谢。

周恩来还记得，为纪念十月革命47周年，他应邀赴苏。专机飞抵莫斯科时，苏联新任部长会议主席柯西金等人，到机场迎接。他与柯西金亲切握手，接受献花，并合影留念，真好像又回到中苏友好的年代。可是，刚刚出现的一点和缓气氛很快又被破坏了。在会谈中，勃列日涅夫非常蛮横地坚持赫鲁晓夫制定的路线，还是挥舞指挥棒，以老子党的态度来决定问题。11月7日晚上的招待会上，贺龙元帅与苏联崔可夫元帅同席谈话，在座的国防部长马利诺夫斯基竟对贺龙说："我们现在已经把赫鲁晓夫搞掉了，你们也应该仿效我们，将毛泽东也搞下台去。这样我们就能和好。"贺龙当场顶回了对方的恶意煽动："我们党和你们的情况是完全不一样的，你的话是错误的。"崔可夫元帅也对贺龙表示："我们并不这样看。"

贺龙马上向周恩来反映了这一情况。周恩来当即向勃列日涅夫指出，马利诺夫斯基的讲话是对中国的严重挑衅。

勃列日涅夫在了解情况后，掩饰地对周恩来说："马利诺夫斯基今天喝醉了，是酒后失言，不必介意。"

周恩来立即指出："这不是酒后失言，而是酒后吐真言。"

后来，中苏两党代表团正式会谈时，周恩来就此又向苏方提出了严正的抗议，勃列日涅夫不得不道歉。

那次，真是满怀希望而去，不欢而散而回。

周恩来在飞机上想着。今年3月珍宝岛事件之后，苏军在中国边境陈兵百万，咄咄逼人，不断挑衅；上个月中旬，苏联军队还在直升机和数十辆坦克、装甲车掩护下入侵中国新疆铁列克提地区，侵入中国领土两公里，打死打伤中国边防人员多人。在这样的形势下，他回避苏联领导人就是一种无声的谴责。

周恩来于4日当天到达河内，在与胡志明遗体告别以后，当即起飞回国。这个行动引起了国际舆论的关注。周恩来回到北京后，就读到了美联社华盛顿5日传来的电讯："美国一个不愿透露姓名、地位不低的官员对周恩来避免与柯西金打交道离开河内，感到非常高兴。周恩来避免会晤柯西金，不表明中苏冲突有任何新变化，而表明冲突糟到什么程度，说明整个中苏问题已经达到没有任何伸缩的余地……"

9月8日，我国又派了一个以李先念为团长的新的代表团赴河内参加胡志明的葬礼。在葬礼活动中，李先念也是尽量避免与柯西金接触。双方没有进行交谈。

事后获知，柯西金与李先念没能面谈，就通过越南方面向中方传话，希望在其回程路过北京时在机场会晤周恩来总理。越南方面因故延误了递话。柯西金急了，就直接电示苏联驻华代办向中国外交部紧急提出会晤之事。

但还没有得到中方的答复，柯西金就从河内起飞回国了。柯西金为什么主动提出到北京机场会晤周恩来呢？

在中苏关系恶化以致在边境发生武装冲突的情况下，苏方一些主要领导人是不希望事态扩大的。首先，在苏美争霸中，中苏关系的不断恶化使苏联对美国可能利用中苏矛盾的担心越来越重，尼克松上台后流露出的美国调整对华政

周恩来、叶剑英率团到河内吊唁胡志明主席。

策的意向不能不引起苏方的警惕。其次,苏联刚在东欧入侵别国,又与中国发生冲突,对苏联人民很难作出解释,他们不能不有所顾忌和收敛。最后,苏联也考虑到对其支持的越南战争不利,中苏交火无异于在越南大后方的背上捅了一刀。

柯西金是有想法而来的,但未能实现这个想法就回到了苏联境内的杜尚别。

此时,情况有了变化。

9月11日凌晨,在毛泽东主席亲自主持下,中央经过认真讨论,决定还是同意周恩来总理跟柯西金会面。因为事情总有一个限度,不管人家有多少诚意,他一而再、再而三表示要来,如果我们闭门不见,就要输理了。周恩来认为,柯西金在苏联政府内部是对中国态度比较友好的,也是比较现实的。据西方披露的未经直接证实的消息说,珍宝岛事件对莫斯科产生了触电般的效应,苏联政治局害怕几百万中国人越过中苏边界;虽然苏联在武器上占压倒优势,但是要对付人海般的大规模进攻并不容易。在政治局讨论时,国防部长安德烈·格列奇科元帅极力主张使用几百万吨级的原子弹,采取"一劳永逸地消除中国威胁"的计划,态度比较现实的柯西金等人不赞成这种计划,认为大量的放射性尘埃不仅会杀死千百万中国人,而且会威胁到远东的苏联公民以及同中国接壤的其他国家人民。后来，军方强硬人士又提出用有限数量的核武器进行一种"外科手术式的攻击"，来摧毁中国能力有限的核设施。现实派也认为太冒险了。一两颗炸弹难以消灭中国这样的国家，而人口众多、又有毛泽东游击战理论武装起来的中国人，会使苏联陷入一场没完没了的战争，其后果将和美国在越南的遭遇相似，也有可能比美国更糟。

周恩来觉得，他与柯西金进行会晤是恰当的。尽管我们对苏联领导人不存在幻想，但是，只要人家愿意谈判，试图通过外交谈判来寻求解决中苏边境冲突以及其他争端的办法是可取的。

9月11日，柯西金在杜尚别一得到中方同意会晤的复电，就马上改变航向，乘专机往东，穿过新疆直飞北京。周恩来驱车到北京机场与柯西金会晤。握手寒暄后，客人被引进候机楼西侧贵宾室，在那里进行了长达3小时40分钟坦率而诚恳的会谈。

周恩来对柯西金说："约5年前，毛泽东同志对你说过，理论和原则问题的争论可以吵一万年。但这是理论的争论。对这些争论，你们可以有你们的见解，我们可以有我们的见解。这些争论不应该影响我们两国间的国家关系。因为不同意见的争论，不要说现在，就是到了共产主义社会，一万年以后，也会有矛盾，有斗争。中苏两国的问题，只要我们能心平气和地来处理，总是可以找到解决的办法的。"

周恩来还说："在边界冲突问题上，中国是被动的；打开地图就会知道，今年发生冲突的地方都是争议地区。你们总说我们要打仗，我们现在自己国内的事还搞不过来，为什么要打仗呢？我国领土广大，足够我们去开发，我们没有任何军队驻在国外，我们也不会侵略别人，可是，你们调了很多兵力到远东。你们说我们想打核大战，我们的核武器达到了什么水平，你们是最清楚的。"

联想起最近从苏联传来的核威胁，周恩来很坦率地将话挑明，直截了当地说："你们说，你们要用先发制人的手段来摧毁我们的核基地。如果你们这样做，我们就宣布，这是战争，这是侵略，我们就要坚决抵抗，抵抗到底！"

柯西金说：中苏之间积累的问题很多，要一个一个讨论的话，可以讨论3个月。

周恩来说：双方不管争吵得怎么样，来往总是需要的，谈判总是需要的；

周恩来与柯西金在北京首都机场会见。

我们同美国还在谈嘛,何况我们两个邻国呢?

周恩来指出:要向前看,我认为边界问题是现在问题的中心。柯西金也认为边界问题是现有问题中最主要的。双方就周恩来提出的"维持边界现状、避免武装冲突、双方部队在争议地区脱离接触"的三条建议,进行了求实的讨论。因而,这次机场会谈出现了一点积极因素,以往苏联领导人从来不承认中方讲过的一句话是有道理的;这次,对周恩来总理坦率地阐述的意见,柯西金觉得有些还是有道理的。双方会谈的公报,由苏联人起草后,交给中方征求意见。

中国外交部对苏方草拟的会谈公报进行了修改,将其中一些虚饰的陈词滥调划掉了。例如,将"同志般的"修饰词删掉了,留下了"友好的"修饰词。

这个公报,外交部领导改好后,送交周恩来总理审阅。周总理把"友好的"这几个字都划掉了,就只剩下"坦率的"。这个公报很短,按周恩来的意见排在《人民日报》第二版中间不显眼的位置,很不容易引人注意。

公报全文如下:

[新华社北京十一日讯]国务院总理周恩来今天在首都机场会见从河内参加胡志明主席葬礼后回国途经北京的苏联部长会议主席柯西金。

双方进行了坦率的谈话。

中国方面参加会谈的有李先念、谢富治。苏联方面参加会谈的有卡图谢夫、亚什诺夫。

这个短短的只有三句话的公报表明,在动乱中沉睡了好几年的中国外交开始活过来了。

在柯西金走后,周恩来将有关中苏会谈内容报毛泽东,认为:中苏这样政府性质的接触还是第一次,我们争取和缓边境局势四条协议的实现,发表外交文件,促进边界谈判。毛泽东在报告上批了"同意"两字。

事后,有事实证明,周恩来会晤柯西金这件事情引起的震动很大,而对大洋彼岸的美国来说,比珍宝岛事件的震动更大。

■ 中苏总理的会晤触动了尼克松的神经

9月11日柯西金与周恩来在北京机场会晤,完全出乎美国人的意料之外。

本来,像中苏两国首脑人物举行四年半以来第一次最高级会晤这种意义重大的事件,按白宫惯例,都要及时报告给美国总统。可是,美国中央情报局没有搜集到任何材料。尼克松是从《华盛顿明星报》上读到这一消息的。这件事太突然了!他暴跳如雷,认为他的战略构想刚刚开始实施就完蛋了,中苏缓和了。

尼克松马上召见了基辛格。基辛格也是刚刚看到这条消息,作为国家安全顾问未能预先向总统提供一些看法,基辛格感到十分尴尬。

尼克松其实过于敏感了。

即使是在世界大国中担任最高职务的人,在社会中也是一个活生生的具体的人,人所具有的东西他都会有。尼克松生性腼腆,怯于社交,怯于面对陌生的人士,敏锐心细而易生疑惑,内心复杂,心境孤独,对认准的事具有执著去完成的毅力。有这种毅力,使他在与肯尼迪竞选总统失败后,忍辱吞声,自强不息,默默地寻找时机,终于在1968年的大选中东山再起。这类人正因为敏感，便具有善于准确地把握时机的直觉。这种素质使他明智地把握住了世界形势与美国的脉搏。他说过，一个领袖人物没有权力听天由命。他觉得，只有当一位领袖的能力受到历史提供的动荡的局面和复杂的环境最大限度的挑战时，其远见卓识与非凡能力才能得以充分展示出来，人们才能充分衡量其伟大的程度。

尼克松在就职演说中含糊地提到新政府愿意与中国对话的新政策："让一切国家都知道，在本政府当政时期，我们的通话线路是敞开的。我们寻求一个开放的世界——对思想开放，对货物和人员的交流开放——一个民族，不管其人口多少，都不能生活在愤怒的孤立状态中。"

"愤怒的孤立"这个词组是他本人在1967年10月的《外交季刊》上发表的文章中提到中国时用的，他写道："在这个小小的星球上，容不得十亿最有才能的人民生活在愤怒的孤立状态之中……"

但是，中国没有被尼克松就职演说中一个简单的和解暗示所打动。第二天，新华通讯社就评论说尼克松要实现"美帝国主义继续在全世界进行侵略扩张的狼子野心"。

尼克松宣誓就职12天以后，给基辛格写了一个备忘录，说："我认为，我们应该对下述一种态度给予一切鼓励，即本政府正在试探'重新与中国人接触的可能性'……"

这些都表明，美国新政府有一个走向中国的意念，但还不是一种战略。

到了1969年3月，在那个中国叫珍宝岛、苏联叫达曼斯基岛的冻土地带爆发了武装冲突，他从这动荡的世界局势中敏感地把握住了机会，毫不犹豫地决定使美国外交发生重大变化。

珍宝岛冲突开始时，尼克松和基辛格都认为，很可能是北京挑起了战斗。随着时间的推移和事件的进展，这种看法产生了动摇。基辛格在对比了中苏两边的实力以后，感到中国居于劣势，通常不会去进行无端的进攻而自招失败。从春天到秋天，中苏边境从黑龙江到新疆，都不断发生冲突。尤其是5月份在新疆发生的敌对行动打翻了基辛格心中对谁是可能的进攻者的天平。基辛格看了一份详细的地图，发现新疆冲突发生的地方离苏联铁路终点只有几英里，而离中国的任何一条铁路终点都有几百英里。这使基辛格认识到，中国军事指挥者不会选择这样不利的地点发动进攻。基辛格将新判断报告了尼克松,说:"如果苏联是进攻者,对美国来说则既是问题,也是机会。"

尼克松早已在思索这个问题。他说:"要是苏联对中国全面入侵,会造成一种不堪设想的后果:它不仅会破坏地缘政治,而且也打破了世界的结构平衡。"

基辛格马上提请总统注意:"对于一个我们既没有与之建立外交关系、又没有在任何一级建立有效联系的国家来说,要为它出面抵制这种入侵不是一件容易的事。国会将怎么考虑?美国公众将会怎么考虑?"

尼克松被中苏总理会见触动了,质询国家安全事务顾问基辛格。

尼克松亲自选定的美国新任驻苏大使雅各布·比姆奉命向苏联部长会议主席柯西金转交尼克松的一封信,并奉命在交信时向柯西金口头转达:"我们无意看到苏联和中国发生冲突,也不想利用中苏分歧。至于我们本身,从长远来说,我们希望实现同中国关系正常化。"

1969年,美国的国家生活正处于一个特别复杂的时期。朝鲜战争曾使30多万美国青年丧失了生命,至今在每个州的公墓中还埋葬着他们的尸骨,令人记忆犹新;越南战争又遇到了同朝鲜战争一样进退两难的局面,它已经使美国损失了4万多人。这两场战争都在中国的门口进行,是为了反对共产党在全球的威胁而使美国卷入的;也不能不说是针对中国的所谓威胁的。20世纪50年代的麦卡锡主义使人一谈起共产党就噤若寒蝉。因此,共产党中国在大部分美国人心目中几乎是等同于"黄色的魔鬼"。

在如此复杂、如此混乱的情况下,尼克松总统怎样转这个弯子呢?尼克松觉得，历史是不会永远不变的，一个领袖没有权力听天由命。

尼克松批准宣布放宽对中国的贸易限制和到中国的旅行限制后，中国马上释放了两名美国游艇乘客。尼克松为此感到鼓舞。他7月下旬作"月辉"旅行，在巴基斯坦和罗马尼亚传播了接近中国的信息。回到白宫没多少天，在8月14日国家安全委员会开会讨论时，尼克松十分明了地说："苏联是更具有侵略性的一方，如果听任中国在一场中苏战争中被摧毁，那是不符合美国国家利益的。"

尼克松的话使他的内阁同僚们大吃一惊。一个美国总统宣称一个共产主义大国、一个美国与之没有任何联系的长期的敌人的生存，对美国具有战略利益。这的确像基辛格所说，是美国外交政策中的一件革命性的大事。

正当尼克松授意基辛格探讨如何采取与中国对话的新行动的时候，发生了他事前一无所知的周恩来与柯西金在北京机场会晤的重大事件。尼克松的神经被触动了！他担心经过长期酝酿已经逐步形成的战略构想就此泡汤。

基辛格到底是城府很深的学者，在尴尬的情绪过去以后，以冷僻透彻的分析回答总统的询问："初步看来，关于中苏首脑会见的只有三句话的联合声明是非常冷淡的。声明中没有使用描述这种会谈的标准形容词'友好的'、'兄弟般的'。这就意味着有严重的分歧。"

尼克松将脸拉得很长，不无忧虑地说："这是不是意味着他们之间的缓和？"

基辛格的眼珠转了一圈后说："我认为不是。在我看来，这是双方严阵以待，正准备下一个回合的斗争。"

尼克松不放心地又问："这次会晤，依你看是哪方采取了主动行动呢？是中国？还是苏联？中国是弱者，会不会是中国人在最后一分钟提出了邀请？"

基辛格思维敏捷，马上就回答说："我看中国给予柯西金的不过是起码的礼仪待遇——没有要他离开机场，又是苏联首先宣布了这次会晤。这可能意味着是苏联采取了主动行动。"

尼克松又问："你的意思是不是这次会晤并不表明中苏冲突发生了任何新的根本性的变化？"

基辛格说："我觉得程序性的协议是改变不了渊源深远的紧张关系的。这次会晤，不管是说明中国想寻求和解也好，或是说明苏联给北京的最后警告也好，有一点是很清楚的：那就是说明中苏关系在走向一个危机点。"

尼克松的情绪渐渐安定下来。他对基辛格的见地与分析是满意的。但是，石头还在他心中悬着。基辛格的分析尚需要时间来验证。

几天之后，9月16日，伦敦《新闻晚报》登载了一篇预兆不祥的文章，证明了基辛格的分析。有一个名叫维克多·路易斯的苏联自由撰稿记者——此人被西方认为是个神秘人物，可能是苏联官方的代言人——在文章中写道："马克思主义的理论家一直在讨论一场中苏战争的可能性……如果战争发生，世界只会在战争爆发之后才得知它。"路易斯也提到了苏联对中国新疆罗布泊核基地进行空中袭击的可能性。他还宣称，有一个反毛的地下电台正在中国广播，这证明了反毛力量的存在。它"很可能"产生一个领袖，这个领袖将会要求其他社会主义国家给予"兄弟般的援助"。路易斯指出："过去一年的事态发展证明了苏联恪守这样一个理论，即社会主义国家为了自身的利益或者那些受到威胁的国家的利益，有权干涉彼此的事务。"

这是进攻的前兆，也是试探反应的气球。这篇文章透露的信息完全证实了基辛格的论断：中苏关系已经走向一个危险点！

尼克松看到这篇文章，反应非常敏感。他感到苏联正咄咄逼人地要实现它的统治，世界力量的平衡要打破了。他既恼怒，又焦灼。美国直接作出反应不会得到全国舆论的支持，而且可能加速他要防止的苏联对中国的进攻。

尼克松又召请基辛格来商讨，美国要作出更多的反应。他对这位哈佛教授的信任与日俱增。他在内心里很欣慰自己对基辛格的赏识与信任。

■ 老外长提出"不合常规"的想法

黄昏时分，一辆小车出了德胜门，向北方的南口疾驰。秋高气爽的季节里，天边燃着火烧云。陈毅这天在武成殿主持老帅研讨会回来，心里很不平静。

过了十三陵以后，他让司机老李把车停了，说要歇一歇。他走上路旁的高坡，眺望着天边的云彩、一座座埋着明代皇帝的陵墓、守陵的石人石马，心里还在想着刚才在中南海的秘密讨论。

9月13日，即柯西金在北京机场会晤周恩来后的第三天，四位老帅就在武成殿里很兴奋地集体研读中苏两国领导人的谈话记录。这就使四老帅的国际形势研究跃上了更高的层次。

在研读机场会晤记录之后，四老帅发言很踊跃。熊向晖是这样记述的：

> 在讨论时，四位老帅认为，总理对柯西金的谈话很典范，充分体现了主席的战略和策略。现在柯西金屈尊就教，主要原因是想同我们缓和一下，借中国压美帝，同时也想摸摸我们的底。总理请他吃了一顿饭，同他恳切地谈，称他为同志，还转达了主席对他的问候，这是高姿态。美国情报部门限期搜集柯西金在中国三小时的详细情况，可见美帝很着急。尼克松一定会急起直追。陈总说，中苏总理会谈震动世界，一旦举行中美首脑会谈，一定更会震动全世界。

对于中美首脑举行会谈，现在的人们都已习以为常。但是，在全中国军民都将"美帝"视为最凶恶的敌人的年代里，连双方大使级的会谈都已经取消了。在中南海的红墙里，陈毅说出"一旦举行中美首脑会谈，一定更会震动全世界"，真是够胆够识，出语惊人！

这是至今有档案可查的中国高级领导人最早提出的中美首脑会谈倡议。

陈毅的这个看法，是在武成殿的国际形势研讨不断深入的情况下形成的。

在7月11日陈毅和叶帅、徐帅、聂帅写出第一份报告《对战争形势的初步估计》后，7月29日至9月16日，他们四人又对相继发生的重大情况进行了十次共29个半小时的研讨。

他们所研讨的重大情况是：

十年动乱中的熊向晖

7月11日，苏联外长葛罗米柯在全苏最高苏维埃作报告，一方面大肆攻击中国"好战"，另一方面倡议苏美首脑举行最高级会晤，寻求在国际问题上的"一致立场"。

7月21日，美国国务院宣布"两个放宽"：放宽对美国旅游者购买中国货物的限制；放宽对美国公民去中国旅行的限制。

7月25日，尼克松在观看登月飞船"阿波罗11号"溅落后，在关岛说，准备使越南战争"越南化"；也就是说，美国要实行在越南脱身的政策。

7月26日这一天，发生了三件事：其一，尼克松总统动身作环球旅行，将访问菲律宾、印尼、南越、泰国、巴基斯坦和罗马尼亚，其中巴基斯坦与罗马尼亚是与中国关系很密切的国家。其二，苏联第一副外长突然约见中国驻苏代办，面交苏联部长会议给中国国务院的不见报的内部声明，要求举行中苏高级会谈。其三，柬埔寨刚与美国恢复代办级外交关系，西哈努克亲王就派人见中国驻柬大使，面交美国参议院民主党领袖曼斯菲尔德6月17日写给周恩来总理的信，要求访华，会见周总理或其助手。信中有这样的用语：中美"20年长期交恶"不应继续下去了。

四老帅立即研究了这些新情况，据熊向晖记述，老帅们曾经发表了如下看法：

> 叶帅说，"美帝"不得不从南越逐步撤军，"苏修"却在大力推动建立"亚洲安全体系"，尼克松访问亚洲五国，是怕"苏修"接管"真空"；同时，美乘与柬复交时，转来曼斯菲尔德的信，"苏修"可能侦悉此事。美国国务院宣布"两个放宽"，步子虽然不大，但表明尼克松想拉中国、压"苏修"。
>
> 聂帅说，葛罗米柯反华的调子那么凶，刚刚半个月，就来一个180度的大转弯，要求举行中苏高级会谈，他是害怕中美缓和。
>
> 徐帅说，尼克松访问罗马尼亚，在东欧会引起连锁反应，"苏修"怕后院出问题，不得不向我们递出橄榄枝。
>
> 陈总说，"20年长期交恶"，真是慨乎言之！美国人可以上月球，就是接近不了中国，接近中国比登天还难，这是"美帝"自己造成的。

现在"美帝"憋不住了,"苏修"也憋不住了,它们的矛盾不可开交,都向中国送秋波,都向对方打中国牌。局势到了转折关头,后面还会有文章,我们要继续观察,必要时向中央提点参考性的建议。

四老帅密切关注着尼克松的出访。关于尼克松在各地旅行中所发出的信息,及美国宣布对中国"两个放宽",新华社都未予报道。四老帅在外电报道中获取了这些十分重要的信息。

据外电报道说,尼克松多次表示美国准备同中国交往,反对苏联建立"亚洲安全体系";他还说,如果让中国继续处于"孤立"状态,亚洲就不能向前进。尼克松在布加勒斯特强调说,不应"孤立"中国,美国愿意同苏联和中国都建立友好关系;他还说,这次回国后,明年春天以前不再出国。外电评论说,这意味着尼克松不愿匆忙与苏联举行最高级会晤。尼克松那些话虽说将中苏并列,显然只是说给中国听的。一家英国报纸认为,尼克松此次出访六国,是要利用中苏矛盾,改善欧洲局势。

在尼克松回国后,紧接着,8月8日,美国国务卿罗杰斯在堪培拉发表演说时声称:"台湾的中华民国和大陆上的共产党中国都是生活中的现实……大陆中国总有一天会在亚洲和太平洋事务中起重要作用……这就是我们一直在寻求打开来往渠道的一个原因。"

几乎与此同时,8月11日,在苏联伯力举行的中苏边境河流的第15次例会就若干问题达成了协议,做了会议纪要。这个协议是周恩来指示中方代表团耐心做工作而达成的。会谈在6月间开始后,"苏修"在伯力搞了反华游行示威,未带密码本的中方代表团打电报要求中断会谈返回;周恩来指示用明码电报答复:要沉住气,争取达成一两条协议。

四老帅战略眼光开阔,感觉敏锐,觉得中、美、苏三国鼎立之态势已露端倪,美国要利用中苏矛盾,苏联要利用中美矛盾;我应有意识地利用美苏矛盾。苏联渴望与美国举行首脑会晤,尼克松迄今未同意。苏要同我举行高级会谈,目的之一想捞取资本压美。我可以不急于表态,可拖些时候再答复,可举行部级或副部级会谈,只谈中苏边界问题。"抓住和谈旗"对我有利,可促进加快美国接近中国的步伐。对曼斯菲尔德的访华要求不予理,美急于同我接触,我

熊向晖与叶剑英元帅在一起。

应保持高姿态,再憋它一个时候。第135次中美大使级会谈原定于1968年5月28日举行,中方借故三次延期。四老帅建议,中苏边界谈判开始后,可恢复华沙的中美大使级会谈。

老帅们的建议还来不及写出,局势就发生了重大的变化。

8月中旬,苏军侵入新疆裕民县铁列克提地区制造流血事件,苏联在中苏、中蒙边境大量增兵,并举行各种军事演习。因而中国高层好些人认为柯西金北京之行是苏修大举侵华前施放的烟雾,有如"二战"中"珍珠港事件"前日本特使赴美国迷惑罗斯福总统一样。这些人的根据是:一、柯西金在同周恩来会晤中,并未否认向中方挥舞核武器,更没有保证今后不向中国发动核战争。二、柯西金返抵莫斯科时,苏主要领导均未出场,只有二、三流领导人到机场迎接,这说明柯西金在北京的承诺不代表苏政治局的意见。三、"苏修"强硬派不断发出威胁中国的战争叫嚣,甚至不止一次扬言对新疆罗布泊核试验基地进行空袭,中苏之间的战争随时都会爆发。

8月28日,中共中央在内部下达了加强战备的命令,包括赶修防核工事。

四老帅经反复研究讨论，一致认为：中央决定加强战备非常必要，任何时候都不能放松战备。上次所写《对战争形势的初步估计》提出的看法没错，坚持认为"苏修"不会发动大规模的侵华战争。万一"苏修"发动大规模侵华战争，可否考虑从战略上打美国牌。叶帅说，魏、蜀、吴三国鼎立，诸葛亮的战略方针是"东联孙吴，北拒曹魏"，可以参考。陈总说，当年斯大林同希特勒签订互不侵犯条约，也可以参考。

当时外交部主要领导人出于保护四老帅的考虑，请列席会议的姚广转达了希望。据熊向晖记述，外交部领导同志希望四老帅向中央建议时，可以原则上讲要利用美苏矛盾，如何利用，不宜具体。在美越和谈期间，恢复中美大使级会谈也不适宜。

在这种情况下，陈毅说：外交部的老同志关心我们，怕我们又犯"右倾"错误，我们尊重外交部领导同志的意见。

他让司机停车，独自在这高坡上徘徊，就是要认真想一想，就像战争年代他指挥的大军要发动决定胜负的总攻一样，只不过今天的外交战是"文打"而已。在当前复杂的国际形势下，作为老外交部长，陈毅是很有一些想法、很有一些建议的。

以他的性格，有话憋在心里是不行的。

有话就要说，不说就是对国家不负责任。

他也明白，此次讲话需要讲究一些策略。有一些他想说的重要的"不合常规"的具体建议，也就是他考虑了很久的关于打开中美关系的建议，不写进由他定稿的《对目前局势的看法》，而是准备直接口头向周总理汇报。

他想通后就疾步走下了高坡，对司机老李兴奋地一扬手："开车！"

四天后，9月17日，经四老帅紧急讨论后由陈毅定稿的《对目前局势的看法》，报送周恩来总理。

四老帅在此份《看法》中，首先指出：

> 国际阶级斗争错综复杂，中心是中、美、苏三大力量的斗争。目前压倒一切的问题是"苏修"会不会大举进攻我国。正当"苏修"剑拔弩张、"美帝"推波助澜、我国加紧备战的时候，柯西金突然绕道

来京,向我表示希望缓和边境局势,改善两国关系。其意何在,值得研究。

《看法》接着提出了如下几点:

其一,"苏修"的确有趁我国"文革"尚未结束时发动侵华战争的打算。

其二,"苏修"感到并无侵华取胜的把握,"美帝"的态度是"苏修"最大的战略顾虑。

其三,柯西金北京之行,打出和谈旗号,借以摆脱内外困境,并想摸我方的意图,以作其决策依据。

其四,"周柯"北京会晤,轰动了世界,使"美帝"、"苏修"战略思想发生混乱。我们坚持打倒"美帝"、"苏修",柯西金反而亲来北京讲和,尼克松反而急于同我们对话,这都是中国的胜利。在中、美、苏三大力量的斗争中,美对中、苏,苏对中、美,都要加以运用,谋取它们最大的战略利益。我们要对美、苏进行针锋相对的斗争。原则上坚定,策略上灵活。可同意与苏进行边境会谈,美要求恢复大使级会谈,我也可择有利时机给予答复。这种战术上的行动,可能收到战略上的效果。

亲与其事的熊向晖在其回忆录《打开中美关系的前奏》一文中,详细记述了四老帅《对目前局势的看法》定稿以后陈毅所提出的打开中美关系的设想:

陈总说:这个报告,主要是分析柯西金来华意图和"苏修"会不会大举进攻我国的问题,对恢复华沙中美大使级会谈没有多讲,只从战略意义上点了一笔。关于打开中美关系,我考虑了很久。华沙会谈谈了十几年,毫无结果,现在即使恢复,也不会有什么突破。我查了资料:1955年10月27日,我们提议中美外长会议,协商解决缓和与消除台湾地区紧张局势问题。1956年1月24日和28日,我外交部发言人两次发表声明，指出：中美大使级会谈已经证明不能解决像缓和与消除台湾地区紧张局势这样重大的实质问题，举行中美外长会议才是解决这个问题的切实可行的途径。这一重大建议被美国拒绝。现在情况发生变化，尼克松出于对付"苏修"的战略考虑，急于拉中国。我们要从战略上利用美苏矛盾，有必要打开中美关系，这就必须采取相应的策略。我有一些"不合常规"的想法：

第一，在华沙会谈恢复时，我们主动重新提出举行中美部长级或更高级的会谈，协商解决中美之间的根本性问题和有关问题。我们只谈会谈的级别和讨论的题目，不以美国接受我们的主张为前提。我估计美国会乐于接受。如果我们不提，我估计美国也会向我们提出类似的建议。如果这样，我们应该接受。

第二，举行高级会谈，本身就是一个战略行动。我们不提先决条件，并不是说我们在台湾问题上改变立场。台湾问题可以在高级会谈中逐步谋求解决，还可以商谈其他带战略性的问题，这不是大使级会谈所能做到的。

第三，恢复华沙会谈不必使用波兰政府提供的场所，可以在中国大使馆里谈，以利保密。

陈总说，他决定将这些"不合常规"的设想向总理口头汇报。

笔者觉得熊向晖的回忆文章题目用得很好：《打开中美关系的前奏——1969年四位老帅对国际形势的研判和建议》。历史证明，身处"文化大革命"逆境中的四位老帅，尤其是陈毅，在中国外交环境极为艰难的1969年向中央所提的建议，拉开了中美关系正常化的序幕。

卷 六　　**美国人伸出橄榄枝**

■ 尼克松出奇制胜重用基辛格

尼克松是一个充满着惊人的矛盾的人物。他的特点是嗅觉灵敏，以变应变，出奇制胜。有的时候，几乎每个事物的两个方面都让他占了。他是林登·约翰逊总统的越南政策的主要批评者，要求美国在越南作出更大的努力，因而获得了"鹰"派的名声；而他担任总统后却孜孜致力于使美国撤出越南。他带头反共、反对承认红色中国。中华人民共和国宣布成立以后，他跟麦卡锡相互呼应，追究是谁"丢失了中国"，喊叫"要是毛泽东占领了台湾，下一个目标就是加利福尼亚海岸"；而他入主白宫后却来了一个180度的大转弯，为与中国对话进而承认中国作出了艰苦的努力。

他聘任基辛格担任国家安全顾问，也是他出奇制胜的一招。基辛格与尼克松素无瓜葛，甚至反对过尼克松；他却把白宫的重要职务交给基辛格，这是政治分析家们万万没有料到的。

在美国，位于波士顿坎布里奇的哈佛大学集聚着美国知识界的精英。当时，哈佛教授们瞧不起尼克松已经成为一个固定的正统观念。这个校园建筑上布满常春藤的大学，是一块具有鲜明的反尼克松色彩的天地。基辛格在哈佛的许多朋友认为，尼克松是美国政治中形象最糟糕的人物。有人甚至认为他是个品质卑劣的投机政客，是一个一味哗众取宠、玩弄反共把戏的走私贩子。尼克松上台就意味着美国历史上很不光彩的时期——麦卡锡主义死灰复燃。

在基辛格受尼克松聘用以前，生活在基辛格周围的人几乎都是尼克松的死对头。其中，对基辛格一生影响最深的一个人，就是鼎鼎大名的美国大财阀洛克菲勒。纳尔逊·洛克菲勒喜欢基辛格，十分乐于同他交往，欣赏他的聪明才智。洛克菲勒在与基辛格的交谈中，学到了许多有关国家安全与外交政策的知识与见地，他把基辛格当成重要的外交政策顾问。基辛格因受到洛克菲勒的器重而十分快慰，自然乐意为之效劳。可是，洛克菲勒曾经两次竞争共和党总统候选人提名，都被尼克松所击败。

基辛格确信纳尔逊·洛克菲勒会成为一位伟大的总统，他认为洛克菲勒完全具备果断勇敢、远见卓识这类当领袖的品质。因而，在1968年的大选中，基辛格对洛克菲勒当选总统的可能性估计得十分乐观，使出了全身解数为洛克菲勒的竞选奔走操劳，并且公开地发表了反对尼克松的言论。据说，在迈阿密举行的共和党代表大会上，他对代表们说："在所有候选人当中，尼

尼克松喜欢出奇制胜。

克松当总统最危险。"说尼克松当选将意味着共和党的悲剧。有的记者问到他对尼克松的评价，基辛格回答得十分干脆利落："荒谬可笑。"当记者进一步问他，要是尼克松当选美国总统，他会怎么认为？基辛格回答得更明了："那就更荒谬可笑了！"

但是，尼克松的表决机器势不可挡。第一轮投票，洛克菲勒以277票对692票败下阵来，一时全国的电视屏幕上只剩下理查德·尼克松的面孔了。基辛格为洛克菲勒的失败伤心透了，据说他哭了。他回到曼哈顿东55街400号的公寓里，埋头睡到天亮。有记者打电话吵醒了他，他在电话中还伤心透顶地骂尼克松说："这个家伙根本没有资格统治美国。"后来，基辛格还在好几个场合毫无顾忌地埋怨并公开反对尼克松当候选人。

非洲有条远古的谚语说：对手的朋友，当然也是对手。毛泽东也有一句名言：凡是敌人反对的，我们就要拥护。

尽管基辛格反对尼克松，尼克松却不反感基辛格。尼克松当选总统后，思考了前几任总统执掌白宫时暴露出来的问题，打算一开始组织政府就由白宫指

在哈佛大学教书时的基辛格

导对外政策；因此，他认为国家安全顾问的人选是个关键性的问题。他考虑到此项职务的重要性，在决定人选时准备采取独特的挑选办法。尼克松想到了基辛格。

尼克松尽管与基辛格缺乏交往，而且还遭到基辛格的攻击和反对，但是并没有影响他对这个德国犹太血统的哈佛教授的深刻印象。他早就读过基辛格的几部著作，基辛格否定杜勒斯外交政策的新设想、有限战争理论、对谈判时代的认识、均势思想、和平结构、对世界由两极变为多极的分析……让尼克松觉得富于创造性，而且同尼克松自己那些对外政策的基本主张有明显的相似之处。

但他跟基辛格只有过一面之缘。

那是 1967 年 12 月 10 日在剧作家卢斯夫人家举行的一次酒会上。那时，基辛格虽颇有名声，但在政界并无地位。基辛格十分守时，很早就来到纽约五马路 993 号的卢斯夫人家里。这天晚上名流会聚、高朋满座，基辛格认识的客人不多，又不善于寒暄应酬，坐了片刻之后就想起身告辞了。正在这时，尼克松来了。卢斯夫人马上将他俩引入一个僻静的书房，让他俩有机会交谈。双方都觉得尴尬，寒暄应酬了几句。尼克松说他看了基辛格的第一本书《核武器和外交政策》，从书中学到了知识，并提起为此给基辛格写过一封短信，表示钦佩。基辛格因为忘了这件事，只好尴尬地"呵、呵"表示感谢。据基辛格回忆，他俩在不大自然的气氛中说笑了几句，然后就分手了。

一想到尼克松要当总统，基辛格就觉得不是滋味。11月22日，星期五，基辛格从坎布里奇飞来纽约，同洛克菲勒进行例行的午餐约会。在他俩边吃边谈的时候，电话铃响了，是找基辛格的。尼克松的年轻助手德怀特·查平来电话请基辛格博士下星期一到皮埃尔饭店与当选总统一晤。

基辛格以为尼克松的约见无非是要听听自己谈谈对外政策，没有预料到这次会谈会改变他后半生的生活。基辛格于11月25日（星期一）上午10点准时来到皮埃尔饭店39楼的尼克松的临时总部。

尼克松尽管当选了总统，但他与基辛格会面时还是很尴尬的。据基辛格记载，尼克松装出轻松自在的样子，却掩饰不住内心的紧张不安；他神态腼腆，缺乏自信，动作含义模糊，语声低沉温和，因而气氛十分沉闷，甚至有点紧张。尼克松扼要地说明了他对外交政策的一些看法。他的见解和知识与基辛格以前对他的看法全然不同，这倒使基辛格大为惊讶。两人谈了三个多小时。这种就外交政策交换意见的方式巧妙地掩盖了这次会晤的实质：两个精明人在互相打量和摸底。在相互打量的后面包含着丰富的潜台词——对于基辛格来说，隐含着揣摩新总统是不是要给自己一个差事干？对于尼克松来说，是进行了一种奥妙的试探，看这位外交主张颇合自己胃口的哈佛教授是否愿在新政府里工作？据尼克松回忆，他对基辛格有着强烈的直觉，他当场就内定基辛格出任国家安全顾问。他想，由他起用基辛格，是"颇为得意之笔"，是出奇制胜的一着。

两天之后，他俩又在皮埃尔饭店见了面。这次，尼克松正式邀请基辛格出任总统的国家安全顾问。基辛格按捺住惊喜的情绪，犹抱琵琶半遮面，提出考虑一个星期后再答复。他俩接着进行了长时间的讨论，谈得很投机，直到该吃饭的时候。尼克松是很少吃中饭的，基辛格是很少不吃中饭的，但是这回两人想的都不是这顿饭。

经过深谈，基辛格对尼克松的印象也有了改变。基辛格说："对他的优点我以前毫无所知，对于缺点却又信以为真。其实那都不是我自己的见解，我以前还没有真正认识他。"在对外政策方面，基辛格觉得尼克松的素养要比1956年以来所见过的所有总统候选人都好。艾森豪威尔算得是战争年代的英雄——一个伟大的军人，却是个平庸的总统。史蒂文森有口才，有风度，但比较软弱，

基辛格睿智博学、善于周旋。

尤其在对俄国的问题上。肯尼迪很吸引人，但是同样优柔寡断。至于戈德华特，他似乎一味相信军事力量在核时代也是完全该用的，不应受外交手腕的牵制。约翰逊对全球政治一窍不通。洛克菲勒虽然智力是二流的，但对人的直觉却是头等的。

洛克菲勒是基辛格的恩人。基辛格把自己的想法向洛克菲勒作了汇报。洛克菲勒并未因为自己败在尼克松手下而从中作梗，他表现得十分超脱与大度："我认为这是好事。我赞成。我向来主张基辛格应为任何一个当总统的人效劳，把他的才能和点子贡献出来。我觉得当总统是非常孤独的，任何可以出一臂之力的人都应该不分党派作出贡献。"

被称誉为"洛克菲勒王冠上的大宝石"的基辛格，就这样被尼克松拿去了。当然，洛克菲勒也乐意在白宫的权力中心有他的心腹基辛格作为代言人。

尼克松聘用基辛格为国家安全顾问，同时，在无形中埋下了两道矛盾与摩擦的暗礁。其一，尼克松在任命国务卿以前首先任命基辛格执掌白宫对外政策，打破了历届新政府的任命程序。基辛格相对接近权力中心，使后来任命的国务卿罗杰斯处于一种尴尬的地位。新闻界评论说："恐怕这会种下将来发生某种摩擦的根子。"

其二，一伙一直忠于尼克松的保守分子，不相信基辛格这个外来户，甚至心存不满。他们是尼克松的患难之交，忍辱负重，艰苦搏杀，为尼克松忍受过1960年竞选总统和1962年竞选加利福尼亚州州长的辛酸败迹，苦熬过一事无成、受人白眼的60年代中期，好不容易挨到1968年才尝到了胜利的甜头。这个犹太口音、哈佛出身的博士竟然后来居上，凭空分享胜利果实，使他们在感情上难以接受。

基辛格本人虽然多年来致力于国际政治与外交政策的悉心研究，出了五部专著，但无论他学问如何高明，他毕竟还没有受过考验。在历史的关键时刻，被新总统赋予重任，基辛格当然不肯放过纵横驰骋、推动历史、改变世界的绝好机会。

■ "与中国人跳的一场错综复杂的小步舞"

1969年12月3日晚，大雪纷飞，在华沙波兰文化宫的一个餐厅，举行了南斯拉夫时装展览会。因为铁托总统奉行了独立的外交政策，南斯拉夫既是东欧共产党国家，又与西方国家保持着良好的关系。这个由南斯拉夫主持的展览会，就成了在华沙外交界少有的东西方外交官相聚的场合。美国驻波兰大使在这种场合，当然是个十分引人注目的角色。这天，美国驻波兰大使沃尔特·斯托塞尔在人头攒动的人群中，看到了两位穿中山装的中国外交官，就格外留意。当时中国驻波兰大使王国权已奉命回国参加"文化大革命"，使馆由临时代办雷阳负责。斯托塞尔是新到任不久的美国驻波兰大使，没有见过雷阳。出席时装表演的那两个中国人，一个是使馆二等秘书李举卿，另一个是翻译景志成。他俩都注意到了斯托塞尔的注目。当斯托塞尔朝他俩走来时，他俩都有意避开了。

在那几年，每逢这种场合，中国外交官一知道面对的西方外交官是美国人，就会马上中断接触。

那时有报道说美国国务院向斯托塞尔下达了命令，要他利用一切可以利用的场合，以最快的速度把美方要求恢复大使级会谈的信息传递给中国人，即使追到厕所也在所不惜。

在此背景下，发生了戏剧性的插曲。

时装表演散场后，李举卿与景志成避开美国人，迅速离开会场。斯托塞尔及其秘书西蒙斯见与中国人接触不上，急了，赶紧在后面追赶。在文化宫大门口，西蒙斯赶上景志成打招呼，再把斯托塞尔大使介绍了一下。斯托塞尔用波语说："我想会见你们代办先生。"他走到大门外雪地里接着说："最近我在华盛顿见到尼克松先生，他说他想和中国进行重大的、具体的会谈，请你把这一情况向上级报告。"

当时的南斯拉夫街景

在公众场合,作为美国的大使竟屈尊委托对立国的普通职员传话,可见斯托塞尔所受任务之重和心情之急。

斯托塞尔急于找雷阳接触,事出有因。9月9日,斯托塞尔到白宫对总统作例行的礼节性拜会。当他在等待尼克松接见时,基辛格同他打了招呼,请他在华沙设法接触中国使节,说美国想恢复中美华沙会谈。据说,10月初,基辛格得到总统的许可,打电报给在华沙的斯托塞尔,明确指示他在最近的社交场合接触中国外交官。大约是斯托塞尔觉得没有接到自己顶头上司国务院的指示,他竟对基辛格的电报置之不理。过了几星期,基辛格又向斯托塞尔发了内容相同的指示电,斯托塞尔还是置之不理。如此又过了几星期,基辛格又发出第三封电报,到11月下旬还是毫无动静。据说,基辛格只好告诉他:"要么你照办;要么我们就派愿意照办的人来办。"

斯托塞尔这才着急了,于是发生了12月3日他迫不及待地追中国外交官的插曲。

中国外交人员当时被斯托塞尔的出格做法吓坏了。几年后,周恩来在北京对基辛格提起这件事,幽默地说:"你如果要让我们的外交官得心脏病,就在社交场合与他们接触,建议举行认真的会谈就是了。"

在十年动乱中的 1969 年,人们是不难理解中国外交官躲避美国人的心理的。自从 1966 年下半年"文化大革命"开始以来,"打倒'美帝'!打倒'苏修'!打倒各国反动派!"是最革命的口号。造反派砸外交部党委,封办公室的门,要"打倒陈毅","打倒陈(毅)姬(鹏飞)乔(冠华)"。陈老总被揪去批斗。使馆的造反派还在外国散发《毛主席语录》,让大使下跪。各种荒唐事层出不穷,请外宾吃饭,把司机、侍者之类请到贵宾席上,真正的贵宾却被冷落,甚至让人家站着……更严重的是,还搞了"三砸一烧"。砸了缅甸使馆、印尼使馆、印度使馆,将人家的国旗撕烂了,把国徽往下扔;在三里屯放火烧了英国代办处,把英国记者关了起来,把死猫吊在代办处门口……外交官住在国外,难免要跟王公贵族、部长显要之类的人物打交道,免不了碰杯祝酒、应酬往来。这在造反派看来,轻的叫"三降一灭"(投降"美帝"、投降"苏修"、投降各国反动派和扑灭各国革命运动),重的戴上"里通外国、苏美特务"之类的帽子,连刘少奇也被打成"叛徒",王光美也被定为"美国中央情报局的战略特务"。尽管毛主席制止了造反派捣乱,从 1968 年 8 月底起把外交大权交给周恩来总理掌管,但极"左"的干扰仍然没有消除。

再说,中国外交人员事前没有得到国内的指示,当然不敢贸然跟美国人接触对话。

但是,稍微细心的人都会发现,周恩来已经好几年没有笑声了!人们没有忘记他在跟电影艺术家们一起欢庆颁发百花奖的时候,在宣布我国第一颗原子弹爆炸成功的时候,在首都机场欢迎李宗仁将军回到祖国的时候,他那头往后仰着的朗声大笑,神态是那么兴奋,笑声是那么富于感染力。

在这场史无前例的动乱中,他的体重渐渐减少,身体渐渐消瘦,颧骨明显地凸了出来,方下巴因消瘦而显得尖削,那双有神的眼睛失去了光泽而显得更加深邃,含着深深的忧虑。

他尽管还担任国务院总理的要职,但在许多重大问题面前已经显得力不从心。他的处境比一般人知道的要艰难得多。江青利用 30 年代由国民党特务机关伪造的所谓《伍豪等脱离共党启事》的抄件,妄图诬陷、打倒他。这个文件是敌人在反对自己的政敌中所用的最卑鄙、最无耻的手段。当时党中央请在上海开业的法国律师巴和,在《申报》登出了《巴和律师代表周少山紧要启事》。

周少山是周恩来在党内用的别名。这个启事既澄清了事实真相，又彻底地揭露了敌人。事实上，早在《伍豪等脱离共党启事》登出之前两个月，周恩来已于1931年12月离开了上海，进入苏区。不谙历史的红卫兵用小报在全国到处散布："伍豪脱党叛变，伍豪就是周恩来……"在社会上煽起了一股反周风浪。当年在上海担任党中央组织部长、深知"伍豪启事"全过程的康生，装聋作哑，拒不说明真相。周恩来只得找来有关"伍豪启事"的历史资料，写信报告毛泽东。1968年1月26日，毛泽东对此报告作了批示，"此事早已弄清，是国民党造谣污蔑"，从而使江青的阴谋未能得逞。

那时，林彪成了红得发紫的第二号人物。林彪与江青把持的"中央文革小组"几乎代替了政治局。中央政治局的一个常委可以宣布打倒另一个常委，"中央文革小组"可以宣布打倒中央政治局常委和政治局委员。周恩来对此无可奈何。贺龙、刘少奇、陶铸三位领导人遭受政治陷害和人身摧残，先后含冤去世。

周恩来处在国务院总理的位置上，明察国内外形势，通观全局，更为忧虑。当时，毛主席认为世界上虽然动荡得比较厉害，但一时还不会发生很大的事情，就利用这个空隙来开展"文化大革命"（我们今天且不论我国的邻居日本及后来被称为"亚洲四小龙"的南朝鲜、台湾、香港与新加坡是如何利用世界上这个动荡的空隙创造了经济奇迹而起飞的）。到"文化大革命"的第三个年头，即1969年，我国国民经济遭到了严重破坏。不少企业处于停产闹革命的状况。铁路运输处于半失控状态。军队装备落后，训练素质十分低下。国防部曾被造反派当成敌人的堡垒来冲击。我军一批富有战争经验的将帅们被批、被斗、被关。中苏边境发生了珍宝岛冲突，苏军大兵压境，战争几乎一触即发。周恩来的确是忧心如焚！但他仍然忍辱负重，苦撑危局，力挽狂澜。

1969年5月初，法国首任驻华大使艾蒂安·马纳克到任。在会见周恩来时，马纳克说奉戴高乐总统指示将尼克松总统的口信转给中国最高级的领导人。3月底戴高乐到华盛顿参加前总统艾森豪威尔的葬礼时，尼克松正式请法国总统把美国有意改善同中国关系的口信捎给中国领导人。

周恩来听了这个口信，是心存怀疑的。他没有忘记尼克松过去多次发表的反对中国的言论，因而怀疑这是一个圈套。可是，他对于促进中美关系的改善还是很感兴趣的，他坦率地告诉马纳克，台湾问题是障碍之所在。马纳克对亚洲问题深有研究，认为需要将台湾问题放到历史的角度去看。这不只是一个"归谁所有"的法律问题，而且是一个容易动感情的、难于处理的政治问题，不大可能魔杖一挥就消失得无影无踪。马纳克觉得，台湾问题的解决将是在道路的尽头，而不是在开头。马纳克的现实主义观点，引起了周恩来的注意。

不久，巴基斯坦和罗马尼亚两国领导人亦分别将信息传了过来。11月间，巴基斯坦渠道又传来了一些更具体的信息。为了表明美国同中国打开关系是有诚意的，美国政府打算采取一个象征性的步骤。自从1950年朝鲜战争爆发以后，有两艘美国驱逐舰奉命在台湾海峡巡逻，以表明美国对蒋介石是承担了义务的。美国政府决定撤走这两艘驱逐舰，但同时说，这只是作为一种诚意，不表明美国对台湾不承担防御的义务。撤走两艘驱逐舰的目的，是表明美国愿意同中国缓和，通过谈判解决两国关系问题。

12月3日，雷阳将斯托塞尔要与他会见的情况电告国内。周恩来看后忍不住笑了，同时批评外交部领导的工作做得不够细。情况发生变化后，对驻东欧使馆的人员与美国人接触，应该有一个内部通报，让外事人员在精神上有所准备。周恩来有分寸地批评了这件事。因为中美双方怒目相视20年了，要改变这个习惯，也确实不易。周恩来请示了毛泽东后，让外交部采取办法补救，还发了电报给雷阳，告诉他可以邀请美国大使到中国使馆来做客、谈天。

12月6日，周恩来在上报毛主席后，又亲自过问，释放了2月16日因游艇误入广东海面而一直被拘留的另外两名美国人鲍德温和唐纳德女士（这同7月份释放的两个美国游客无关）。这两名美国人的问题比较复杂，游艇里设备很多，也有无线电通信设备，审查很费时间。全面审查的结论是：间谍的嫌疑很小，误入的可能性很大。根据事实，亦配合当时的政治气氛，中方释放了这两名美国人。周恩来亦通知巴基斯坦渠道转告美国领导人，说中国释放这两名美国人就是对美方停止两艘驱逐舰巡逻的答复。

事后，基辛格称赞周恩来是杰出的外交家，把双方之间这一阶段的相互探询，称为"与中国人跳的一场错综复杂的小步舞"。双方安排得如此微妙，既没有任何接触，又保持了各自的风度与尊严，以至于任何一方都无须显出主动的样子，以至于双方现存的关系都没有受到妨碍。

1969年12月11日，美国驻波兰大使斯托塞尔被邀请去中国大使馆做客。

1969年5月初,法国驻华大使马纳克奉戴高乐总统指示向周恩来转达了尼克松有意改善对华关系的口讯。

这是一件出人意料的事情。这是中华人民共和国成立以来双方接触中美国人第一次接到这种邀请。在此以前,举行了134次中美华沙会谈,双方商定中国人不到美国使馆、美国人不到中国使馆,要谈得到中立地区。

斯托塞尔接到邀请后大吃一惊,答复说,他将高兴地、小心地从后门进入中国大使馆。雷阳答复他说,这种安排是不必要的,完全可以走正门。斯托塞尔揣测,这可能是为了不让苏联情报人员漏掉这一机会。

斯托塞尔真的乘着小车抵达中国使馆大门口,堂堂正正地从正门进去了,并在"融洽"的气氛中会见了雷阳代办。

■ 从"两个半战争"到"一个半战争"

在尼克松执掌白宫以前，总统安全事务特别助理（即国家安全顾问）都是在白宫地下室办公。那里离开地面有 30 多级台阶，到总统办公室要走 50 多米远，可见国家安全委员会没有引起总统的重视。尼克松不同于他的前任，一上台就要基辛格考虑如何改革这个机构，使它发挥重大作用，成为制定对外政策的一个首脑组织。办公室也从地下搬到了地上，在白宫一楼紧挨着尼克松的椭圆形总统办公室，安排了一间宽敞明亮的房间。办公室有法国式的落地长窗雪白锃亮的地板、油漆一新的办公桌椅。基辛格的办公桌上有直通尼克松的电话，还摆有一架镶有尼克松照片的相框。相片上写着尼克松对基辛格的题词："赠给亨利·基辛格：善进良策，献身尔职，逾于所司，永志不渝。你的朋友理查德·尼克松。"屋里边还有一个遥控中心，从磁带数据箱到连接世界各地的直线电话，一应俱全。守卫办公室的安全人员，几乎要比美国肯尼迪角警卫阿波罗登月火箭发射台的人还多。基辛格就在这关系美国安全的神经中枢指挥、调度一切，主持着国家安全委员会的日常工作。

基辛格初到白宫，办公室设在地下室里。

尼克松每天要和基辛格通两三次电话，会见 90 分钟。通常是在上午九十点之间，两人就 24 小时之内的情况碰头 30 至 40 分钟；若有要事，可能在这一天还要再见几次面。尼克松从来没有找不到基辛格的时候。

美国《生活》杂志曾经发表文章描述过国家安全委员会开会的情况：国家安全委员会的成员们来到了白宫的内阁会议室等待尼克松。他们是国务卿罗杰斯、国防部长莱尔德、紧急计划局长乔治·林肯、参谋长联席会议主席穆勒、中央情报局长赫尔姆斯，还有副总统阿格纽。有时还要根据会议的性质，吸收有关军政部门的高级助手列席会议，以便随时提供咨询。

一会儿，连接会议室与总统办公室的右边房门打开了，一个人走了进来。此人不是尼克松总统，而是基辛格。基辛格一边态度随便地用姓名的爱称向在座的各个军政要员打招呼，一边从容地在总统左边的椅子上就座。基辛格手里拿着一个夹着文件的黑夹子，夹子的厚度预示着今天会议时间的长短。基辛格夹子里的文件只有一个副本，它正摆在总统座位前的桌面上，那是谁都不能伸手去翻阅的。只有基辛格一个人知道总统今天想些什么，要在会议上讲些什么。总统是国家安全委员会的法定主席，会议怎么开，要作出什么决定，当天早上他已经找基辛格商量好了。

传来了轻微的脚步声。一个助手提醒大家说："先生们，总统来了。"尼克松胸有成竹地从右边门里走进来，在当中主席的位置上就座，例行公事地瞄了所有的与会者一眼。这时，与会者都稍微有点紧张，只有基辛格是例外，他在令人莫测地微微笑着。

尼克松宣布开会了。他简单扼要地讲明今天开会的内容，然后，头微微朝左边一扬：

"亨利，你把可供选择的方案给我们谈一谈吧！"

基辛格首先清了清嗓子，用清楚沉着的声调，简要地讲明早就准备好了的方案。

尼克松仰身背靠座椅，微笑着听他当天已经批阅过的内容。基辛格好像又回到哈佛讲坛上，不过听讲的已不是学生，而是美国内阁的成员及其高级助手。基辛格抑扬顿挫地讲着，时而强调一下重点，时而解释一下不好懂的字眼，时而翻开另外一些本子，旁征博引。这是 1969 年 10 月的一次会议。基辛格首先

尼克松每天至少需要与基辛格通三次电话。

回顾了美国现有的被称为"两个半战争"的战略理论。根据这个理论，美国军队要准备打"两个半战争"："一个"是保卫欧洲，抵抗苏联的进攻；"另一个"是抵抗中国对东南亚或北朝鲜对南朝鲜的进攻；还有"半个"战争是对付别处的不测事件，例如中东冲突。"两个半战争"计划是基于20世纪50年代铁板一块的共产党阵营的政治现实而制定的，与当时的政治现实已不相符合了。中苏两个共产党巨人已经出现了分裂，中国人与苏联人同时发动战争的现实前景并不存在。美国必须抛弃那种固执地认为共产党是一块铁板的思想，而且美国的军事政策并不认为中国是一个主要的威胁。基辛格认为，即使美国战略理论的转变从没有得到北京的承认，美国仍然必须进行自己的调整。

为此，基辛格的班子提出了"一个半战争"的战略新理论。根据这个新战略，美国在和平时期保持这样的部队，它足以同时对付在欧洲或亚洲发生的一次共产党大规模进攻；援助盟国对付亚洲的非中国的威胁，或者应付其他地方发生的紧急事态。

讨论开始了。当然，免不了也会有分歧与争执；但是，与会者对基辛格所讲的不会有任何严重的诘难。除非得到总统事前暗示或以言词、表情作出的表示，否则，谁也不会提出什么意见，因为谁也负不起在重大问题上站到"错误"一边去的责任。

尼克松在会上也会问一些问题，不过他提问的方式就明白无误地告诉了别人他需要什么样的回答。尼克松显然感到十分满意。因为基辛格对战略理论的调整符合他的意图，阐明了美国外交政策一个质的转变：美国将根据敌手对美国采取的行动，而不是像以前那样根据它们的意识形态来对待他们。

■ 苏联人的神经被触痛了

1970年1月20日，中断了整两年的中美华沙大使级会谈又举行了，而且破天荒地在中国大使馆进行会谈。令人觉得意味深长的是，当天中午，美国国务院发言人罗伯特·麦克洛斯基在例行的新闻发布会上透露，会谈将在"中共大使馆"举行。可是，几个小时以后，麦克洛斯基又奉白宫的指示，出来修正他的说法。他宣称，会谈将在"中华人民共和国大使馆"举行。敏感的外交界人士当然注意到，这是新中国自1949年成立以来，美国官方发言人首次用这个正式名称。麦克洛斯基反复说了"中华人民共和国"三次。

在此以前，中美大使级会谈延续了15年，会谈了134次，被人称为"时间之长、次数之多、争论之激烈，为近代国际关系史上罕见的外交谈判"。

如今，第135次中美大使级会谈除了地点是第一次在中国大使馆举行之外，程序上、内容上几乎没有什么新变化。斯托塞尔拿出一份事前在华盛顿经过充分准备、逐字推敲的发言稿，照本宣科地读了一遍。雷阳代办也同样拿出一份得到国内批准的稿子，像往常一样照念。

当周恩来在北京读到斯托塞尔的正式发言稿时，敏锐地从两句不那么显眼的话中发现了一点新信息：发言中申明美国不谋求"参加针对中国的与苏联共同主宰世界的谋划"，"美国准备考虑派一个代表到北京去同你们的官员直接讨论问题，或接受你们的政府代表到华盛顿来更全面地探讨我今天的发言中提到的任何问题，或我们同意讨论的其他问题"。

勃列日涅夫集团忧心美中关系改善。

基辛格在华盛顿接到中国临时代办雷阳的发言稿，也从中国人惯常用的词句中发现了两句颇有新意而又相当含蓄的话：

> 我们愿意考虑和讨论美国政府根据和平共处五项原则提出的任何意见和建议，从而切实有助于缓和中美之间的紧张局势，并从根本上改善中美两国的关系。这些会谈可继续在大使一级进行，也可以在更高一级进行或通过双方同意的其他渠道进行。

基辛格看罢暗自发笑：

在相隔12000英里的两国首都拟定的两篇正式发言，实际上是用两国各自惯用的语言提出了同样的建议。可见，两国领导人在一代人的时间里第一次开始彼此从地缘政治的角度而不是从意识形态的角度看待对方。基辛格想到这里，赶快拿起直通总统办公室的专用电话。1970年1月21日，也就是中美大使级的第135次会谈举行以后的第二天，基辛格刚刚跟尼克松总统碰过头，昨天的华沙会谈使他深受鼓舞。尼克松觉得，这次该由他本人发出信号了。尼克松决定在2月份向国会提出的外交政策特别报告中，发出新的信号。他已经嘱咐这个报告有关中国的部分由基辛格来起草，要讲几句中听的、让中国人获得好感的话，要透露美国"尽力采取同北京改善实际关系的步骤"。基辛格的头脑中已经涌现出诸如"伟大而生气勃勃的人民"、"勤劳、勇敢而有天赋有教养的人民"之类的形容词，用以形容大洋彼岸的中国。

基辛格刚刚回到自己的办公室不久，苏联驻美国大使阿纳托利·多勃雷宁就出现了。这位身材高大、器宇轩昂的苏联大使跟基辛格保持着一系列的机密往来，这一往来后来被称为"后门渠道"，又被称为"多勃雷宁—基辛格渠道"。它是处理莫斯科与华盛顿之间极为敏感的问题的一种手段。

多勃雷宁刚刚坐下寒暄了两句，就坦率地向基辛格提出：请给他介绍昨天中美华沙会谈的情况。多勃雷宁凝视着基辛格，说："我特别注意到了你们国务院发言人宣布这次会谈时用了'中华人民共和国'的字眼。这可是从未有过的事。"

基辛格感觉到他睿智、关切的目光里包含着忐忑不安。尽管基辛格极为自信，他还是十分钦佩多勃雷宁，认为他是苏联第一流的美国问题专家。多勃雷宁富于想象力，温文尔雅，具有开展高级外交必不可少的品格，即不管到什么地方，在什么社交场合，都能控制感情，反应敏锐，谈笑自若，应酬自如。基辛格觉得他是一个能以炉火纯青的技巧活跃在华盛顿上层社会的能人。基辛格了解过他的履历。他在大学里学的是历史，又获得过航空工程师的职称，战时在造飞机的工厂干过，年轻时在莫斯科就有"美国通"的雅号。基辛格常常利用他与苏联高层首脑的关系向克里姆林宫转达美方的观点，而依靠自己驻莫斯科外交官的时候并不多。

现在，基辛格听着多勃雷宁的要求，产生了一种下棋获胜者的优越感。基辛格想起多勃雷宁就很善于利用美国人的弱点来巧妙地耍弄美国人。有一次，多勃雷宁在社交场合中引用了威尔·罗杰斯的话说："美国在战争中从来没有失败过，而在会议上从来没有得胜过。"此话在众多的各国外交官面前博得了笑声。

昨天华沙会谈的成果使基辛格有了机会，他以半开玩笑的方式回答多勃雷宁："大使先生，难道你不认为中国是中华人民共和国吗？"

多勃雷宁老练地用笑声掩盖了自己的尴尬。笑罢，他说："我希望美国不是在考虑利用中国作为一种军事威胁。"

基辛格笑着提醒他说："大使先生，我记得去年尼克松总统当面向你表明过，美国在中国问题上已经采取或者正在采取的任何行动都不想使苏联为难。另一方面，中国和美国双方都不能容忍互相为敌的形势发展下去，就像美国不想永久与苏联为敌一样。我也再次说明，中美两国的接触，并最后在外交方面采取行动，这不是针对苏联的。"

基辛格望着多勃雷宁仍然不太放心的神态，本来想告诉他，昨天会谈的情况很简单，无非是每个大使念了一篇预先写好的发言稿；但又一想，多勃雷宁并未因为莫斯科在任何问题上从未向美国介绍过情况而犹豫不决，竟然理直气壮地来打听中美会谈的情况，就笑了笑，把话题换了："大使先生，您夫人伊利娜主持的晚会给人很深刻的印象……"

看着多勃雷宁心不在焉地应酬着答话的样子，基辛格幸灾乐祸地想到，北京已经成为触发苏联人"神经痛"的地方。基辛格马上联想起最近流传的一个典型笑话——

勃列日涅夫给尼克松打热线电话说："听说你有一台新式的超级电脑，能预言2000年将要发生的事情。"

尼克松当然自豪地回答："是啊，总书记阁下，我们美国有这种玩意儿。"

"嗯。总统先生，你能不能告诉我那时的苏共政治局委员的姓名呢？"

沉默了颇长一段时间。

"啊哈！"勃列日涅夫讥笑地叫了起来，"你的电脑不怎么先进嘛！""不，不对。总书记阁下，"尼克松认真地回答说，"电脑已经回答了你的问题，但是我不认得。这些姓名都是中文的。"

基辛格想，对于苏联人来说，这并非笑话。中美接近必定会触发一场地缘政治革命。要是昨天华沙会谈能取得成果，一个美国使节访问北京所造成的冲击力，将不亚于一颗百万吨级的原子弹爆炸，会使克里姆林宫苦恼万分。

■ 尼克松气得暴跳如雷，基辛格笑得意味深长

他在处理当天的事务之前，在白宫椭圆形办公室里，站在那明亮的长方格子玻璃窗前，欣赏着窗外玫瑰园里盛开的郁金香、清丽的葡萄风信子花……胸中回响起一段乐曲的旋律。那是他今早起床时在林肯起居室放的拉赫马尼诺夫

第二钢琴协奏曲的唱片。音乐中那明朗的情绪、稍带东方色彩而节奏活跃的主旋律弥漫在玫瑰园天空。

他在以鹰为标志的总统旗与星条旗之间的总统转椅上坐下，开始批阅办公桌上的报告与文件。这时，他看到了毛泽东的"五二〇声明"。昨天，这位中共领袖在天安门城楼上对着广场上近百万狂热的革命群众挥手，发表了《全世界人民团结起来，打败美国侵略者及其一切走狗！》的声明。

他的下颌都气得扭歪了，脾气变得特别坏。刚才听音乐与看花时的愉悦心情烟消云散。尼克松没有像往常那样，将自己的国家安全顾问基辛格召来，对事态作进一步的分析，而是气急败坏地抓起电话颁布命令：

"凡是在越南用不着的第七舰队的舰只全部开进台湾海峡，挫掉毛那种好战的锐气。我要他们知道，我们不是在虚张声势，恐吓他们……

"我不想要什么长篇大论的文件。不要国家安全研究备忘录。我要你打电话传达，这是总司令的命令。你可以告诉莱尔德（当时的国防部长），事情已经无可挽回。我要舰只在 24 小时内到达台湾海峡。"

尽管尼克松大发脾气，他的下属们倒是十分清醒。毛泽东无非是在天安门上像往常一样大骂"美帝"，这已经是家常便饭了，并没有产生异常的攻击美国军舰或是杀害美国人生命的后果，也没有"进犯美国盟友台湾"，并没有发生任何实质性的威胁美国安全的行动。而且，尼克松的亲信们追随他多年，熟知他的性格与脾气，早已认识到这类命令如果不在 24 小时内执行是会更有利于国家利益的。

这件事表明了这位偏爱外交事务的美国总统的两种心态：一是焦急，急于打开与中国的关系，从而在东南亚脱身并制约苏联；二是说明他把握不定。连基辛格也感觉到，尼克松说"无可挽回"的时候，正突出地表明了他的把握不定。

20 年来形成的疑心是不容易克服的。尼克松暴跳如雷，是由多方面复杂的因素积累而成的。"五二〇声明"只不过是条导火索而已。这除了表明中美长期敌对而形成的疑心，和尼克松本人复杂而矛盾的内心性格，还表明了尼克松对国内因内部扯皮而耽误了华沙会谈的日期十分恼怒。

本来，1970 年 2 月 20 日在美国大使馆举行的第 136 次大使级华沙会谈中，中国代办雷阳作了一次非常奥妙和委婉的发言，表示中国方面愿意接受美国派

毛泽东在天安门城楼发表"5·20声明"。

一个使节去北京的建议。尼克松受到鼓舞,感到似乎快要突破了。

接着,尼克松又于2月22日收到了叶海亚总统托巴基斯坦驻华盛顿大使希拉利转来的一封信。叶海亚在信中有把握地告诉尼克松,美国近几个月来所采取的行动已在一定的程度上"打动"了中国人。叶海亚还说,中国人现在不像以前那么担心美国与苏联勾结了;但是,要是美国把中国愿意同其进行实质性对话归结于中国实力的虚弱和对苏联的惧怕,将会引起北京十分敏感的反应。

叶海亚还说，中国人"认为扩大越南战争的可能性已经不那么大了。他们认为中美交战的可能现在已经变得很小了"。他们"愿意同美国进行一场涉及两国一切分歧的实质性对话"。叶海亚还指出，"谈判将是严峻的和艰难的"。

尼克松读了叶海亚的信十分高兴，感到中美接近的前景良好，觉得毛泽东和周恩来不是他以前想象的那种怒气冲天、头脑僵硬的领导人。他感到通往北京的道路已经打开，只要美国准备巧妙地往下走的话。他当即授命基辛格复信给叶海亚，美国对报界的揣测虽然无法控制，但是白宫将审慎地避免发表任何可能怀疑中国的动机或实力的评论。他还通过叶海亚向北京建议，开辟一条比华沙会谈更适于秘密交换意见的渠道，或是直接通向白宫的渠道。不久，传来的回音是中国拒绝了。看来，只好继续依靠华沙会谈了。

下一次华沙会谈该是第137次了。面临中国接受美国派使节去北京的建议的情况，令尼克松恼怒的是，美国政府内部的扯皮再次表面化了。基辛格已经向尼克松提出，在下一次华沙会谈中，美国不能仅仅用大家所喜爱的那些常规议程项目（台湾问题、资产问题、权利要求、囚犯问题、记者互访，如此等等）来回避问题了，哪怕是用最巧妙的笔法拟定给斯托塞尔大使的指示，也不能掩盖美国必须回答中国人邀请去北京这个现实。

可是，美国国务院的官员们认为，讨论了15年的那些双边问题还未取得进展就去北京，岂不暗含有向中国人让步的意思？而且会使美国的盟国发生误解，更不消说要引起莫斯科的敌意了。国务院东亚司的官员与专家主张要中国人对美国所关心的主要亚洲问题作出让步，作为美方代表赴北京的代价。这些官员们更担心派使节去北京这件事可能要由白宫执掌，国务院插不上手，因而对之进行了顽强的抵制。

这场官场争斗是针锋相对的。基辛格向尼克松表明，同现在使中国人感到不安的主要问题比较，双边问题是次要的。只有非常担心苏联的意图才能说明为什么中国人愿意坐下来跟一个以前被自己称为头号敌人的国家会谈。罗杰斯国务卿却担心，中国人可能使美方在北京陷入旷日持久的屈辱性谈判中而不能自拔。双方在国家安全委员会召开的会议中激烈地争论。

基辛格说，中国人根本不可能想要使我们受辱。只有肯定中国人是在谋求减少他们的敌人才能说得通为什么北京会发出邀请，光是开始会谈就会使国际关系发生革命性的变化。

意见的分歧和官场的争斗使基辛格和国务卿罗杰斯结下了宿怨。这已经是人人皆知了。基辛格给人的印象是狂妄自大，自命不凡，他甚至公开对人抱怨说："罗杰斯真蠢！罗杰斯对全世界来说是个危险人物，罗杰斯是外行！对外交一点都不懂！"

罗杰斯为人挺有涵养，对基辛格的抱怨大都有礼貌地保持沉默。如果基辛格在公开场合把他说得太不像话了，他才会给尼克松的白宫办公厅主任霍尔德曼打电话。但是，罗杰斯越是克制自己，基辛格也就越是抱怨得厉害。这真给尼克松带来很大的压力，基辛格更是没有少告罗杰斯的状。基辛格经常在尼克松面前充满情绪地长篇大论指责罗杰斯。一开始，尼克松容忍了这种指责，他从大处着眼，很欣赏基辛格的学识和才干，特别是两人在外交政策上的主张很合拍；于是，他认为容忍这种指责是聘任基辛格当顾问必须付出的代价。但是，时间一长，尼克松就觉得基辛格太过分了。他私下向霍尔德曼抱怨说，基辛格总是让总统浪费大量时间，来听其对罗杰斯提出一些上不了纲的埋怨话。

这次，基辛格与罗杰斯之间在对待中美华沙会谈问题上的扯皮，使尼克松考虑过用大调动的方法来解决这两个人之间的问题。他想过要把罗杰斯提升到最高法院去，让同基辛格合得来的埃利奥特·理查森担任国务卿。这个想法，他没有马上付诸实现，因为他并不认为罗杰斯是个窝囊废。他的内心十分矛盾。

于是，扯皮现象又延续了下来。

3月10日，罗杰斯在向总统提出的备忘录中概述了国务院的意见，建议3月19日为举行第137次华沙大使级会谈的日子。基辛格看了这份备忘录，怒气冲冲地对尼克松说，国务院显然存心在开会日期上搞拖延，除去总统考虑问题要用的2天时间，中国人不可能在接到通知后那么短的7天时间内准备好去参加会谈。基辛格更是一针见血地指出国务院建议的议程也使会谈不可能有成果。议程是，中国人只有在台湾问题、贸易问题、释放犯人等双边问题上让步以后，美方才可以万无一失地去讨论仅仅是派更高级的使节去北京的方式问题。基辛格又在尼克松耳边抱怨起来，说罗杰斯正在破坏总统在外交政策方面所作的努力。

人民日报头版头条刊登的"5·20声明"。

原先打算在 3 月 19 日举行华沙会谈的日期就这样在扯皮中给耽误了。

基辛格在 3 月 20 日给国务院发了一个备忘录,建议立即举行华沙会谈,并主张给斯托塞尔大使的指示要反映总统对更高级会谈的积极态度;美方还应该接受雷阳的暗示,即一般的远东问题也可以讨论,而不仅限于传统的中美双边问题。国务院回复说,最早也要到 4 月 8 日才能把"经审批"的发言稿拟好。尼克松同意了这个方案。

北京在答复中建议 4 月 15 日开会。可是,美国国务院又提出,台湾"中华民国"行政院副院长、蒋介石的儿子蒋经国定于 4 月 22 日访问华盛顿,因而在访问前两个星期或访问后 10 天内举行华沙会谈是不明智的,建议 4 月 30 日或以后的任何一个时间举行华沙会谈。

信息传给中国人以后,过了 20 来天都没有答复。尼克松曾经担心地问基辛格,是不是中国人又后退了?基辛格苦涩地一笑,答道:"显然,中国人被我们的拖延激怒了。"整整过了四个星期之后，4月28日，华沙才传来中国人的答复，提议5月20日举行第137次会谈。尼克松马上批准同意了。基辛格意味深长地对尼克松说："目前，周恩来支持西哈努克在北京建立了流亡政府与解放军，而我军与南越军队正开进鹦鹉嘴，要踏上柬埔寨领土。在这时，中国还同意进一步会谈，安排头号帝国主义的代表进北京，这已经很不寻常了。"

直至5月18日，美军采取进入柬埔寨的作战行动已将近三个星期的时候，中国政府授命新华通讯社发表了一个简要的声明：鉴于美国政府悍然出兵入侵柬埔寨，"中国政府认为按原定5月20日举行中美大使级会谈第137次会议已不适宜。今后何时举行，将通过双方联络人员另行商定"。

尼克松曾请基辛格分析这个声明。基辛格乐观地认为，中国人认为"不合适"的只是举行会谈的日期，而不是举行会谈这一事实。中国人在声明中还提出了继续会谈的程序。基辛格宽慰尼克松说："总统，这样反而好些。我们开起会来免不了要对骂一通，在柬埔寨问题上他们非严厉谴责我们不可。"

尼克松刚刚放下心来，就又接到了毛泽东谴责美国"入侵柬埔寨"的"五二〇声明"。尼克松当时的反应真可以用"气急败坏，暴跳如雷"来形容。基辛格很快就给尼克松送去一份自己对毛泽东声明的分析：

美军进入柬埔寨。（之一）

美军进入柬埔寨。（之二）

实质上……那是一篇非常空洞的声明。……声明的中心论点是：小国能够打败大国，河内看来必定从中得不到什么安慰。它没有提出什么威胁，没有承担什么义务，对你没有进行人身攻击，在有争议的双边问题上避免表态。

从策略上来说，毛的声明是要达到这么几个目的：

——利用你在柬埔寨的行动大事宣传。

——以毛的个人威信加强中国人对西哈努克的支持。

——它尖锐地指出，已有20个（别的）国家承认西哈努克（莫斯科没有承认西哈努克，而且始终不承认他）。

尼克松经基辛格分析以后再浏览了一遍毛泽东的声明，才觉得把其中慷慨激昂的词语去掉以后，声明露出了非常谨慎的实质。尼克松豁然开朗，省悟到他要在台湾海峡重新部署力量并非良策，只会把事情搞糟。

他觉得自己更离不开这个哈佛教授了。他拿起了电话，想邀基辛格周末去比斯坎岛度假。

卷七　古老的巴基斯坦渠道

■ 毛泽东让斯诺上了天安门

1970年10月1日,天安门广场举行盛大的国庆节庆祝活动。广场上人山人海,喧声如潮。红卫兵军装的绿色与标语旗帜的红色,构成了天安门广场的主色。

周恩来总理已经到了好一会儿,按名单能够上天安门城楼的国家领导人已经陆续来到。叶剑英来了。林彪和叶群也来了。黄永胜、李作鹏、吴法宪和邱会作四员"大将"也从电梯门里出来,只是神色不像数月前那样大模大样。天安门城楼上那个专供领导人使用的电梯一次接一次地升上来,送上这些举足轻重的角色。

当埃德加·斯诺带着夫人洛易斯·惠勒·斯诺走出电梯时,周恩来快步迎了上去。

"斯诺先生,欢迎您。"周恩来伸手跟斯诺握手。

"我真是第一个应邀上天安门城楼的美国人吗?"斯诺问着,棕色的眼睛透露出兴奋的光。

洛易斯更是充满了好奇心,喜悦地四处打量。天安门城楼雄浑庄严的建筑造型,富于东方古典韵味的艺术美,使她目不暇接。天安门屋顶四个垂脊均装饰有一个仙人和九个走兽——龙、凤、狮子、麒麟、天马、海马、狎鱼、獬豸、斗牛,这些雕塑在阳光下璀璨夺目,使城楼增添了神奇的色彩。

"毛主席让我请您来的。您是中国人民真诚的朋友。"周恩来热情地说。

斯诺流露出发自肺腑的激动:"34年前我穿过封锁线去找红军,遇见的第一个共产党领导人就是您。您当时用英语跟我讲话,使我很吃惊。"

周恩来说:"我还记得我替您草拟了92天旅程,还找了一匹马让您骑着去保安找毛主席。"

斯诺望了望眼前的周恩来,该是 72 岁了。当年在陕北第一次见到周恩来时,周恩来还不满 40 岁,个子清瘦,骨骼小而结实,下颌上蓄着又黑又茂密的胡子,又大又深的眼睛富于热情,一笑就露出洁白的牙齿,具有领袖的自信与迷人的魅力。现在,颧骨凸了出来,两颊凹了进去,眼窝很深,斯诺敏锐地感觉出那深邃而机敏的眼神中包含的忧虑与坚毅。斯诺觉得自己常为周恩来的魅力所吸引,说:"您安排我见毛主席,采访红军,当时对西方新闻界来说是'独一无二'的。今天,让我上天安门——"

周恩来马上将话接了过来:"在中美两国相互隔绝的情况下,您三次访问新中国,今天还上天安门参加我们国庆盛典,对一个美国人来说,这是一件独一无二的事。"

斯诺兴奋地说:"我又有独家新闻了!"

斯诺当年闯到陕北写了将红军介绍给全世界的《红星照耀中国》,(即《西

1970 年 10 月 1 日,毛泽东与斯诺在天安门城楼上。

行漫记》），是独家新闻。可是，斯诺此时并没有完全意识到毛泽东安排其上天安门的重要含义。斯诺想得更多、更关心的是这个国家正在进行的"文化大革命"。

1966年秋天，"文化大革命"的序幕拉开了，斯诺心中充满了对中国形势的焦虑。内战已经结束，革命者已经取得了政权。这个以勤劳勇敢而著称于世界的伟大民族，正应该为了自己的生存与振兴去克服意想不到的困难，去逾越那些旧社会留下的无穷无尽的障碍，为什么革命者内部又要开展你死我活的斗争？当斯诺从西方的报道中得知一批他景仰的革命家刘少奇、朱德、邓小平、彭德怀等，竟然受到冲击和批斗的时候，他心焦如焚。他对友人说："从这里所能得到的消息来看，中国最近发生的事件是很难加以理解的。人们只能凭着超感官的感觉来进行工作，而我的这种感觉又不太灵敏。"

斯诺很想再次来华访问，曾用口头与书面的形式反映过自己的愿望，却一直被拒而不纳。他当然不知道，在中国外交部大院的大字报里，有人将他的名字与"美国中央情报局派往中国的间谍"连在一起。

1968年春天，斯诺给住在北京的友人爱泼斯坦写信时说："我已经认识到某些有权有势的人显然不是我的朋友。有几位我所信得过的知己对我说，那些主管这些事情的当权者们，已经不再把我看成中国的朋友了……但是，无论如何，我对中国的态度和言行，都是有目共睹的，没有什么不可以告人的。不管那里的少数当权派是不是把我看做中国的朋友，但毫无疑问的是，外部世界（反动派除外）都认为我对中国是友好的，而且可以肯定，人们的这种看法还会继续下去。要是我改变态度，那才不配称为中国的朋友呢。我并不是那种在政治观点上看风使舵、反复无常的作家……"

他的言辞显出十分痛心，在精神上蒙受的深深伤痛是显而易见的。但是，他一如既往，襟怀坦白，独立求真，从自己内心深处诚恳地表现出了他的尊严和信念。

毛泽东并没有忘记斯诺。毛泽东的"五二〇声明"发表后，原定5月下旬在华沙举行的中美大使级第137次会谈夭折了。可是，毛泽东又另有了思路，他于6月间嘱咐寻找"我们的美国老朋友斯诺先生"。当时得到的报告是说与斯诺失掉了联络。毛泽东让周恩来特别嘱咐中国驻法国使馆联络斯诺，邀请他

红军长征到达陕北保安,斯诺访问毛泽东时的合影。

作为毛泽东的朋友与客人尽快来华访问。使馆很快就联络上了已在瑞士寓居的斯诺先生,并发出了邀请。斯诺是在1970年8月14日到达中国的,夫人洛易斯·惠勒一起同行。

电梯又一次升上天安门城楼。电梯门开了,一个身材魁梧高大、脊背微驼的人在秘书的陪同下走了出来。毛主席来了。

周恩来领着斯诺夫妇迎向毛主席。斯诺觉得毛主席比在陕北窑洞的时代更为高大魁梧了。衬着金光璀璨、庄严雄伟的天安门城楼,毛主席身上焕发的非凡气质,确实使他在刹那间感觉到这是一位至高无上的领袖。

他34年前在陕北保安第一次见到毛泽东时,毛泽东面容瘦削,一头浓密的黑发留得很长,鼻梁很高,颧骨突出,双眼炯炯有神。给他的第一印象就是毛泽东像林肯。

满脸笑眯眯的林彪在招呼毛主席。

周恩来将斯诺夫妇领到毛泽东跟前:"主席,您看,谁来了?"

毛泽东一看见斯诺,十分高兴:"斯诺先生,老天保佑你,我们又见面了。"

斯诺夫妇跟毛泽东亲热握手。斯诺觉得毛泽东的幽默感不减当年。周恩来又向斯诺介绍林彪:"这是林彪副主席。"

斯诺跟林彪握手:"林彪将军,好久没有见面了。我们在延安是见过的。"

林彪总是笑:"斯诺先生是毛主席的朋友,当然也是我的朋友。好朋友。"

斯诺当年为毛泽东、朱德及周恩来所拍摄的照片

天安门广场上的高音喇叭响起了《东方红》乐曲，广场上红旗如浪起伏，人海沸腾。"毛主席万岁！万岁！万万岁！"呼声震天动地，响彻云霄。

　　毛泽东伸出手去，握住斯诺一只手，领着斯诺夫妇朝栏杆前走去。他们来到天安门城楼正当中的栏杆边。广场上的人群狂热到极点。人群上空，气球拖挂着一幅巨大的标语："伟大的导师、伟大的统帅、伟大的领袖、伟大的舵手毛主席万岁！万岁！万万岁！"还有一幅号召全世界人民团结起来，"打倒美帝国主义及其一切走狗"的大标语。

　　毛泽东欣喜地举起右手臂向群众挥动。群众欣喜若狂。

　　斯诺在北京住过多年。他第一次到北京时只有27岁，住在煤渣胡同21号的一个四合院里，来天安门城楼下观瞻过。那时，他曾经想象过明清的皇帝们在城楼上大驾光临、大展龙颜，举行领诏、大婚、祭旗、出征以及献俘等大典的情景，想象过万杆黄旗飘飞、万民长跪叩头的景况。他当然没有想像过有朝一日自己能在天安门城楼上站在革命领袖人物身边聆听欢呼。他身边的毛泽东，就是那个富有农民的幽默感的革命家。当年，这个人穿着打补丁的皱巴巴的布衣服，在窑洞里请他去吃夹红辣椒的馒头或是贺子珍做的酸梅，跟他一起打扑克，一边用手搓着膀子上的污垢，一边叫着佯装自己有大牌，有时还毫不在乎地当着他的面，松开裤腰带伸手进去抓虱子。毛泽东还讲过这样的话："如果你身上还没有长虱子，那你还没有理解中国。"当时，他就觉得这个人身上有一种掌握命运的力量。这种力量不是什么昙花一现的东西，而是一种实实在在的活力。这个人身上不论有什么异乎寻常的地方，都是产生于其对中国人民大众，特别是对农民的迫切要求所作的综合和表达。正是这些使毛泽东成为一个伟大非凡的人物。

　　毛泽东与斯诺夫妇在天安门庆祝国庆典礼上的照片，经周恩来的精心安排，发表在《人民日报》头版的显著位置。照片经过了特别处理，只有毛泽东、斯诺夫妇与站在身后的翻译四个人，他们身后或是身旁别的人物的身影已经被技术处理了。这张毛泽东跟美国人斯诺在天安门上的照片，应该被视为周恩来向美国发出的含蓄而饶有深意的信息，想不到竟被尼克松和其精于分析的顾问基辛格忽略了。

　　事后，基辛格在回忆录里写道：

不幸他们对我们敏锐地观察事物的能力估计过高。他们传过来的信息是那么拐弯抹角,以致我们这些粗心大意的西方人完全不了解其中的真意。10月1日,中国国庆节那天,周恩来把美国作家埃德加·斯诺(中国共产党人的一个老朋友)和他的妻子领到天安门城楼上站在毛旁边检阅一年一度的国庆节游行,而且照了相。这是史无前例的。哪一个美国人也没有享受过那么大的荣誉。这位高深莫测的主席是想传达点什么。斯诺自己后来谈论这一事件时指出:"凡是中国领导人公开做的事情都是有目的的。"事情过后我才终于理解到,毛是想以此作为象征,表示现在他亲自掌握对美关系;但是,这在当时真是一种远见卓识。我们在关键时刻理解不到他的真意。事情做得过分微妙反而达不到通信联络的目的。

毛泽东曾在1949年开国大典时站在天安门城楼向全世界自豪地大声宣布:中华人民共和国中央人民政府成立了!从此,每逢国庆节,毛泽东都要在此举

斯诺登上天安门城楼后,在美国《生活》杂志发表的记述文章。

行盛大的国庆庆祝活动，接见人民群众。能在这种时刻站在毛泽东身边的，除了新中国的领袖人物之外，就是当时友好国家的领导人或是兄弟党的领袖。

斯诺只是一个普通的美国记者，毛泽东为什么让他站在身边检阅人民群众？

毛泽东的护士长吴旭君女士曾经陪着他参加了那天的活动。据吴女士回忆，那天上午，在去天安门之前，在中南海游泳池毛泽东的住处，帮毛泽东穿衣服时，就觉得他的心情格外激动。从天安门回到住处，更完衣，毛泽东还沉浸在一种燃烧的激情之中。当时，吴旭君不理解毛泽东为什么给一个美国记者相当于国家领导人的礼遇。就问："主席，斯诺是老朋友，但他不过是一个外国记者，为什么你给他那样好那样高的礼遇？"

毛笑了。他说："醉翁之意不在酒。我是先放个试探气球，触动触动美国人的感觉神经。"

■ 巴基斯坦渠道使用最古老的方式传递密件

基辛格曾经形容，如果说毛泽东让斯诺上天安门是拿着一把轻剑来传递信息的话，尼克松却举着一柄大锤来传达他自己的信息。就在斯诺上天安门的前两天，即9月27日，尼克松对美国《时代》周刊记者发表谈话，重点谈了刚结束不久的约旦危机。尼克松有意识地在谈话中插进了一段关于中国在世界上的作用和他自己在这里面的作用的寓意很深的话：

> ……也许在5年时间里，或甚至10年时间里还不可能起这种作用。但是，在20年内，它应当能起这种作用，否则的话，世界就会处于致命的危险境地。如果说在我去世之前，有什么事情要做的话，那就是到中国去。如果我不能去，我希望我的孩子能够去。

接着，在10月间尼克松又亲自作了进一步的努力去开拓巴基斯坦渠道和罗马尼亚渠道。10月下旬，有好些国家的首脑人物到纽约来参加联合国成立

1970年秋，尼克松在白宫南草坪上所举行的欢迎外国元首的阅兵式。

25周年的庆祝活动。10月24日，31位国家首脑或政府领导人应尼克松的邀请来参加白宫的宴会，叶海亚·汗总统与齐奥塞斯库总统也在其中。10月25日，尼克松在椭圆形办公室里和即将访问北京的叶海亚·汗会晤。他告诉叶海亚，美国已经决定设法使对华关系正常化，他要求叶海亚作为中间人提供帮助。

叶海亚说："我们当然要尽力帮忙的。不过你一定知道这将是十分困难的。我去年说过，中美两国积怨太深，宿仇不容易成为新交。事情会进行得很慢，并且你要有遭受挫折的精神准备。"

第二天，10月26日，尼克松在白宫南草坪上热情接待齐奥塞斯库，欢迎齐奥塞斯库对美国进行为期两周的国事访问，作为一年前尼克松访问布加勒斯特的回访。当天下午，两位总统会谈时讨论了中国问题，据说，甚至深入地讨论了中国问题的许多方面，其中包括派高级使节秘密访问北京，还提到了使节可能的人选。也讨论了台湾问题。据罗马尼亚人私下声称，尼克松告诉齐奥塞斯库说，就尼克松个人来说，台湾问题不是一个国际问题，而是一个国内问题，要由中国人自己来解决，最好是用和平的方式解决。这等于说，华盛顿已经赞同了北京关于台湾问题的观点，因为20年来，美国一贯坚持说台湾不是中国的一个省，而是一个同美国友好的"独立国家"。尽管事后基辛格说这段话"完全不确"，但认为尼克松在敏感的台湾问题上表达了美国有可能转变立场的某种暗示，似乎是合乎逻辑的。

当天晚上，尼克松在为齐奥塞斯库举行的白宫晚宴上，在祝酒词中给北京发出了公开的信号："有这样的时刻，一个国家的领导人找不到合适的渠道同另一个国家的领导人进行联系。然而，正如今天早些时候我对总统阁下说的，他所处的地位是独一无二的。他领导的政府既同美国保持良好的关系，又同苏联保持良好的关系，也同中华人民共和国保持良好的关系，这是世界上罕见的。"

美国现任总统在白宫的公开场合中把北京政府称为"中华人民共和国"，这是破天荒的头一次：使用这一名称实际上意味着一项重大的决策。在这种敏感的外交语言中，它用一定方式表达了对新中国存在的承认。

在场的大多数新闻记者都没有注意到这一用语的重要性，但它却令在场的苏联大使多勃雷宁十分不安。白宫的宴会结束后，多勃雷宁打电话给基辛格，要求他解释这个用语的含义。

基辛格富于幽默感地回答说，这没有什么特殊意义，难道俄国人不是把中国叫做中华人民共和国吗？

毛泽东会见来访的罗马尼亚总统齐奥塞斯库。

11月13日，在北京访问的叶海亚总统受到了毛泽东的接见。12月中旬，罗马尼亚副总理格奥尔基·勒杜列斯库访问中国时，受到了周恩来的接见。尼克松的信由这两个渠道传到了中国。他们得到的回答是令人鼓舞的，但还比较含糊。

叶海亚回到伊斯兰堡后，委托外交国务秘书舒尔坦亲自负责美中联系的渠道。舒尔坦曾担任过五年驻中国大使，对周恩来有很深厚的感情。为了最大限度地保密，巴基斯坦渠道的工作过程是这样的：毛泽东、周恩来给尼克松、基辛格的信息是由中国驻巴基斯坦大使张彤亲自交给舒尔坦，再由舒尔坦用外交邮袋交给巴基斯坦驻华盛顿大使希拉利，由希拉利亲自送给在白宫的基辛格。美国方面的信息也照此办理。

12月9日，希拉利来到白宫基辛格的办公室里，拿出一个信封。大约是为了保密和万一遇到意外时留有否认的余地，信件不署名，也没有任何抬头，全部内容都是用笔写在一张印有蓝杠杠的白色信纸上。希拉利说，他没有被授权可以把这个文件给白宫留下来，只是被允许由他读给基辛格听。他慢慢念，基辛格把全部内容记下来。信中说："为了讨论撤出中国领土台湾问题，尼克松总统的一位特使将会在北京受到最热忱的欢迎。"美国通过各种渠道发出的许多其他信息都已收到，"但是，一个国家首脑通过另一个国家首脑向一个国家首脑提出建议这还是第一次。美国知道巴基斯坦是中国的真实可靠的朋友，因此，我们十分重视这个信息。"

基辛格事后才意识到，"一个以古宗教为立国之本的国家的杰出的举止文雅的代言人口念一个富有战斗精神的亚洲革命国家领导人的信息，而由西方资本主义世界领导人的一个代表把它记下来，这是多么不和谐；而且在已经具有无线电及卫星通信手段的今天，竟然采用19世纪的那种外交方式——由一名信使传递、宣读手写的照会。"希拉利带来的信息是一个重大的转折点。基辛格觉得，这是20年来两国之间第一次认真地、心平气和地写信。

基辛格经尼克松批准，草拟了回信，并交给希拉利。美国的回信是用打字机打的，用的是静电印刷术复制的信笺，上端不印什么字样，没有写签名，也没有打上美国政府的水印图案。回信告诉毛泽东、周恩来，美国准备在北京举行高级会谈以讨论"包括台湾问题在内的，存在于中华人民共和国和美国之间

1970年11月13日，毛泽东会见访美之后访华的巴基斯坦总统叶海亚·汗。

的各种各样的问题……"。通过巴基斯坦渠道相互交换信件的办法，成了一种程序，一直进行了好几个月。

■ 毛泽东说，我在和尼克松吊膀子要找红娘

中南海。昔日碧波粼粼的水面已经结了冰，晶莹洁白的冰面将岸边丰泽园那道蜿蜒的红墙衬得更红。墙内四合院中那七棵古柏的枝头依然苍绿。

1970年12月18日上午，在北屋西头的书房里，毛泽东和老朋友斯诺坐在沙发里谈得正酣。书房里摆满了高大的书架，架上摆满了书，有中文书，也有外文书，许多书籍中插有写着注释的字条。大写字台上高高地堆着书刊和手稿。在斯诺看来，这儿更像一位大作家的工作室。

毛泽东一边吸烟，一边和斯诺交谈。他烟吸得很厉害，间或有一两声咳嗽。

斯诺关切地说："主席已经吸了几十年烟了。"

毛泽东端起茶杯，喝了一口水润喉，说："医生劝我戒烟，我戒过，戒不掉。"

"我这次旧地重游，还去了保安一趟。"斯诺说。

"我们是老朋友了，我对你不讲假话，我看你也是不讲假话的。"毛泽东十分坦诚地说。

"是啊。我第一次到保安，还担心村里的农民要'共我的产'，分掉我带去的东西。当我离开的时候，感觉好像不是回家，而是离家了。"斯诺说得也很真诚。

毛泽东笑了："怪不得麦卡锡把你当做'赤匪'。"

"我给女儿起了个名字叫'西安'，表示对红军的祝愿和怀念，就更像'赤匪'了。"斯诺又说。

毛泽东问："我听说，前两年你想来，有人反对？"

"我是写过信的。"斯诺答道。

"在1967年和1968年这两年中，反对你到中国来的那些官们是一帮极'左'分子，他们在一段时间内还夺过外交部的权。但是这些人早都被清除出去了。"毛泽东说。

斯诺说："我记得1965年元月你同我谈话时，曾说过中国的确有个人崇拜……"

毛泽东说："那时的情况是需要更多的个人崇拜。现在就不同了，崇拜得过分了，搞了许多形式主义。比如什么'四个伟大'，讨嫌！在过去几年中，有必要搞点个人崇拜，现在没有这个必要了。"

毛泽东在谈到个人崇拜时是动了点情绪的。他很明白这一点，只有他自己才了解这一切。他让斯诺上天安门看到了个人崇拜，看到了他作为领袖的绝对权威，看到了他在亿万中国人民心目中的形象。他的手臂在天安门城楼上一挥动，人们的情感就会像波浪一样翻腾，甚至不惜在他的指引下去赴汤蹈火。他的声音从中南海的书房里发出来，亿万人民会怀着虔诚的心和激情当做必须绝对服从、甚至超越了法律的最高指示。可是，他的内心却是十分孤独的。在中南海红墙内丰泽园的书屋里，他已经很难单独同什么人促膝谈心、交流感情，没有任何人可以跟他讨论，没有任何人可以跟他辩解，他的副统帅也说得很明

1965年1月9日，毛泽东在书房会见斯诺。

白，只要是他的话，"理解的执行，不理解的也执行，在执行中加深理解"……他的内心活动，只有同像斯诺那样的异国朋友在一起时，才能透露一点儿。他的心是痛苦的，孤独的。

　　历史往往会惊人地重复。1965年，毛泽东对斯诺谈要搞点个人崇拜，是为了让刘少奇下台。这次，讲"四个伟大"讨嫌，尽管斯诺还没有理解其深意，可是历史学家在今天可以据此断定，毛泽东已经觉察了林彪一伙的用心了。他又在考虑林彪是不是"赫鲁晓夫那样的人物"了。

　　在这年3月召开的中央工作会议上，他提出了改变国家体制、不设国家主席的建议。会上大家同意了。可是，4月份林彪又提出设国家主席，并虚伪地建议由毛泽东担任国家主席。毛泽东在林的报告上批示："我不能再做此事，此议不妥当。"此后半年内，他讲了六次不设国家主席，他不担任国家主席。人家就是不听。林彪还是强调不设国家主席，国家就没个头。他警觉了，什么"一句顶一万句"，狗屁！八九月间，庐山会议上，林彪不打招呼，突然在会上抛出

斯诺最喜欢的戴红军帽的照片。

反对所谓"有人否定毛主席是天才"的讲话。陈伯达接着作了吹捧林彪、坚持设国家主席的发言,打乱了议程,引起庐山的一场混乱,"大有炸平庐山,停止地球转动之势"。他识破了这伙人的阴谋,严厉地批评了陈伯达。

"四个伟大"是林彪的发明,毛泽东对斯诺讲"四个伟大"讨嫌,等于点名说林彪"讨嫌"。山南海北,海阔天空,毛泽东和斯诺谈锋甚健。午饭时分,两人在北屋中间的起居室里共进午餐,湘菜的辣味和茅台酒的芬芳使谈话更热烈起来。

"中美会谈,15年谈了136次。"

"名副其实的马拉松会谈。"斯诺说。

"我不感兴趣了。尼克松也不感兴趣了。要谈当面谈。"

"主席愿见他吗?"斯诺问。

"目前中美两国之间的问题,要跟尼克松解决。我愿跟他谈,谈得成也行,谈不成也行。吵架也行,不吵架也行。"

"我看吵架难免,但不要紧。"斯诺说。

他幽默地伸出一个指头,对着斯诺说:"他如果想到北京来,你就捎个信,叫他悄悄地,不要公开,坐上一架飞机就可以来嘛。当做旅行者来也行,当做总统来也行。我看我不会吵架。批评是要批评他的。"毛泽东接着又说,"我们也要做自我批评,就是讲我们的错误、缺点了,比如,我们的生产水平比美国低,别的我们不做自我批评。"

斯诺曾与罗斯福总统有来往,而与尼克松没有交往,可是深知尼克松反共的极右立场,因而问:"尼克松会来吗?"

毛泽东说:"尼克松要派代表来中国谈判,那是他自己提议的,有文件证明,说愿意在北京或者华盛顿当面谈,还神秘得很,提出不要公开,要守秘密啊!"

快分手时,毛泽东说:"我早就对你说过,中美两国总要建交的。中国和美国难道就一百年不建交啊?一百零一年还不建交?我就不信。我们又没有占领你们那个长岛。"

这次谈话长达5个小时,直至午后1点。他已经很久没有对象来和他进行敞开肺腑的谈话了。一谈就是5个小时,几乎是他晚年与人交谈时间最长的一次。

送走斯诺后,毛泽东还沉浸在谈话激烈的波澜之中。他曾风趣地对身边的工作人员说:"你知道吗,我在和尼克松吊膀子,要找红娘啊。试探气球放过之后,我还要创造条件,现在就是在搞火力侦察。这一排子弹放出去,对方会待不住的。"

毛泽东说的"火力侦察",是指试探如何突破中美关系的僵局。斯诺把这次具有历史意义的谈话记载成文,以《同毛泽东的一次谈话》为标题,发表于1971年4月31日出版的美国《生活》杂志。美国几家通讯社抢先几天发表了斯诺文章的摘要。毛泽东对斯诺的谈话,不仅在美国,在国际上也引起了巨大的反响,成为轰动全世界的新闻。国际新闻界以它特有的敏感,意识到这次谈话对历史转折会产生伟大的影响,纷纷将此事列为头条新闻。联邦德国报纸以通栏标题发表了消息。罗马尼亚电视台播发了毛泽东会见斯诺的照片。日本《朝日新闻》认为"中国又向世界投出一颗新'炸弹'。"南斯拉夫报纸说:"这是一个最重要的

晚年病中在瑞士的斯诺

声明，因为它证明北京决心使它同华盛顿的关系在较短时间内正常化。"日本《读卖新闻》也清醒地意识到毛泽东的讲话始终坚持了不准干涉中国内政的坚定原则，它评论说："毛的谈话表示了灵活的姿态，但没有人认为中国会放弃'一个中国'的大原则，甚至会在台湾问题上妥协而同美国解冻。"

尼克松政府迅速作出了积极的反应。这年 4 月 26 日，也就是在美国的通讯社抢发斯诺文章摘要的当天，美国白宫新闻秘书齐格勒奉总统的旨意在新闻发布会上表示：尼克松总统已经注意到斯诺文章传达的讯息，他希望有一天能够访问中国。

后来，在尼克松正式准备访华时，为他准备的有关中国情况的材料中，就有斯诺的著作和文章的摘要。基辛格也回忆说，为研究中国问题，他极其仔细地阅读了斯诺的著作与文章的摘选。尼克松访华之前，曾写信给定居在瑞士的斯诺，他在信中问候斯诺的健康，对斯诺杰出的人生表示敬佩，并说他将访问中华人民共和国，如果斯诺能作为他的访华特使，他将感到极大的荣幸。

斯诺促成了尼克松的中国之行，他原是准备为尼克松访问北京写一批报道的，但是他没能活着见到这一切，他恰恰在尼克松启程访华的前一星期因病去世了。在他重病期间，毛泽东、周恩来派去了中国最优秀的大夫组成的专家医疗组。由于斯诺所患的癌症已到了无法挽救的地步，中国的大夫们只能尽力减少他去世前的痛苦。

■ 即将实现对华突破时华盛顿刮起了一股"倒基"风

基辛格身体壮实，精力充沛，才华过人，工作拼命，开拓性强，受聘于白宫两年来，确实成了美国第二号炙手可热的权势人物。尼克松对基辛格愈是宠信重用，基辛格愈是大权在握。加上他自负傲慢，目空一切，威风张扬，独断专行，引起了不少人的不满，加剧了白宫内外的权势之争。他同国务院、国会、五角大楼的关系十分紧张，尼克松在白宫的亲信们也对他怀恨在心。甚至在他自己主持的国家安全委员会里，也有不少人难以忍受而离职他去。在美国朝野，关于基辛格的传闻颇多，无人不知。

尼克松与基辛格在议事。

他在野时,横议朝政,把过去的美国外交首脑贬得分文不值;他掌权时,唯我独尊,将白宫内外的同僚视为无能庸人。据说,他以"白宫的灵魂"自居,自夸"要是没有我这个部门,总统简直是光杆司令"。据说,他"对任何人的最高评价就是拿来与他自己相比较"。他有一次这样形容在任的副国务卿理查森,"我认为他在每一个重要方面都是像我一样棒的人"。又据说,在只有坏消息时,他在记者招待会上才不断提到总统;可是,在有好事时,他就很少提到尼克松了。

国务院的官员们对基辛格独揽外交大权的霸道行径愤懑至极。他们在没有事先得到国家安全顾问同意的情况下不敢采取决定性的行动。而基辛格将重要信息透露给苏联政府首脑时,竟把美国驻苏使馆排除在外。美国国务院的所在地叫福吉博顿,在英文词义中,"福吉"是多雾,"博顿"是山谷;人们就用"福吉博顿"作为比喻,暗示罗杰斯的国务院对美国外交政策的影响,就像处于雾中的山谷一样虚无缥缈。

1971年3月间,激化了的矛盾导致华盛顿掀起一股倒基辛格之风。这股风首先是由来自密苏里州的民主党参议员、杜鲁门时期的空军部长赛明顿刮起来的。赛明顿将基辛格比为俄沙皇尼古拉二世的宠臣拉斯普京,说基辛格"除头衔以外在一切方面都是国务卿"。赛明顿说政府患了所谓"基辛格病",要求国会设法进行干预,并且主张对白宫这个"小国务院"每年 230 万美元的经费拨款重新进行审议。尽管对基辛格的攻击来自民主党人,但尼克松政府内阁的高级官员们都在心中暗自叫好。

1971 年 3 月 8 日,白宫的高级工作人员应邀出席在布莱尔大厦举行的宴会,白宫中的公共关系专家劝告大家在同新闻界和公众的接触中,多讲一些关于总统的故事,以反映总统旺盛的精力、敏锐的洞察力、深厚的感情、聪睿和宽厚的胸怀等。

在宴会上,敏感的基辛格神色极为阴郁。他将总统的国内事务顾问约翰·埃利希曼拉到门厅旁边的林肯厅。他关上了门。

基辛格严肃地对他说:"约翰,你一直是我的好朋友。我想让你知道,我打算明天上午告诉总统,我准备立即辞职。"

埃利希曼问:"怎么回事?出什么事了?"

"我要回哈佛去。"他阴沉地说。

"到底什么原因?"

"当然是罗杰斯。他根本什么都不懂,又在破坏总统的外交政策。我不能容忍他这样做。"

埃利希曼劝基辛格晚上睡觉时再考虑一下这个决定,准备第二天上午腾出时间再谈谈。

基辛格决定使用辞职作为威胁的武器。

其实,所谓"基辛格病"的根子在尼克松身上。基辛格与罗杰斯交恶,根子也在尼克松身上。

说起来,罗杰斯同尼克松的关系,实在要比基辛格同尼克松的关系深远和密切。罗杰斯同尼克松有着几十年的深交,可以算得上是尼克松的密友和亲信。早在 1942 年太平洋战争时,年轻律师尼克松应征服役担任海军军官,当年 8 月在罗得岛匡塞特角的海军军官学校受训。同为律师的罗杰斯,与他同班接受军训,这两位年轻的律师就此结下了友谊。之后,尼克松被派到靠近新喀里多尼亚岛的南太平洋战斗空运指挥部工作,罗杰斯则调往太平洋舰队,两人都参加了对日作战。战后,尼克松当了国会议员,罗杰斯在纽约地方法院当检察长,两人结成"莫逆之交"。1952 年,罗杰斯帮助尼克松竞选副总统。罗杰斯后来出任艾森豪威尔总统的司法部副部长与部长时，同副总统尼克松的友谊更深了。尼克松遇事总要同罗杰斯商量。两人时常碰头，无话不谈。尼克松当总统以前经历了所谓"六次危机"，其中有四次是同罗杰斯一起度过的。

尼克松选中罗杰斯来当国务卿，除了罗杰斯跟他有多年私交、可以完全信赖之外，主要是他考虑需要一个能够顺手驾驭，为他忠诚地执行政策的人。罗杰斯只担任过美国出席21届联大代表团的国际法顾问，外交经验不算多；但是，常年的律师生涯使罗杰斯头脑冷静，思路清晰，精于谈判。尼克松对任用罗杰斯作过这样的解释："我们已经进入谈判的时代，我需要世界上最好的谈判者当国务卿。我曾在危机中多次观察罗杰斯，他性格冷静，判断力强，是个出色的谈判者。我可以用他对付世界上的任何人。"

事与愿违，罗杰斯在美国外交上不但不是一个决策者，而且也不是一个重大谈判的主持者。与苏联搞缓和，与中国改善关系，与越南进行秘密谈判，在这些重大问题上，罗杰斯几乎都插不上手；只是因为基辛格是犹太人，尼克松觉得不便让他与阿拉伯领导人接触，才让罗杰斯去解决中东停火问题。尼克松既然把外交大权从国务院转移到白宫，对基辛格委以全权重任，形成一个以白宫为核心的"尼—基外交"主轴，罗杰斯和国务院只好扮演二等角色。即使尼克松并非有意冷落罗杰斯，也势所必然地要更多地在外交上倚重基辛格。

其实，尼克松与基辛格并不亲密，彼此的关系只是客客气气的，属于公事往来，相互守礼。对于基辛格的毛病，尼克松看在眼里，有时顶多在自己的亲信面前抱怨一两句。在尼克松看来，基辛格这个足智多谋的哈佛教授，显然要比亲信至交罗杰斯更为重要。基辛格可以为尼克松热衷于搞的一系列创新外交提供一套完整的理论基础。把意识形态撇在一边，把实用主义置于道义原则之上，在全球实行讲求实效的外交。这些新想法很对尼克松胃口。在外

罗杰斯国务卿

交风范上，两人都热衷于唯我独尊，不信任官僚机构，酷爱保密，喜欢事先不透露意向，而一下子端出既成事实，突如其来，出奇制胜。

尼克松执政以后所优先考虑的同苏联搞缓和及打开通向中国大门的美国外交政策，在1969年与1970年，经过艰辛的努力已经奠定了基础。在1971年，也就是他上台的第三个年头，有种种迹象可以预期美国在与朋友和敌人的关系上会出现大转化。尼克松在2月25日对国会作的外交政策报告中，用长达225页的篇幅对此作了描绘。在这份报告中，他告诉北京，美国准备采取什么行动，"中华人民共和国正在要求充当世界上欠发达地区的领导。但是，为了使那样的要求取信于人并行之有效，共产党中国必须实行开放，同外部世界接触。双方都需要结束大陆中国同外界现实的隔绝，从而结束变化脱节的状态……"

在美国的官方文件中对中国使用中华人民共和国的正式名称，这还是第一次。

不久前，罗马尼亚驻美国大使科梅利·博丹来白宫宣读了一封周恩来的信件，除了重复说欢迎美国派一位特使到北京谈判外，还透露了一个全新的信息。这个信息说，尼克松总统既已访问过布加勒斯特和贝尔格莱德，那么他在北京也会受到欢迎。

这个信息使尼克松受到鼓舞。它预示在不太长的时间里就会有惊人的突破。他指示国务院采取措施，尽快宣布取消使用美国护照去大陆中国旅行的一切限制。

正在这时，华盛顿刮起了"倒基风"。基辛格也以辞职相威胁，几次喊着要回哈佛去。尼克松执政头两年对外交政策的调整，尽管是他本人提出并亲自掌握的，可是也渗透着基辛格的心血与智慧，与基辛格满腔热情的执行分不开。

尼克松当然不愿前功尽弃。他出来给基辛格撑腰了。至少是在他的默许下，基辛格本人给白宫办公厅主任霍尔德曼发出的一份最后通牒说："必须停止对基辛格的一切直接或间接的攻击。攻击亨利·基辛格就是攻击总统。"

尼克松还通过新闻秘书齐格勒对参议员赛明顿进行了批驳。把赛明顿的攻击说成是"混淆视听，完全不正确的和不公平的"。齐格勒以和事佬的安抚口吻表白说："尼克松对国务卿和国务卿的判断有最大的信任。"在尼克松的支持下，基辛格更是飞扬跋扈、无所顾忌了。

卷 八	**小球推动大球**

■ 毛泽东一夜之间又改变了决定

1971年4月6日这一天，因为阴天，天黑得快。中南海丰泽园北屋西头的书房里早就亮着灯。柔和的灯光洒在大写字台桌面上。已经用得光滑发亮的镇纸下压着一份请示报告。这是外交部和国家体委联合送来的关于不邀请美国乒乓球队访华的报告。

报告上，周恩来已经写了"拟同意"三个字，又在旁边用铅笔添上了一段话："可留下他们的通信地址，但对其首席代表在直接接触中应表明，我们中国人民坚决反对'两个中国'、'一中一台'的阴谋活动。"

报告是4月3日打的。此时，在日本名古屋，第31届世界乒乓球锦标赛正在紧张地进行着。

一天前，毛泽东批准了这份不邀请美国乒乓球队来访的报告，但没叫人退给下面，而是还压在桌面上。这两天，他为此睡不着，反复思考着，直至4月6日这天下午。眼看着明天世界乒乓球赛就要结束，各国球队都要打道回国了。他这才让秘书将他的态度通知外交部。此时，世界乒乓球锦标赛各个单项的决赛或半决赛正在进行。

而在4月6日下午4点半，住在藤久观光旅馆的中国乒乓球代表团已经接到了国内的指示："……可以告诉美国队，现在访华的时机还不成熟，相信今后会有机会。可留下他们的通信地址。但对其首席代表在直接接触中应表明，我们中国人民坚决反对'两个中国'、'一中一台'的阴谋活动。"指示还说，由于同样的原因，加拿大队领队沃尔登先生的美国籍女友不宜在此次来华。

接到了国内的明确指示，代表团负责人赵正洪和宋中作了商量，决定立即通知沃尔登及其女友纽伯格女士。至于美国队访华的事，他们只是口头表达过愿望而从来没有正式提出过要求，也不必为此专门前去告知，等到在哪儿相遇

从延安时代到进城后,毛泽东一直爱打乒乓球。

时打一声招呼即可。邀请美国乒乓球队访华的事已经作罢,画句号了。

可是,毛泽东还将这份报告留在他的写字台上,并没有让秘书拿走归档。这就说明这件事还是他思维的焦点。夜深人静,他特别容易进入心理学所说的脑细胞兴奋状态。在战争年代,常年在深夜守着电台,收听各部队、各地区的汇报,根据情况的发展变化,又绞尽脑汁、运筹帷幄、作出新的部署。久而久之,成了习惯。胜利后进了京城,也经常在深夜工作或是开会决策国家大事。

他的思绪活跃着。20天前,周恩来亲笔写来报告,请示派我国乒乓球代表团赴日本参加世界锦标赛问题。鉴于西哈努克的柬埔寨王国政府向我提出不承认朗诺集团有权派球队去名古屋参加乒乓球比赛,提议驱逐他们,周恩来写报告提出我国乒乓球队在名古屋比赛的方针。他批示了:照办。我队应去,要准备死几个人,要一不怕苦,二不怕死。比赛快要结束了。看来,尽管有日本右翼反动势力进行捣乱,死人的事并没有发生。想不到却发生了美国乒乓球队表示想来华访问的事。他跟斯诺说过,寄希望于美国人民。

　　天亮后就是 4 月 7 日了。这是锦标赛的最后一天,所有的冠军都将在今天决出来。想来中国访问的美国乒乓球队,到了与中国一衣带水的日本,已经近在咫尺了。他从今天下午——不,应该说是从昨天下午——送来的《大参考》上,从登载世界各国通讯社从日本发出的电讯稿中,了解到我们的世界冠军跟美国乒乓球员科恩交朋友的消息。19 岁的格伦·科恩是洛杉矶圣莫尼卡的一个大学生。他从一个练习馆搭车到锦标赛体育馆去,恰巧搭上的是中国队的车,大轿车上有 20 多名中国运动员。他是个嬉皮士,留着长发,满车中国人吃惊地望着他。他觉得很尴尬。世界冠军庄则栋对他很友好,站起来表示欢迎说:"我们中国人民和美国人民一直是友好的,今天你来我们车上,我们大家都很高兴。我代表中国运动员欢迎你,送你一件礼物。"他接受了庄送的礼物——一件漂亮的

晚年任解放军 301 医院副院长的吴旭君和丈夫徐涛在家中合影。

中国山水织锦。他甚至同庄照了相。他也拍了一些中国选手练球、打球的照片。这个科恩还讲，如果他们邀请我去中国，我愿去。他还回赠了一件带有和平标志的短袖衫给庄则栋，别上了美国代表团的纪念章。庄则栋接受了。科恩对记者们说，中国运动员非常友好……

一个中国运动员与一个美国运动员的来往，竟然引起西方新闻界如此关注，纷纷花了不少篇幅详加报道。连正在莫斯科召开的苏联共产党第24次代表大会的新闻都比不上这两个运动员交往的新闻引人注目。

毛泽东听人念着《大参考》，思考着。他让念《大参考》的同志将庄则栋与科恩的这条花絮原原本本念了两遍。听完，他笑着称赞说："这个庄则栋，不但球打得好，还会办外交。此人有点政治头脑。"

周恩来在午夜前来过，谈起了巴基斯坦渠道和罗马尼亚渠道传来的信息，还谈到了美国国务院3月15日宣布取消对持美国护照去中华人民共和国旅行的一切限制，并说今后只要有正当目的，均可到中国访问。白宫新闻发言人在情况介绍会上提请大家注意这个决定，说："我们希望对方会有互惠的行动，但我们不会因为无此行动而裹足不前。"联系到2月底尼克松在对外政策报告中表示"准备与北京对话"，称"美国准备看到中华人民共和国在国际大家庭中起建设性的作用"，毛泽东感到，中美关系已经进入了一个关键的转折关头。美国人想到中国来，已经是明摆着的事实，这在一年以前简直是不可想象的。不但是总统想来，就是乒乓球队也想来，中国将作出什么反应呢？

该让谁先到中国，让尼克松总统？让那个犹太教授基辛格？还是让这群已经到了门口的球员？

毛泽东面临决策。

周恩来还汇报了外交部和体委的头头讨论邀不邀请美国乒乓球队访华的分歧。多数同志认为，主席和斯诺讲过，欢迎尼克松到北京，有问题需要跟他解决，现在让美国乒乓球队打头阵未必有利。少数几位同志持相反意见，认为现在未必不是时候，要是邀请美国队访华，有利于中美两国人民友好交往的势头。

毛泽东深思着，沉默着，周恩来告辞了。

让美国乒乓球队打头阵有何不可？它将为尼克松或是他的特使来北京创造一个良好的气氛。这是打开中美关系局面的一个非常好的时机。

他感到，有时真理往往在少数人手中。外交部与体委打那个报告是老一套，是按老规矩办事，根本看不到当前情况的变化。当然，这是指外交部，体委不能怪它，它不懂外交。外交部应该掌握好这个大局。时机难逢，稍纵即逝。

毛泽东为了这份报告，已经两晚没有睡好。这天晚上，他提前吃了安眠药要睡觉。晚上11点多，他让护士长吴旭君陪他吃晚饭。吃完饭，安眠药起作用了，他眼困至极，伏在桌面上似乎昏昏然入睡了。但他突然说起话来，嘟嘟哝哝的。吴旭君在旁边听了好一会儿才听清他要她给王海容打电话，他低沉而含糊地说："邀请美国队访华。"这句话跟下午的表态截然相反。这是不是毛泽东服了安眠药说的梦呓？护士长吴旭君当时在场，她亲眼看到、亲耳听到毛泽东在这个问题上180度大掉头的经过。下面引自她亲笔写的回忆文章——

> 我一下子愣了。我想，这跟白天退走的批件意思正相反呀！再说，还有十几分钟就到4月7日，世乒赛已经结束了。说不定外交部早已把意思传给了美国人，人家已经回国了。假如我按毛现在说的去办，显然与已经批过的文件精神不符合，完全有可能会办错。毛平时曾交代过，他"吃过安眠药以后讲的话不算数"。现在他说的算不算数呢？我当时很为难，去也不是，不去也不行。你想，假如我把毛的意思传错了，人家美国队真来了，怎么办？更糟糕的是怕第二天毛睡醒过来后说没说要这么办，那还了得？我岂不是"假传圣旨"？可一想到这些天他苦苦思索中美关系，关注世界对我们派球队的反应，又觉得很可能他在最后一刻作出了新决定。我如果不办，误了时机那也不行。怎么判断？怎么办？我又无人再请示，又不能说："主席，你给我写个字据，免得你不承认。"当时，也没有录音机。再说，即使有录音机，谁敢录音呀！请与不请，只有一字之差，办对了是应该的，办错了后果不堪设想。我当时只有一个念头：我必须证实毛现在是不是清醒，怎么证实呢？我得想办法让他再主动讲话。

于是，吴旭君故意装作若无其事，继续吃饭。过了一会儿，毛睁开眼发现吴还在吃饭，就催她："你还在吃饭呀，我让你办的事你怎么还不去办？"吴

中南海毛泽东的卧室。

旭君故意大声地问:"主席,你刚才和我说什么呀?我净顾吃饭了,没听清楚,你再说一遍。"吴旭君用小聪明让毛泽东复述刚才的指示。吴旭君是这样记述的——

> 于是,毛又一字一句、断断续续、慢慢吞吞地把刚才讲的话重复了一遍。我还是不太放心,反问他:"主席,白天退给外交部的文件不是已经办完了吗?你亲自圈阅的,不邀请美国乒乓球队访华了。怎么现在又提出邀请呢?你都吃过安眠药了,你说的话算数吗?"我急着追问。
>
> 毛向我一挥手说:"算!赶快办,要不来不及了。"
>
> 听了这话我真急了,拔腿就往值班室跑,去给王海容打电话。电话通了,我把主席的决定告诉她。她听完之后也急了,在电话里大声喊道:"护士长,白天你们退给外交部的批件我们都看了,主席画了圈的,怎么到晚上又变了呢?"
>
> "就是变了!"
>
> "他吃过安眠药,这话算不算数?"

乒乓外交时的毛泽东，护士长吴旭君在其身旁。

"算！"我肯定地说。

"你怎么证明真算数？"

"我又反复问过了，赶快办，要不然来不及了。"我也冲着电话大声嚷。时间马上就到午夜12点了。

"哎呀！现在都快12点了，说不定有些国家的代表团已经提前走了，美国队走没走我还不知道呢，得赶快想办法抓住他们。我马上办！"

天知道可怜的王海容那一夜会忙成什么样子。

通完电话，我赶紧跑回去，只见毛泽东仍坐在饭桌前，硬撑着身体。见我进来，他抬起头看着我，等待着。

我把刚才的情况向毛作了汇报，听完以后他点头表示："好，就这样。"

然后，他才上床躺下。这消息比安眠药还灵。

第二天毛醒后刚一按电铃，我迫不及待地大跨步第一个跑进他卧室去，要和他核对这件事。我真怕他说："我不知道，我什么也没说。"

"主席，昨晚你叫我办的事你还记得吗？"我问。

"记得清清楚楚。"毛说。

"你说清清楚楚指的是什么？"

"瞧你紧张的样子！"毛并不着急。

"你快说呀！"

"当然是邀请美国队访华。"

听到这句话我才长长地出了一口气，膨胀了一夜的脑子都快炸了，这时才松了下来。我对毛笑着说："唉，主席，你可真行。你的决定突然转了个180度。你睡了一个好觉，吓得我一夜都没睡。"

毛咯咯地笑出了声。他说："你这个人呀，已经为中国办了件大事，可是你自己还不知道呢。"

■ 中国人发出的邀请轰动了世界

中国人邀请美国乒乓球队访华，把美国惊呆了，让世界轰动了，成了举世瞩目的重大事件。4月7日上午10点半，美国乒乓球队的副领队拉福德·哈里森遇到中国代表团的负责人宋中，宋中向哈里森转达了正式邀请。惊喜的哈里森当即从下榻的皇宫饭店往东京美国驻日使馆打电话，询问有关护照问题。美

尼克松高兴的样子

国驻日大使阿明·迈耶不在,接电话的使馆官员威廉·坎宁听说后当场表示,建议哈里森接受邀请。因为大使馆已经接到通知,国务院已经宣布总统决定取消对持美国护照到中华人民共和国旅行的一切限制。坎宁的理解是美国政府希望和中国改善关系,自然可以建议美国球队接受中国方面的邀请。

坎宁打罢电话迅速找到了迈耶大使汇报。迈耶觉得事关重大,应该告诉华盛顿,这样可以给华盛顿一个机会,对建议中的访华旅行可以给予鼓励或者加以阻止。大使馆给美国国务院发了一份加急电报。

此时,东京正午刚过,华盛顿已是午夜。接到电报的罗杰斯国务卿不敢怠慢,署上意见后当即送往白宫。意见写道:"虽然我们还无法断定到底是怎么回事,这个邀请的用意起码有一部分是作为回答美国最近采取的主动行动的一种姿态。"

尼克松看了电报,喜出望外,马上批准美国乒乓球队接受邀请。中国人的主动行动以他意想不到的方式进行着。这个行动包含了什么样的信息?美国应该作出什么样的反应?

尼克松连夜将内阁成员召来,召开国家安全委员会特别会议。在开会的人员到来之前,尼克松嘱咐基辛格作一下准备,在会上就对华新政策作一个概述。尼克松也没有忘记嘱咐基辛格,关于与中国在秘密渠道的信件来往及美国的做法不能透露,只能让必须知道的人知道。

基辛格读了电报,也受到震撼。他的感受更为深沉、复杂。他这个学富五车、以高傲自信著称的人,也不能不惊叹中国人行动的高明。如果说,从1969、1970年中美两国的外交"小步舞"使他觉得对手也是懂外交的话,中国人今天这一招更使他觉得对手的不凡。他隐隐约约地感到他面对的是一个外交巨擘。他在这一场复杂的外交围棋赛中遇到了一个高手。那些庸俗肤浅之辈导演不出这样的外交杰作来。他不由得产生了与之较量一番的兴奋。

等一会儿，他将奉总统之命阐述美国的对华新政策。要知道，两年多以前，也就是1969年年底，他受聘来到白宫以前，并不是一个中国通。关于中国的知识，无论是基本知识还是对细微变化的鉴别能力，他都一窍不通。甚至，他连中国的筷子都不会用。

他读过几本毛泽东的哲学和军事著作。他在1957年出版的成名作《核武器与对外政策》中，摘引过毛泽东的一些警句，但是，书中对"中苏战略思想"的分析，还是套用了杜勒斯的冷战观点，把中苏当成"铁板一块"。1964年10月，中国爆炸了第一颗原子弹，把基辛格吓了一跳。他感到中国就要怒气冲冲地对全世界进行侵略了。而1966年发动的"无产阶级文化大革命"，在基辛格看来简直是无法无天、不可思议，八亿中国人简直是疯了。中苏分歧公开化以后，他开始同情苏联人，认为中国人更好斗，更富于侵略性。

在尼克松的督促下，在接触与处理中国问题的具体过程中，基辛格的观点开始逐渐转变。到1969年8月，随着对中苏边境冲突的分析，他才觉得俄国人进攻中国的可能性大大超过中国人进攻俄国的可能性。他这才意识到，过去认为中国人头脑发昏、缺乏理智、竟准备去进攻力量强于自己的苏联，那是看错了。从历史的角度看，中国也未曾扩张版图，侵略他国。经过好几次微妙的外交来回，他领悟了中国人的信息微妙，往往是言辞激烈，而行动沉着。他从中感到，对手是善于分析国际形势的行家，深谙均势之道，懂得各种力量处于经常变动状态，必须随着情况的变化而不断进行调整……

基辛格改变观点虽说晚了点，却对新中国有独到的认识。他向往着飞往中国——在乒乓球队访华之后，作为总统特使飞往中国。他预感到这个日子在迫近。使他得意的是，在他得到的消息中，中国的官员已经在向外国驻北京的使节打听他基辛格了。据说，他们对这位哈佛教授怀有敬意，他们看过他的书，他们放出风来："愿意见见基辛格，同这位高手较量较量……"

内阁会议室里灯火通明，该到会的成员都连夜赶来了，国家安全委员会特别会议就要开始了。基辛格收拾好文件，走进会议室。他慢条斯理、胸有成竹地坐下,刚放下文件夹子,尼克松就从连接总统椭圆形办公室的那个门走进来。总统的气色显得格外的好。

■ 周恩来收到大洋彼岸一位母亲送来的红玫瑰

驻北京的绝大多数西方外交官都期望着能够见到这位久负盛名、魅力迷人的总理。可是,他们来到北京好些年了,都还未能实现这个愿望。只有个别人因为特殊的背景而获得周恩来的接见,例如法国驻华大使艾蒂安·马纳克。4月14日,周恩来在人民大会堂亲自接见了美国乒乓球队的全体成员与随团记者。这真使驻京的西方外交官们羡慕死了。况且,连在京的加拿大、英国、哥伦比亚、尼日利亚四国乒乓球代表团成员也同时获得接见。明眼人一看就明白,借用中国一句老成语,这叫"陪太子读书"。

这天下午2点半,周恩来面带微笑在人民大会堂东大厅会见美国乒乓球队代表团。随团采访的美联社驻东京记者罗德里克在周恩来来到美国代表团座席跟前时,想了一个花招,以一种弯膝半蹲的姿势,有意识引起周恩来注意。罗德里克曾在40年代访问延安时见过周恩来。

周恩来素以惊人的记忆力著称,他马上认出了罗德里克,并走过去首先跟

1971年4月14日,周恩来在人民大会堂会见访华的美国乒乓球代表团。

美国记者罗德里克与毛泽东在延安。

罗德里克握手："这不是罗德里克先生吗？我们好久没见面了。"两人紧紧地握手。56岁的罗德里克因为周恩来在相隔多年之后还认得出自己，十分感动，激动地紧握着周总理的手。周总理盯着他："我记得你在1946年访问延安时还是个青年。"

"我在富丽堂皇的大会堂见到总理，想起在延安窑洞里、在油灯下跟总理促膝夜谈，感慨万千。你们伟大的国家、伟大的革命前进了。""你是历史的见证人哟。"

周恩来与美国代表团成员一一握手后，坐在斯廷霍文团长旁边的沙发上，发表了讲话："你们作为前来中华人民共和国访问的第一个美国代表团，打开了两国人民友好往来的大门。尽管中国和美国目前还没有外交关系，但我相信，中美两国人民的友好往来，将会得到两国大多数人民的赞成与支持。"

美国代表团的成员们热烈地鼓掌。美国乒乓球代表团确实是被当做前来打开中美友好关系之门的外交使节而得到特别接待与隆重欢迎的。

有关美国乒乓球代表团访华的所有具体安排，都在周恩来直接掌握之中。

美国乒乓球代表团全体成员在颐和园合影。

其中比较重要的安排与做法,都由周恩来向毛泽东作了汇报。

有关美国代表团在华活动的消息发布,《人民日报》的版面安排,《参考消息》的报道篇幅,都由周恩来亲自掌握。甚至连美国客人下榻的宾馆,用餐的方式,周恩来也亲自过问。旅游、比赛、看戏,所有的日程也都是周恩来最后决定的。中国的国宝博物馆故宫,在"文化大革命"中关闭了几年。周恩来这次批示:"故宫可在 14 日开放参观。"重新开放的故宫,首先接待美国客人。周恩来十分关注乒乓球比赛,再次提到:"我们都胜不好,要让他们赢一点,还要教他们。"甚至连中央人民广播电台、北京电视台拟好的中美乒乓球友谊比赛的实况转播稿,周恩来也亲自过目,加以修改。美国乒乓球代表团实际上获得的,是打开中美友好之门的外交特使的礼遇。他们这几天的切身感受就能证明这一点。

周恩来问大家:"你们住得怎么样?习惯中国菜的口味吗,还有没有什么问题要提?"

科恩倏地站了起来,他穿了件西装,没打领带,仍是长发披肩。他略微欠

周恩来当场细阅外国记者提供的材料。

欠身子,大声地说:"总理先生,我想知道您对美国嬉皮士的看法。"

斯廷霍文事前叮嘱过这个格外活跃的科恩,要他不要随便拿问题打扰周总理。他焦急地朝科恩打手势,但仍阻挡不住。

大厅里静静的,人们都关心地望着周恩来。

周恩来微笑着打量了科恩一眼,看看他那蓬松飘垂的长发,说:"看样子,你也是个嬉皮士啰。"

周恩来继而把眼光转向大家:"世界的青年们对现状不满,正在寻求真理。

当时美国《生活》杂志大篇幅介绍周总理会见访华的美国乒乓球代表团。

在思想发生变化的过程中,在这种变化成型以前,会出现各种各样的事物。这些变化也会以不同的形式表现出来。这是可以允许的。我们年轻的时候,也曾经为寻求真理尝试过各种各样的途径。"科恩是大学二年级学生,学的是历史和政治学。他原以为在这个最革命的国家,听它的总理评价嬉皮士,一定会听到那种"资产阶级的"、"颓废的"、"没落的生活方式"之类的训词。结果,令他感到意外的是,周恩来并没有用革命的大道理训人,还表示出十分理解当代青年的思想。科恩不由自主地被周恩来所折服。周恩来又将眼光转向科恩:"要是经过自己做了以后,发现这样做不正确,那就应该改变。你说是吗?"

科恩耸耸肩,友好而诚恳地笑着点了点头。

周恩来略略停顿,又补充了一句:"这是我的意见。只是一个建议而已。"

周恩来的这番话,在第二天几乎被所有的世界大报与通讯社报道。4月16日,科恩的母亲从美国加州威斯沃德托人将一束深红色的玫瑰花送给周恩来总

美国乒乓球队员在长城的照片上了《时代》杂志封面。

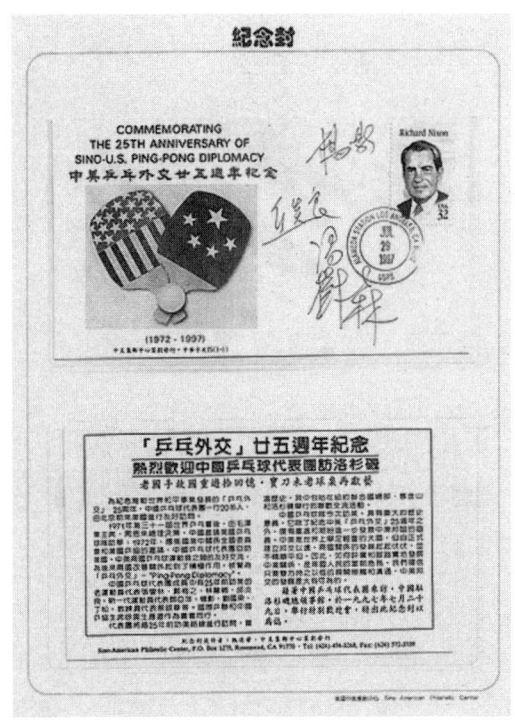

纪念中美乒乓外交的首日封

理,感谢周恩来对她的儿子讲的语重心长的话。事后,基辛格评论说:

这整个事情是周恩来的代表作。跟中国人的所有举动一样,它有许多层意义;描画得光彩夺目的表面是最不重要的部分。对这些美国青年的邀请的最明显的意义是:它象征着中国已承担了和美国改善关系的义务;而更深一层的意义是:它保证——比通过任何渠道发出的外交信息都更有分量——现在肯定将被邀请的使节将来踏上的是友好国家的国土。……由于这些选手不可能代表某一种政治倾向,这做法更加具有吸引力。这样中国就可以在根本不可能刺激美国评论界的情况下表明它的真意。……在中国内部,这有助于使党政干部适应方针上即将发生革命性变化。

被称做"乒乓外交"的这段历史,充分展现出了周恩来外交艺术的智慧与才华。它达到了炉火纯青的境界。

■ 钓鱼台里成立了一个准备跟基辛格较量的班子

那个时候,不只是北京,在全国几乎所有的城镇,都醒目地张贴着"打倒美帝!打倒苏修!打倒各国反动派!"、"全世界人民团结起来,打倒美帝国主义及其一切走狗！"的标语。这些标语表明美帝国主义是中国人民不共戴天的仇敌。在军队或是民兵的靶场，打靶的目标往往被画成尼克松的漫画像——长而歪斜的尖下颌，长而斜翘的鼻子，靶心就是尼克松画像的胸口。不少子弹射穿过他的胸膛，不少刺刀戳穿过他的躯体。不少文艺节目中，尼克松是被描白了高鼻子的丑角，戴着写有 USA 的高礼帽，在怒不可遏的工农兵演员的声讨声中，手脚发颤，满地打滚。那个时候，大凡跟美国有关系的人（这个关系包括有亲戚在美国、自己在美国留过学或者在美国逗留过、与美国人有通信往来、甚至英语说得好）都被视为"特嫌"（即特务嫌疑）而受到敌视与审查。还有的人因为好奇心强或是求知欲旺而用短波收音机收听过"美国之音"的广播节目，就被当做"收听敌台广播"论罪，轻的监督劳动或是下放改造，重的被关进监狱，判以徒刑。

那个时候，对美国的认识，必须统一在一种规范化的标准里即美国是帝国主义，是"纸老虎"，外强中干，不打不倒，一打就倒。美帝国主义是最凶恶的敌人，是垂死的、没落的、腐朽的资本主义发展的最后阶段。他们死到临头了，就要拼命挣扎，与中国人民与世界人民为敌。官方不允许有除此之外的别的认识。如果有，那就是阶级敌人炮制出来蛊惑人心的异端邪说。

那个时候，如果有某个智商高的人预测未来，说中国要和美国友好，说要欢迎尼克松来华访问，"作为总统来也行，作为旅游者来也行"；那么，此人肯定会被当做"疯狂的阶级

现在的钓鱼台国宾馆正门

敌人"打倒，要全党共诛之，全民共讨之。

这些话只有由毛泽东来说，才另当别论。毛泽东是全国人民最信赖的伟大领袖。他的革命坚定性是不容任何人置疑的。他说的就是真理，就是"不理解也要执行"。所谓不理解就是因为你水平太低，理解不了领袖的思想。

毛泽东几十年的经历证明他是最革命的无产阶级领袖。尼克松几十年的经历同样证明他是最反共的资产阶级代表人物。历史的发展使这两个处于所谓最革命的极端与最反动的极端的人物要进行友好的会晤。

为使这个转变不至于过于突然，不至于使中国广大人民心理承受不了，周恩来通过"乒乓外交"先下了一场毛毛雨。尽管《人民日报》以精心安排的极有限的篇幅、极不显眼的位置报道了美国乒乓选手的活动，但广大中国人仍以吃惊的眼光注视着。它激起的心理波澜很快就使人们适应了、接受了——中美两国人民是要友好相处的。但关于尼克松来访的吹风与转弯子，就要艰难得多。尼克松到底是美帝国主义的"反动头子"啊。好在毛泽东在"文化大革命"中强调的个人崇拜也有它的好处，只要说清楚是毛主席的英明决定与战略决策，亿万人民是会在执行中理解它的。

为接待尼克松与基辛格访华而成立的工作小组，在毛泽东批准后，在周恩来亲自领导下开始工作了。

尼克松是总统，来北京当然得住钓鱼台国宾馆，当然是下榻于钓鱼台最高级的18号楼——平时接待国家元首的楼。工作小组按周恩来的指示也住进了钓鱼台4号楼。工作小组的成员由周恩来亲自选定，报毛泽东批准。主要成员有叶剑英、姬鹏飞、黄华、熊向晖、章文晋、王海容、唐闻生、冀朝铸等。工作小组的纪律很严，不准记录，不准泄密，不准对任何人谈论。在基辛格第一次访华之前，小组成员住进钓鱼台后就不准回家。对于会谈中可能涉及的所有问题，工作小组的同志们都作了讨论，搜集了资料，准备了多种方案。

周恩来经常亲自参加一些具体的讨论，并亲自检查警卫部署和接待工作，制定了安全保密、周到有礼、万无一失的方针。

十分有戏剧性的是，钓鱼台也是"中央文革"的大本营，江青住在11号楼，张春桥、姚文元住在 16 号楼。钓鱼台，这个往日十分寂静的乾隆皇帝的旧行宫忙碌起来了。据说，有一次，毛泽东听完对美工作小组的汇报后，还饶有兴致地说："你们住在这个行宫里，有没有看到乾隆皇帝在一块石刻上刻的题钓鱼台诗？诗中有这样的句子。"他随即用湖南腔吟哦起来，"'众乐康衢物滋阜，由来诸事在人为。'连乾隆皇帝都懂得事在人为。我们现在所为的事，我们有的同志、有的朋友也许会不理解，想不通；我看只有后人才能明了它的深远意义。"

■ 林彪说："跟美国人勾搭要栽跟头的。"

6月中旬的一天，住在钓鱼台的江青给毛家湾的女主人叶群打了电话。江青说，她几天前给林副主席拍的那张学习毛主席著作的照片扩印出来了，效果很好。林彪读毛主席著作的神态很专注、生动，她准备给这幅照片起名为"孜孜不倦"，要在《人民画报》作封面发表。叶群以十分谦恭的语调感谢江青的帮助和关心，说这张照片也要安排在《解放军画报》的封面上。

外面的风声越来越紧，作为中国第二号人物的林彪，感到有一张无形的网对他越收越紧。他所住的毛家湾，围墙高大、青砖到顶，围墙的四角有全副武装的警卫战士 24 小时站岗，真可谓戒备森严了，但他还是感到不安全。现在是一个关键的时刻，江青出面来支持他、突出他，他至少表面上是十分感谢的。

"文化大革命"搞起来后，住在钓鱼台 11 号楼的江青与毛家湾保持着热线联系。在 1970 年夏天的庐山会议上，陈伯达在"称天才"的问题上阴谋败露，叶群和林彪的"四大金刚"黄永胜、吴法宪、李作鹏和邱会作的表演也受到严厉的批判。林彪精心策划的用和平手段抢班夺权的阴谋，很快就被毛泽东识破与戳穿了。虽然会上没有对林彪进行公开批判，但是毛泽东在讲话时说了"对林还是要保"，这也是"不点名的点名"，使林彪怵然而惊，感到自己的地位在动摇。

九届三中全会以后，毛泽东和林彪的关系变得紧张了。林彪多少年来苦思焦虑为的是那个最高权力；毛泽东戳穿他们的阴谋后，就是不给权。国家主席也不设了。林彪不得不重新考虑夺取最高权力的方式，他对吴法宪授意说："搞文的不行，搞武的行。"9月7日，林彪、叶群离开庐山，黄永胜、吴法宪、李作鹏、邱会作一起下山为林彪送行。在九江机场的飞机上，由叶群导演，黄永胜、吴法宪、李作鹏和邱会作把林彪拥坐在中间合影留念。同时，还拟定了稳住吴法宪，保住林彪、黄永胜的策略。叶群私下对吴法宪说："你沉着一些……还有林彪、黄永胜嘛，只要不牵扯他们两人。大锅里有饭，小锅里好办。"

1970年10月，林立果看了日本电影《山本五十六》、《啊，海军》，受到感染，对用武力夺权充满了野心，不由得说出："我们也是联合舰队，我们也要有江田岛精神。"于是，将自己的所谓"调研小组"改名为"联合舰队"，并用英语Commander（即司令官）的谐音，给自己取了个代号叫"康曼德"。其他重要成员也取了代号，并将代号报告了林彪、叶群，还增加了人数。

1970年10月14日，毛泽东在吴法宪的书面检查上批示："作为一个共产党人，为什么这样缺乏正大光明的气概，由几个人发难，企图欺骗200多个中央委员，有党以来，没有见过。"第二天，10月15日，毛泽东在叶群的书面检讨上批评叶群："'九大'胜利了，当上中央委员不得了了，要上天了，把'九大'路线抛到九霄云外。""不提'九大'，不提党章，也不听我的话，陈伯达一吹就上劲了，军委办事组好些同志都是如此。"11月3日，毛泽东又对黄永胜进行了严肃的批评。接着，12月18日毛泽东会见斯诺时说："什么'四个伟大'，讨嫌！"还将这个讲话批给全党阅。

1971年1月24日，周恩来在党中央华北会议上，就陈伯达问题作了长篇讲话，并宣布党中央对北京军区进行改组。

这就使林彪更为惊惶。3月21日，林立果的"联合舰队"在上海巨鹿路某密室召开秘密会议，研究对策，议定争取"和平过渡"，做好"武装起义"的准备。"舰队"骨干空军司令部办公室副主任周宇驰说，如果"和平过渡"不可能就"提前接班","把毛主席软禁起来谈判,也可以把毛主席害了,再嫁祸于人"。商量好马上做两件事,一件事是成立"教导队";另一件事便是根据林彪的意思,定出武装起义的计划来。林立果说:"我看就叫'571','571'是武装起义的谐音。"遂把武装起义计划定名为"571工程"。

正当他们为"571工程"的最终实施进行各种准备时,毛泽东又两次批评中央军委办事组不争取主动,"一错再错,根本不批陈"。接着毛泽东于4月份派李先念参加中央军委办事组。4月15日,举行有中央、地方和部队负责人参加的"批陈(伯达)整风汇报会"。林彪顿觉摸不着头脑,更是惊恐不安。当天下午,在北戴河的林彪叫叶群打电话给吴法宪,要黄永胜、吴法宪每日通报一次会议情况。会上有人揭发了吴法宪在庐山的活动,还讨论了黄永胜、吴法宪、叶群、李作鹏、邱会作等人的书面检讨。4月19日,林彪与叶群赶忙坐飞机赶回北京。

林彪还看到"二月逆流"中被打下去的老帅老将们又活跃起来了。毛泽东把调查陈伯达历史和家庭情况的任务当面交给了周恩来和叶剑英。毛泽东还责问为什么不给陈毅看文件,恢复了让陈毅看外交部文件的权力,盛传陈毅即将复出。

林彪对周恩来更是怀恨在心。周恩来受到毛泽东器重,主持"批陈整风",与林彪的一伙人针锋相对。林彪已经感觉到毛泽东张开的网越收越紧。

他刚刚独自吃过晚饭。吃的是麦片稀粥,煮黄豆及素白菜,倒是十分简朴。他吃饭时和饭后半小时,规定不和任何人讲话,担心出汗。他患的病叫"神经性毛孔扩张症",就是不能出汗。他不愿见人,或是不愿出席某个会议,就常常借口"出汗了",也就是"病犯了"的意思。

叶群接到江青的电话时,林彪刚吃罢饭。叶群没有马上来通报。大约过了半小时,林彪端坐在卧室靠东墙的扶手沙发上,沐浴在一种他喜欢的幽暗的灯光下,光秃秃的脑袋搁在沙发背上,眼睛半闭半睁。秘书在用清晰而和缓的声音给他讲中央即将召开工作会议的通知,讲周恩来同志即将在会上吹风,介绍中美即将举行会谈。他听着,心里十分反感,我们怎么能跟美帝国主义搞在一起?!关于召开6月中旬的吹风会,他记得周恩来在5月29日写过一个报告,是写给毛泽东和他的,汇报中美之间接触的情况及即将准备的会谈。周恩来建议要召开一个吹风会,让中央各部委、各大军区的负责人参加,做转弯子的工作。转什么弯子?!他虽然不同意,还是得批示同意。毛泽东决定要干的事,哪个人敢不同意?!

叶群这时走进卧室来了,报告了江青的电话,讲照片拍得很好,要用做《人民画报》的封面。叶群示意秘书可以走了。秘书退出林彪卧室之后,叶群问:"101,吹风会你去参加吗?"

林彪没有吭声。

叶群发泄不满地唠叨道:"吹什么风?转什么弯子,还不是周恩来大出风头。庐山会议以来,他真神气哟!要跟美国人勾勾搭搭……"

林彪还是没有吭声。

"你倒说话呀?"

"噢,什么?"林彪这才从沙发上抬起头来。

"我问你去不去参加吹风会,我好回话。"叶群说。

"那,露一下面也好。跟各大军区的头头见见面。"林彪停了片刻,又冒出一句。"哼,周恩来跟美国人打交道,要吃亏的,要栽跟头的。"林彪说罢,咳了一声,站了起来,双手背在身后,在卧室里踱步。叶群知道,林彪这时的心情很不好。

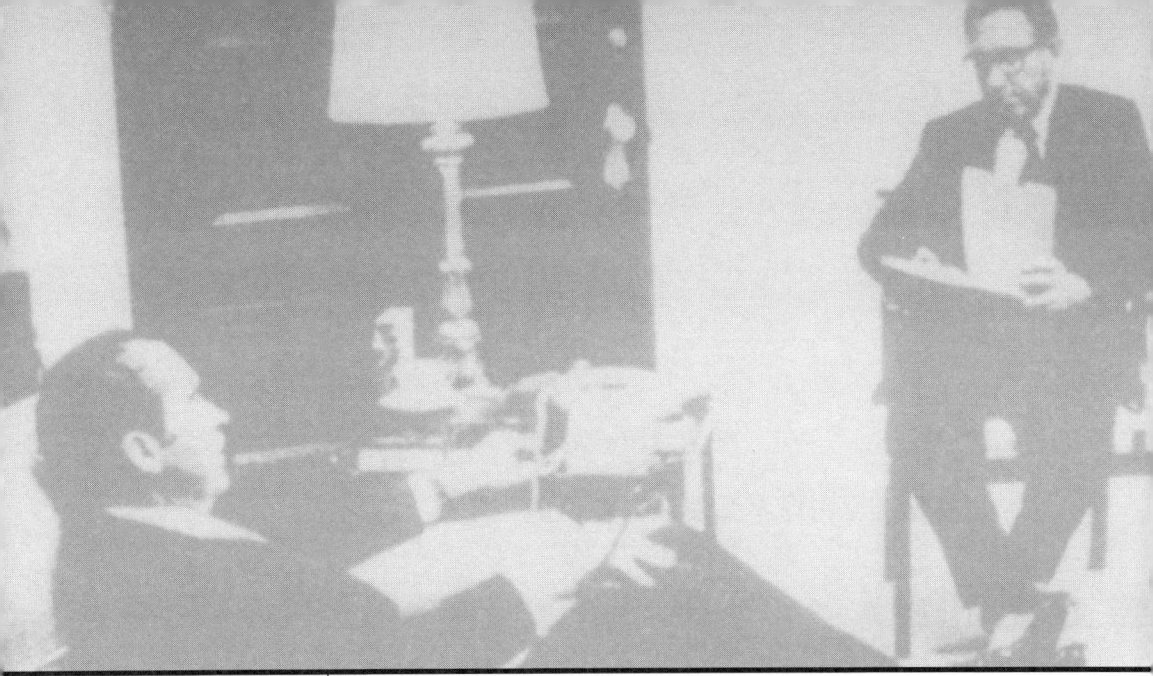

卷 九　　华盛顿精心准备绝密的
　　　　　"波罗行动"

■ 尼克松甚至考虑不派使节，自己直飞北京

在广大美国人看来，有新闻价值的只不过是美国一个乒乓球队出人意料地接受邀请，去封闭已久的"铁幕中国"访问，受到了盛情接待，并且得以使美国球员及记者向公众传达他们对"文化大革命"中的中国的感受。

充分理解周恩来"乒乓外交"举动的全部含义的，在美国只有两个人。一个是尼克松，另一个就是基辛格。因为只有他俩才知道北京和华盛顿之间来往的全部信息。尤其是从巴基斯坦和罗马尼亚两条渠道传来的秘密信件，只有他俩了解。

尼克松甚至想自己前往北京，不派特使了。

尼克松以他几十年来锻炼出来的特有的政治敏锐，预感到中美两国之间即将有某个重大事件发生。他感到兴奋，受到鼓舞。美国乒乓球队是4月10日上午从香港穿过罗湖桥到达中国境内，当天傍晚就乘飞机抵达北京的。尼克松很快就得到了消息。第二天4月11日是星期天，又是复活节。十分注重家庭生活的尼克松和夫人帕特及两个女儿特里西亚与朱莉在一起，外加两个女儿的未婚夫埃德·考克斯与戴维·艾森豪威尔。当全家围坐在西大厅沙发上的时候，尼克松讲起了女儿的婚事，还谈到蜜月旅行。特里西亚和考克斯再过两个月就要结婚了。

他们征询尼克松的意见：蜜月旅行应该上哪儿？如果你是我们，你会去哪个国家？

尼克松仰靠在椅背上，还在想着美国乒乓球队今天在中国该怎样度过。他想了一会儿，然后说："应该去的地方是亚洲。我希望你们在一生中某个时候，最好是早些而不是晚些，能够到中国去，去看看那里的大城市、那里的人民、那里的一切。"

尼克松希望他们能去，其实是他希望有朝一日自己能够去。

4月12日，台湾驻华盛顿的"大使"周书楷由陈纳德夫人陈香梅女士陪同来白宫向尼克松辞行，他就要卸任回台湾去了。周书楷以一种悲凉而复杂的心情，谈到了美国乒乓球队对大陆的访问。他对尼克松说："要采取冷静的态度，对任何这种姿态都不要寄予太大的希望。"

尼克松转开话题，称赞周书楷在华盛顿给人们留下了良好的印象，请他代问委员长和蒋夫人好。

周书楷无可奈何地刚刚告辞，尼克松回到自己的办公室，就批准了基辛格在3月25日（也就是名古屋乒乓球大赛之前）向总统提交的备忘录。这个备忘录规定要在近期采取五项对华政策新措施，以大幅度取消存在已久的对华贸易禁运。

4月13日，尼克松把采取对华政策新措施的决定通知了政府各部门。

4月14日，周恩来接见美国乒乓球队的讲话传到华盛顿时，正好是美国东海岸的早晨。尼克松找基辛格、罗杰斯作了研究，认为美国该做出反应了。中午，尼克松总统通过白宫新闻秘书齐格勒宣布，总统决定采取五项对华政策新措施，放宽对中华人民共和国的货币和航运管制。齐格勒公开承认乒乓球事件对这次宣布的时机是有影响的。

4月16日，尼克松在会见美国报纸主编协会的成员时，仍然处于因为乒乓球队访华引起的兴奋状况之中。他喜不自禁，大谈特谈他使美国和中华人民共和国关系正常化的长远目标，使中国大陆"结束与世界大家庭隔绝的状态"。他还把在复活节对女儿特里西亚和她的未婚夫说的话公开出来，称中国是度蜜月的好地方。他自己也希望去。

可是，他的副总统斯皮罗·阿格纽却对一群记者说，他不同意同北京关系正常化的政策。阿格纽还说，在美国乒乓球队受到邀请的那天晚上召开的国家安全会议上，他就提出过反对意见，认为同中国搞关系会危害美国利益，肯定会破坏美国同台湾的关系。阿格纽说，他的乒乓球打得不错。他又说，美国随行记者对乒乓球队访华的报道糟透了，是在为共产党中国宣传。最使他恼火的是美联社罗德里克的报道。他声称让乒乓球队访华是上当了，是个错误。阿格纽的谈话被4月20日的《纽约时报》披露了出来。

尼克松知道后大为恼火，担心影响中美对话的进程。他命令助手霍尔德曼要阿格纽以后不要再谈论中国问题。白宫新闻秘书齐格勒有意识地在记者招待会上宣称："总统和副总统在美中关系问题上的观点尤其一致。"

阿格纽不再作声了。

"乒乓外交"过去之后，4月21日，尼克松在白宫特别接见了刚从中国回来的美国乒乓球队领队斯廷霍文。他向斯廷霍文保证，对于美国乒协邀请中国乒乓球队访美之事，他一定给予合作。斯廷霍文走后，尼克松独自坐在办公室里，内心又泛起一股不安的情绪。每当重大事件即将来临的时候，尼克松的心情总是很矛盾。阿格纽的反对态度使他产生事情会变糟的预感。同时他又满怀希望，期望着突破给自己带来的一切。他相信自己在推动历史前进。入主白宫以来，他曾经反复思考过：一个有建树的领袖人物应该具备的最重要特征是什么？是美德吗？美德不是使伟大领袖高于其他人的因素。有人品德很佳，但是不那么成功。智力的异彩也不是确定领袖人物的特色。伟大领袖当然必须聪明过人，具有透彻的分析能力和深刻的思想；但是，领袖无须像一般教授一样依照自己的价值观来看待世界，创立学说。他经历过6次危机，遭遇过一败涂地的窘境，他终于从失败的深渊攀上了权力的顶峰。他的经历告诉他，伟大领袖最需要深谋远虑，要果断，要能抓住稍纵即逝的机会，要敢于冒险。他觉得，现在周恩来发出了信号，这就是时机。他甚至担心中国人会在最后的时刻后退。这几天，他忽然产生了一个十分大胆的想法，省掉先派总统使节这个阶段。既然乒乓球队已经起了为他探路的作用，下一步，他为什么不直接由自己出面飞去北京呢?! 当然，他这样想是担心总统的使节出使北京将会产生莫大的轰动，从而使自己的中国之行减色。

尼克松忐忑不安，拿不定主意。他找基辛格来商量。基辛格对中国人已经

1971年，尼克松与陈香梅女士。

有了新的认识：中国人与外国人打交道的经验与学识是以千年的文明史作为背景的，美国人太缺乏与中国人打交道的经验了。基辛格劝告总统："我们现在还没有得到中国人的直接邀请，在准备不足的情况下，总统前往中国访问，未免太危险了。要是吵崩了，在国内外将会产生多大的影响？现在形势往好的方向发展，我觉得总统不必操之过急。"

尼克松觉得也对，微微点头说道："我是担心时间一长，中国人会变卦，又上天安门来一个革命声明，我们就前功尽弃了。"

基辛格胸有成竹："我倒不怀疑中国会变卦，会后退，这是全球力量的格局决定的，也是中国的国家利益所决定的。"

尼克松稍稍宽下心来，还是决定按原计划进行。可是，他焦虑着急的心情有增无减。4月27日上午他和基辛格碰头后，决定派一名信使到巴黎去，通过法国的关系把正式建议传达给中国驻法国大使黄镇。之所以选择巴黎，是因为中国人对巴基斯坦和罗马尼亚渠道保持缄默已经很长时间了，是不是北京对这两个渠道都不信任了呢？

发往巴黎的信还在途中。4月27日这天下午，巴基斯坦驻美大使希拉利来到白宫，带来了周恩来通过叶海亚总统捎来的新口信。口信说，中国人现在对于作为达成和解的直接会谈感兴趣，因此，"中国政府重申愿意在北京公开接待美国总统的一位特使（例如基辛格先生），或者美国国务卿，甚或美国总统本人，以进行直接会晤和商谈。"

周恩来口信的新内容是说公开接待美国去北京的使者。这是尼克松难于接受的。他认为，为了使这个主动行动能有成功的机会，必须完全保密，直到为总统的访问所作的最后安排达成协议为止。如果事先透露风声，保守的反对派就可能在国会里进行动员，破坏全部工作。

这个口信又使尼克松欣喜不已。他花了两三天时间与基辛格讨论派谁去北京参加初步会谈。开始认为美国在巴黎的谈判代表戴维·布鲁斯最合适，一想到中国人不愿意和越南谈判问题搅在一起，就排除了布鲁斯。又考虑到国务卿罗杰斯，基辛格觉得罗杰斯几乎没有办法秘密前往中国。最后，尼克松决定基辛格去。基辛格推托说，他像罗杰斯一样目标太大。

尼克松笑着说："我相信一个能够进出巴黎而不被人发现的人，也一定能够进出北京而不让人觉察。"

基辛格十分高兴。他后来曾经开玩笑说："理查德·尼克松真有胆量：他派我一个人去，到时无法同国内联系，他不怕我把阿拉斯加卖掉啊！"

尼克松觉得也只有基辛格可派。此次秘密访华，没有经过官僚机构的正常审批手续，便派出使节；如果使节此行失败，必定会给他造成一场政治灾难，对美国也会是一场国际灾难。基辛格到底是他的安全事务顾问啊！

要有所建树，就要果断，要敢于冒巨大的风险。否则就会退回到另一轮长期的试探和摸索阶段。他在心里说。

正因为与中国人的信息联系只有尼克松和基辛格知道，国务院等官僚机构被甩在一旁不知底细。然而事物总有它另外一面。保守秘密就导致了混乱。明确归国务院管的对华政策的一个方面是中国在联合国的代表权问题。当时，国务院估计到，美国反对接纳中国的主张在联合国所得到的支持愈来愈少；因此，国务院设计出了既接纳中华人民共和国又不驱逐台湾的"双重代表权"方案。

这种方案，对台湾或是中国大陆来说，都是不可接受的。只有在国内批评尼克松对华政策的人才认为它是可以接受的。国务院为此写了备忘录请总统批准。

尼克松为"乒乓外交"所鼓舞，不想在这个触痛神经而又无法解决的问题上危害对华新政策的还不牢靠的开端，就干脆把它搁了下来，只是表了一个态："今年7月中旬以前，我不对这个问题作任何决定。"

罗杰斯国务卿当然不知道，尼克松要派基辛格在7月以前访问北京。

国务院这个"双重代表权"方案

兴奋中的尼克松与基辛格

尚未正式抛出，影响还不大。当时发生的另一件事几乎捅了大娄子。4月底提前出版的《生活》周刊报道了毛泽东跟斯诺在北京的那次谈话内容。几家通讯社抢先几天预发了斯诺这篇文章的摘要。毛泽东对斯诺的谈话，不仅在美国，而且在国际上引起了很大反响，成为许多报纸、通讯社的头条新闻。罗马尼亚、南斯拉夫、法国、日本等国的大报都发了消息。4月29日，罗杰斯国务卿在伦敦出席东南亚条约组织的部长级会议时，在电视上发表谈话，宣称埃德加·斯诺在《生活》杂志上报道的毛泽东邀请尼克松去访问是"随随便便地提出的"。他认为，那不是"当真的邀请"。他还说，中国对许多方面都是"扩张主义的"、"相当偏激"。这就使问题复杂化了。尼克松当晚得知罗杰斯的谈话后有如听到晴天霹雳，好半天才冷静下来，只好于当天亲自出来举行记者招待会，做一些纠正工作，在谈话中用和解的语气提到他可能访问中国。有一段话简直是讲给北京听的："我希望，事实上是预期，在某个时间以某种身份访问大陆中国，以什么身份出访我还拿不定主意。"

■ 周恩来精心挑选对美工作班子

小轿车行驶在北京西郊的大道上。司机把车子开得很平稳。周恩来还是觉得心直往下坠,内心感到苦涩和沉重。

刚才在李四光的追悼会上,他动了感情。中国有几个李四光?世界上又有几个李四光?为什么在李四光的追悼会上不给致悼词?李四光为地质学作过重大贡献,名震中外。李四光一听到新中国成立的消息,不顾生命危险,冲破帝国主义和国民党反动派的层层阻挠与无耻威胁,毅然从英国回归祖国。他记得那也是5月份,是1950年的5月,李四光终于胜利回到北京。他和李四光热烈拥抱、紧紧握手;他还记得李四光眼角噙着泪花。他更记得在最困难的时候,北京街头汽车没有油而驮着大大的煤气包的时候,李四光忧心如焚,废寝忘食,为国家寻找大油田作贡献……这样的人去世了怎么能不致悼词?

周恩来认真思考组建对美工作班子。

1944年，叶剑英在延安就接待了美军观察组。

他狠狠地批评他派去科学院的联络员。为什么不向我汇报?！怎么能够同意这样开追悼会?！他们怎么能够这样做？实在太"左"了！

刚才在追悼会上，周恩来非常激动，连说话的声音都有点颤抖。他不理会人家的规定，当场念了李四光的女儿李林写给他的信。念罢信，又亲自致悼词，高度评价了李四光在科学上的卓越成就和对国家对人民的贡献。

周恩来坐在车后座上，把头仰靠在沙发上。他太累了。他尽管合上了眼皮，却丝毫没有睡意。他抑制住悲愤，又在思索着将要跟尼克松派来的特使会谈的事。

尽管周恩来在给美国的回信中声称准备接待尼克松总统派来的基辛格或是罗杰斯，可是，他判断尼克松很可能会派基辛格来。据说基辛格是个谈判高手，很有学问，观点也新。主席已经同意成立一个对美工作小组，准备跟基辛格较量。小组由叶剑英负责。解放战争中，在美国协调下于北平举行国共谈判时，叶帅就跟美国人打过交道。

周恩来反复思考着对美工作小组成员的名单。思考着挑谁当自己的助手。

叶剑英在1946年主持军调部和马歇尔将军一起工作。

伍修权吗?伍修权在抗美援朝时就跟董必武率代表团赴纽约出席联大特别会议,跟美国人较量过。但是,伍修权处境艰难,人家管得很死,不容易调;用乔冠华也行。乔冠华跟着周恩来多次跟美国人打交道。可惜冠华肺结核病很厉害,已经住院治疗;用陈老总更好!陈毅在前年举行的四老帅座谈会上就曾大胆提出过打开中美关系的提议。痛心啊,陈老总已是癌症晚期,正在想方设法治疗抢救;他还想到了黄华,在延安交际处接待美军观察组时,黄华给美国人很深的印象;还有章文晋,也是跟周恩来搞外事工作多年了,是在重庆的复杂环境里锻炼过来的……

又有一个人的身影闪过他的脑际——熊向晖。熊向晖已经调到总参谋部工作,还可以调来。前年,珍宝岛反击战以后,他曾请示主席同意,派熊向晖去参加陈毅、叶剑英、徐向前、聂荣臻四老帅的国际形势座谈会。熊向晖在美国读过书,能说很地道的美国英语,反应敏锐,头脑很灵。周恩来还想起11年前他让熊向晖陪同英国著名陆军元帅蒙哥马利在我国访问的轶事来。

蒙哥马利元帅对新中国很友好,1961年9月来华访问。周总理让熊向晖以外交部办公厅副主任的名义,陪蒙哥马利去外地访问。在洛阳,有一天晚饭后,蒙哥马利到街上散步,走过一个小剧场,就闯了进去。这个剧场正上演豫剧《穆桂英挂帅》,翻译向蒙哥马利简介了剧情。幕间休息时,蒙哥马利就走了。他回到宾馆后说:这出戏不好,怎么让女人当元帅?熊向晖说:这是中国的民间传奇,群众很爱看。蒙哥马利说:爱看女人当元帅的男人不是真正的男人,爱看女人当元帅的女人不是真正的女人。熊向晖说:中国红军就有女战士,现在解放军有位女少将。蒙哥马利说:他对红军、解放军一向很敬佩,不知道还有女少将,这有损解放军的声誉。熊向晖说:英国女王也是女的,按照你们的体制,

伍修全 1950 年就去纽约参加过联合国大会。

女王是英国国家元首和全国武装部队总司令。蒙哥马利不吭声了。

周恩来听了熊向晖的汇报,严肃地批评说:你讲得太过分了。你说这是民间传奇就够了。人家有看法,何必驳他?蒙哥马利是与我们友好的。你搞了这些年外交工作,还不晓得求同存异?弄得人家无话可说,就算你胜利了?鲁迅讲过,"辱骂和恐吓绝不是战斗",引申一下,讽刺和挖苦绝不是我们的外交。

熊向晖诚恳地接受了批评,给周恩来留下了很好的印象。熊向晖成熟多了,而且又年富力强。周恩来决定要让他来当自己的助理。

小轿车驶到公主坟的十字路口时,司机骤然刹住车。周恩来感觉到车子停了,睁开眼,只见前面一溜亮晶晶的小车从南往北疾驰而过,打头的是三辆黑奔驰,好不威风。能乘奔驰的角色绝不是等闲之辈。公主坟南边是两大总部,西边是海军大院,东边是空军大院。这溜车子都是白牌,有空军代号,无疑是空军大院驶出来的。周恩来早已得知副统帅林彪的儿子也被称为"天才",而委以重任,当了作战部副部长,空军要听这个小"天才"的。据说此位"公子部长"近来很活跃,南来北往,十分频繁。大约是这位公子出行吧。

那一溜小车威风凛凛地过去了,周恩来的车子才开动,向东行驶,沿着西长安街前行。周恩来的思路又回到外交上来。

1971年,熊向晖陪同周恩来会见旅英华裔作家韩素英及其丈夫。

在 1967 年到 1969 年这三年中,要是没有受到极"左"的干扰,中国在国际上是会有很多作为的。早在 1965 年,中央根据国际形势的发展变化,概括了"大动荡、大分化、大改组"九个字的外交方针。60 年代下半期,世界形势确实处于动荡、分化、改组的大变化之中,中国这么大个国家不应该是个旁观者。使周恩来深感不幸的是,由于这几年极"左"分子的破坏,外交处于瘫痪状况。从 1969 年秋天周恩来与柯西金在北京机场会谈开始,沉睡多年的外交又开始活过来了。最近半年来,又有七个国家与我国建交,比过去七年还多。在周恩来的亲自掌握下,正在同奥地利、秘鲁、喀麦隆、黎巴嫩讨论建交问题,还在探索与英国、日本改善关系。最重要的是,他眼前面临着与尼克松派来的使节对话、商讨改善中美关系的一系列问题。上个月的"乒乓外交",使我国赢得了主动。他要写几条要点，跟对美工作小组的同志讲一次话。他正在思考着的时候，车子已经驶进了中南海。

■ "休假"的基辛格去海边安排绝密的北京之行

加利福尼亚，阳光下的金色之州。从面积来说，加利福尼亚是美国第三大州，仅次于阿拉斯加和得克萨斯。但它的财富却是首屈一指的。它的高速公路上车水马龙，它的空中走廊是世界上最繁忙的。西方与东方的移民像潮水一样涌到这个州来。人们既在它的土地上疯狂地竞争，又在它宜人的气候下享受阳光和闲暇的生活。许多人晒得黑黑的，许多人金发碧眼，许多人衣着时髦，充满自信。高速公路两边的田野上遍布着没完没了的盒子似的私人住宅。东边是起伏逶迤的内华达山脉。

尼克松就是担任总统的第一个加利福尼亚人。当选总统后，在这里的圣克利门蒂设置了"西部白宫"。基辛格也在附近的棕榈泉搞了一幢私人住宅。5月上旬，尼克松总统批准基辛格去休假，基辛格就飞到棕榈泉的私人住宅里躲了起来。名义上是"休假"，实际上是甩开日常工作、避开新闻界的耳目，积极准备去中国访问的工作。

基辛格从华盛顿带来了一大包关于中国的哲学、历史、艺术和文化的书籍，还有他的助手们为他准备的一大本一大本的关于中国的资料。据说，他的助手们亲手整理过的有关中国的材料已达上吨重，可见工作量之大。既要研究中国，又要保密。有一次，他要中央情报局给他搞一份关于周恩来生平的详细材料，但稍一转念，他马上扩大范围，要求把所有具有世界影响的领导人的传记都送来，假装说："供我参考之用。"他巧妙地向各方面的中国问题专家求教，但绝不吐露自己的真意。专家们十分赞赏他的求知欲，以为他无非是想了解关于中国问题的各种新见解而已。在公开场合，他大谈越南问题、苏联问题、欧洲问题；在背地里，他孜孜不倦地钻研中国问题。为了不露真相，他常常故意施放烟雾，讲一些反话让人无法揣测。一次，《纽约时报》登载了一则简讯，推测说，如果中美建交，基辛格会到中国去。白宫里有个不知内情的人拿这则消息同基辛格打趣。基辛格莞尔一笑,答道:准是国务院里"我的一个崇拜者"认为,北京"大概就是他能想出的把我打发到离华盛顿最远的地方吧"。他避开耳目众多的华盛顿来到西海岸边的休假地,还有一个重要的目的,就是秘密安排经过巴基斯坦与中国代表会晤的具体计划。5月3日,他曾经通过秘密渠道向美国驻巴基斯坦大使约瑟夫·法兰传去了一个信息:

> 为了只有总统和我知道的非常敏感的原因,总统希望你找点个人的……借口,立即返回美国,以便你能和我会谈。我们的会谈必须完全保密。会谈的性质,除总统、你和我自己以外,不得向任何人透露……我意识到这个信息会给你带来困难,但是,我确信你会认识到,总统重视我们的会谈,这是压倒一切的考虑。我们会谈的题目不要求你作任何准备。

法兰反复揣摩了这个口信,十分乐于从命。

法兰大使向国务院请了一个假,说回国办点"私事",就按基辛格约的地点,飞到洛杉矶来了。他在横越重洋的飞机上,还是猜想了一番。是印巴关系问题吗?不,不至于那么急,那么神秘。或是越南战争问题?不像,没有必要为越战问题找驻巴基斯坦大使。是不是苏联和巴基斯坦关系问题?更不像……既然基辛格不要求他作任何准备,那可能是他意想不到的问题。如果在美国只有总统、基辛格和他三个人知道的事,肯定只能是国家的高度机密。神秘的使命激起他内心的兴奋与躁动。

5月7日上午,班机抵达洛杉矶。有一位法兰不认识的中年男子迎上来。此人自称是基辛格博士的朋友,奉基辛格的委托专程来接法兰,于是法兰没出机场就被领上一架私人小飞机,不久就飞到了洛杉矶附近的棕榈泉。基辛格正在棕榈泉的私人住宅里等他。基辛格笑着跟法兰握手:"你好,大使先生,总统也会感谢你的到来。我们谈完后,马上送你回洛杉矶飞机场。"

法兰更是惊愕了。基辛格狡黠地一笑:"你到棕榈泉来过是根本无案可查的事。你明白吗?"

谈话马上就开始了。基辛格首先将尼克松总统的决策及华盛顿和北京之间的一切通过巴基斯坦渠道传递的来往信息,全部告诉了法兰大使。法兰吃惊不小,想不到他所住的那个国家已经为美国与中国做了那么多事情,他连蛛丝马迹都没察觉到。他惊诧地问:"你是打算通过伊斯兰堡去见中国人?"

"是的。我要与中国的使节谈判。我见中国人的技术安排要通过你来做。事前我已经了解过你的情况,档案材料表明你为人忠诚可靠,办事扎实能干。总统也批准了由你来安排。"基辛格满怀希望而又郑重其事地盯着法兰说,"要绝对保密,除你之外不能让其他人知道。"

经常携带女友出访的基辛格

"我在国务院的上司为什么不能知道?"法兰探询地问。他担心将来会受到上司的责难。

"你不用担心以后上司怪罪。有总统和我哪!这是为了美国的国家利益。之所以要保密,是为了避免许多涉及很复杂很敏感的问题的材料经过太多人的手有可能泄露而造成误解。"

法兰因为得到总统及其顾问的信任而感到喜悦,也觉得责任重大。他沉默了片刻,说:"我明白了。"

"你可以利用你的工作人员去深入考察一下一些安排是否切实可行,只是不要告诉他们这些安排的真正目的。"基辛格说,"我的想法是在巴基斯坦或在中国华南的一个方便的飞机场和中国代表会晤。"

法兰建议说:"会谈还是在中国进行为好。让中国人偷听比让巴基斯坦人偷听好一些。反正中国人要做记录的。"

基辛格那眼镜片后的眼珠转了一圈："你认为我去中国好一点？"法兰点点头，"嗯"了一声。

基辛格说出了自己酝酿已久的具体计划：

"我将从华盛顿出发作一次'了解情况'的出访，我将访问西贡、曼谷、新德里、伊斯兰堡和巴黎。我的飞机上不带新闻记者。我在预定停留的地方都不举行新闻发布会，但是都举行了解情况的会议。这样，等我经过一个星期到达伊斯兰堡时，记者们从我身上采访新闻的兴趣已经不大了。记者厌烦之时，就是我成功之日。"说罢，基辛格哈哈大笑，"你觉得怎样？"

法兰说："常驻伊斯兰堡的只有一名美国记者。依我看，问题不大。"

"那样，我将于星期五上午到达巴基斯坦，由你出面张扬一下，安排我一整天的活动，既在大使馆也在巴基斯坦政府露面。如果叶海亚总统同意，他可以请我到某一个合适的幽静的地方度周末，比如说开伯尔山口或是某一个别墅。我将让我的飞机停在飞机场一个显眼的地方。然后，我将乘一架预先停放在机场的飞机到中国去。在我'失踪'还不超过36小时时，我将引人注目地重新露面，然后西飞巴黎。你看，我计划中的这一切办得到吗？"

"你36小时之内能回来吗？"法兰问。

"我想是能回来的。"基辛格说。

法兰充满信心地说："能办得到。"

基辛格说："那么，你一回到伊斯兰堡就马上和叶海亚总统联系。我会把你所担负的任务通知希拉利的。我希望你在我待在巴基斯坦的时候管束住使馆的人员，不要让他们来找我的麻烦，并使人觉得我真的一直在巴基斯坦。"

谈罢话，基辛格将法兰送至屋外。基辛格那个朋友已经笑眯眯地等在院子里。基辛格跟法兰握手告别的时候，又一次笑着提醒他："你记住，你到棕榈泉这儿来过的事是无案可查的。我不知道。我的朋友也不知道。"

那个朋友朝他诙谐地双手一摊，耸了一下肩膀。

送走法兰以后，基辛格心情特别好，处在一种亢奋的心理期待之中。法兰给他的印象很佳。基辛格相信自己的计划会得到落实。他不肯歇一歇，就执笔草拟发给周恩来的回信。当然，这封信也是上没有抬头、下没有签字的。信中说：

……为了给尼克松总统的访问作准备，为了和中华人民共和国的领导人建立可靠的联系，尼克松总统建议他的国家安全事务助理基辛格博士和周恩来总理或另一位适当的中国高级官员进行初步的秘密会谈。基辛格博士准备在中国国土上参加这样的会谈，地点最好是在巴基斯坦方便的飞行距离内，由中华人民共和国提出。……

我们建议，基辛格博士此行的具体细节，包括地点、停留的时间多长、通信联络以及类似的问题通过叶海亚·汗总统作为居间人进行讨论。为保密起见，务必不用其他渠道；同时，不言而喻，基辛格博士和中华人民共和国高级官员的第一次会谈要绝对保密。

5月9日，基辛格在棕榈泉休假结束回到华盛顿。第二天，尼克松看罢给周恩来的回信后批准照发。

■ "第二次世界大战后美国总统所收到的最重要的信件"

华盛顿国际机场。涂有巴基斯坦航空公司标志的喷气式客机呼啸着在机场降落。这是6月2日下午黄昏时分。机场的灯火与客机的标志灯相映成趣。一个外交官模样的巴基斯坦信使跟乘客一起下了飞机。信使携着外交邮袋出示了免检证件，先走出了候机大厅。一位巴基斯坦驻美人员上前迎接信使，两人从大厅走到门外，上了插有巴基斯坦国旗的小车。车子沿着波托马克河岸飞驰，在夜色中隐约可见华盛顿纪念塔高耸入云。车子驶向巴基斯坦驻美使馆。

巴基斯坦驻美大使希拉利已经在两天前从使馆接到的电讯中简略地知道这个信息的内容。阿迦·希拉利出身于巴基斯坦的名门望族，长期担任公职，很能干。正巧，希拉利的一个兄弟这时也担任着驻中国大使。希拉利本人与基辛格关系很好还另有一个原因，希拉利的妹妹在50年代是基辛格在哈佛大学的学生，她对于女权的主张曾经给基辛格留下很深的印象。希拉利是一个精细的、思虑周到的人，觉得两天前收到的简单信息十分鼓舞人心。就马上转述给基辛格了。基辛格十分兴奋，盼望着还在路途上的信使赶快到达。

希拉利一接到周恩来的答复信，就急忙驾车赶到白宫。

这封仅两页纸的信是用打字机打的。同样是没有称呼，也没有署名。基辛格从希拉利手中接过这两页纸的时候，紧张得手都有点儿发颤了。他也无形中受了尼克松情绪的感染，担心中国人在关键的时刻后退。他急急地先扫了一眼——

……（在研究了尼克松总统的三次口信后）毛泽东主席表示，他欢迎尼克松总统来访，并且期待着届时同总统阁下直接谈话。……

周恩来总理欢迎基辛格博士来华，作为美国代表先同中国高级官员进行初步秘密会议，为尼克松总统访华进行准备并作必要的安排。

周恩来总理建议……他可从伊斯兰堡直接飞往一个不向公众开放的飞机场。至于飞行方面，他可以乘巴基斯坦的波音飞机，或在必要时从中国派去接送他的一架中国专机。周恩来总理热烈地期待着在最近的将来在中国同基辛格博士会晤。

基辛格如释重负，长长地舒了一口气，喜悦的心情简直是难以形容。他送走了希拉利，赶忙走到正厅去通知尼克松总统。厅里灯火辉煌，杯盏声夹杂着欢声笑语，尼克松正在宴请尼加拉瓜总统安纳斯塔西奥·索摩查。基辛格告诉站在国宴厅外的随从武官，务必请总统尽快出来见他。基辛格兴奋而焦急地在厅廊里来回踱着。

大约9点半钟，总统出来了。基辛格忍不住告诉总统："来了！来了！周恩来的复信来了！"

总统将基辛格领到林肯厅，接过那两页信件，读了起来。尼克松也禁不住眉开眼笑。看着总统把信读完，基辛格笑呵呵地说："我看这是第二次世界大战以后美国总统所收到的最重要的信件。"

两人兴奋地畅谈起来，谈到了两人辛苦多时共同起草的基辛格准备同周恩来会谈的第一次发言稿，谈到了在会谈中如何灵活处理，以免陷于被动，谈到了已经准备好的基辛格可以代表总统接受的十种不同的公报草案。

两人谈兴正盛，零时已过，全无睡意。

尼克松站了起来，特别兴奋地说："亨利，你等一会儿。虽说我们俩都有晚上不喝酒的习惯，今晚破例了。"

尼克松起身出厅门，沿着走廊走至二楼另一头的家庭小厨房。他在一个橱柜里找到一瓶没有开过的名牌陈年库瓦西埃白兰地，把它夹在腋下，又从玻璃橱里拿了两只矮脚大杯，高兴地走回林肯厅。

在总统去拿酒的时候，基辛格独自在林肯厅里想起尼克松不止在一个场合说过的话：许多领导人最难接受的事情，就是授权别人替自己办事。基辛格这时觉得总统曾提出免掉派特使先行的这个环节，还是可以理解的，就是夹杂了个人的杂念也无可厚非。总统最后还是同意由他去打前站，充分表现了总统的理智与难能可贵。

尼克松高兴极了！

尼克松回来了，斟了两杯白兰地，兴冲冲举起杯对基辛格说："亨利，我们喝这杯酒不是为了祝贺我们个人的成功，是为了祝贺我们能够收到这封信和享受今晚难忘时刻的我们这届政府的政策。让我们为今后的世世代代干杯，他们可能会由于我们所采取的行动而有过和平生活的更好机会。"

基辛格意味深长地说："我想起了几百年前从西方去中国的马可·波罗。"

尼克松灵机一动，说："我们把你的中国之行起个代号，就叫'波罗行动'。"

基辛格刹那间又感到沉重："现代比马可·波罗时代强多了。隔洲隔洋可以直接通话。可是，我去中国却不能向您请示。您不怕我在北京将阿拉斯加卖了?！"

尼克松淡然一笑："那几天，我会睡不着的。要是完成使命，就用一个电码单词 Eureka 从北京给我发报。"

"Eureka,"基辛格重复了一遍,"发现。马可·波罗发现了中国,我能发现什么?"

"和平!"尼克松回答,"亨利,再干一杯,为这次重大的秘密行动。"

两人碰了杯。一向孤僻寡言的尼克松,这天晚上话特别多:"你看……"

尼克松桌上摆着研究中国的材料、毛泽东和斯诺在天安门城楼上的合影、《生活》杂志于 1971 年 4 月 30 日发表的毛泽东与斯诺的谈话。尼克松指着照片说:"毛泽东请一个美国人上天安门站在他身边。这就是一个象征,是传达给我的信息。我怎么没想到?"

基辛格羡慕地说:"中国人太精细微妙了,到底是经历了几千年文明的熏陶。"

尼克松慨叹:"我们真是太粗疏!人家毛泽东早在去年就讲了,我'作为总统去也行,作为旅游者去也行'……博士,他为什么又讲'双方谈得成也行,谈不成也行'呢?"

基辛格托着腮陷入沉思。夜更深了。

基辛格向尼克松汇报访问计划。

尼克松纳闷地问："如果谈不成,我去北京又有什么意义?"

基辛格很快就思路大开,脸上喜悦的表情好像小孩考了一个满分："我悟出来了!毛泽东这个人真不简单,他用他的语言讲出中美两国接触这件事本身的意义,它会改变世界的格局。就是'谈不成'也是有意义的。"

尼克松兴趣盎然："也就是说,连毛泽东也认为世界不再是两极,将要变成三极了。"

"毛泽东有句诗,叫'小小寰球,有几个苍蝇碰壁'。"基辛格又分析起来,"此人气魄很大,是从大的全球战略上考虑问题的……"

白宫的夜景特别迷人。这座朴素而壮丽的欧洲乡村别墅式建筑在明亮的灯光沐浴下,更显得洁白如玉。白宫的主人为即将会见大洋彼岸那个文明古国的紫禁城里的领袖而兴奋不已。

■ 洛德以十分高超的语言技巧对华裔妻子泄密

1971年7月1日这天,温斯顿·洛德在家里收拾行装。他的中国血统妻子贝蒂(她的中国名字叫包柏漪)在一旁帮忙。洛德马上就要作为基辛格的主要助手跟随基辛格开始那酝酿已久的秘密访华之行。这个时刻,他真是既兴奋,又苦恼。兴奋的是这次神秘的旅行事关重大,而且富于冒险的色彩,就像它的代号"波罗行动"一样,使人联想起数百年前意大利人马可·波罗的探险行动。苦恼的是,他要去的是贝蒂的母国,要是能告诉贝蒂,她会多么高兴啊。但是国家安全委员会作了规定,他不能违反规定告诉妻子。洛德十分爱他的妻子,好几次都几乎将秘密告诉她,只是严格的纪律使他终于控制住了自己的感情。

洛德和贝蒂的结合,用得着中国语言中"缘分"这个词。那是1960年,洛德自耶鲁大学毕业后到马萨诸塞州萨默维尔市的弗莱彻法律及外交学院攻读硕士学位。班上就有个富有魅力的中国姑娘。一次,在联合国工作的洛德的母亲邀请这个班的学生去纽约参观联合国大厦,晚上还在家里招待大家吃晚饭。洛德的父亲是美国纺织业的巨子,也为这个中国姑娘的魅力所吸引。后来,他鼓励洛德:"温斯顿,你怎么不和这位姑娘约会呀?"这样,两人就开始来往了。

1963年，他们在台湾驻美国"使馆"举行了婚礼。在他俩准备结婚时，洛德曾经受到警告：如果他与这位中国血统的姑娘结合，他将不能再接触有关中国的事务。在两种选择面前，爱神占了上风。直到基辛格到白宫出任尼克松的顾问时看中了洛德，禁锢才被解除。

昨天晚上，洛德和贝蒂一起在客厅看电视。新闻节目中播出了白宫发言人齐格勒在新闻发布会上发出的一项简短的公告：

> ……尼克松总统即将派他的国家安全事务特别助理基辛格博士于7月1日至5日到越南南方执行了解情况的任务。随后，基辛格博士一行将到巴黎去和美国驻法大使戴维·布鲁斯进行磋商。在去巴黎途中，基辛格将去泰国、印度和巴基斯坦与官员会谈……

洛德听了齐格勒按计划对即将进行的访华秘密之行作了这番轻描淡写的掩饰说明，不由得粲然一笑。

敏感的贝蒂早已注意到丈夫最近的行动有些异常，还诧异他近来常向自己打听有关中国的知识。贝蒂瞄了丈夫一眼，有意识地说："温斯顿，我觉得你们这趟旅行，并不像齐格勒刚才描绘的那么平淡。"

"是吗？"洛德装着若无其事，嘴角泛出一种无可奈何而又神秘的微笑。

今天晚上他就要启程了，贝蒂帮他收拾着行装。洛德内心的确泛起一股异常的波澜，望着贝蒂，欲言又止，想说又不敢说。

贝蒂问："我凭直觉，女人的直觉，觉得你们好像要去干什么大事。"

"你真的感觉到了吗？"

"能告诉我吗？亲爱的。"

"遗憾的是，不能。"洛德深情而抱歉地望了望妻子，摇了摇头，

洛德回忆当年随基辛格首次访华的往事。

"这事要是成功,你将会特别高兴。也许你很快就会明白,这将是本世纪最重大的事件之一。"

"祝你们走运!"她不再追问,拥吻了他。

洛德提着皮包走到房门口,又转过身来,放下皮包,走到窗边,意味深长而又充满感情地推开窗子,说:"贝蒂,你看,Peeping Jack(偷看的小伙子)。"

贝蒂一望窗外,只有楼房、绿树、蓝天,根本没人偷看。她急了:"他在哪儿?"

洛德吻了她一下,这才提起皮包出门而去。

贝蒂凝视着窗外,好一会儿才明白过来:

"Peeping,北平……我的天,他们是去北京!"

她自知失口说出了国家机密,赶忙用手掩住口。她的眼睛因为兴奋而发出亮光。

■ 基辛格就要动身时,台湾"大使"竟然求见

1971年7月1日,基辛格马上就要启程去秘密访问北京了,他为即将来临的行动不安地祈祷着。尽管他充满着信心,但又觉得心中无底。也不知是上帝的安排,还是命中注定要使他的行动充满戏剧性,就在他要动身时,台湾驻美"大使"沈剑虹先生来到白宫,要求与基辛格会晤。

事后,基辛格将他与沈剑虹的这次会晤,称为他"平生经历的十分痛苦的一次会晤"。

具有绅士风度、外表精明干练的沈剑虹走进办公室与他握手时,他眼中闪过一丝痛苦的光。他假装乐呵呵地与沈剑虹说起话来。

"你好。博士先生,听说你晚上就要出发去访问亚洲。"沈剑虹明明知道齐格勒宣布基辛格要访问的是"东南亚",而有意识在说话中扩大为"亚洲",暗含了他没有表示访问台湾而使沈剑虹感到遗憾。

"是啊,我是奉总统之命到东南亚去了解情况的。"敏感的基辛格听出对方用词的微妙含义,便特意重复谎言作解释。

"今年联合国代表大会的形势更为严峻,我觉得我们两国更应该协调行动。"

沈剑虹说。

"当然,当然。"基辛格意识到自己在敷衍对方,煞是痛苦,"要密切合作,保持一致。"

"但是,有消息说,贵国国务院准备了接纳北京的'双重代表权'提案。"沈剑虹抓住要害,单刀直入,"蒋总统对此是深为关切、坚决反对的。"

"沈先生,这是严酷的现实啊。"基辛格无可奈何地说,"连日本最近也表示要甩开我们,重新考虑在联大对中国的立场了。"

沈剑虹摇摇头说:"可悲,甚是可悲。你们对共产主义太软弱了。"

刚刚出任台湾驻美"大使"的沈剑虹已经感觉到,美国要改变历史了。本年4月下旬,蒋介石派蒋经国"应邀"来美访问,虽然受到美国隆重的接待,却恰巧刚刚发生了周恩来搞的震惊世界的"乒乓外交"。沈剑虹觉得,尼克松对蒋经国来访的接待,可能"是尼克松向他在中华民国的友人""道别"的一种方式。

沈剑虹十分关注4月21日尼克松接见刚刚访问中国归来的美国乒协主席斯廷霍文。22日,蒋经国和基辛格举行单独密谈。事后沈剑虹问他,基辛格是否带给他任何重要信息,"他只笑笑,未发一言"。尼克松与蒋经国正式会晤时,"尼克松很有礼貌地倾听,但是未作任何承诺"。

蒋经国访美,在美国没有引起多大的注意,倒是蒋经国在曼哈顿闹市区的布拉萨酒店正门前遇刺引人注目。正当蒋经国从酒店门前铺着红地毯的台阶进入正门时,闪出两名"台独分子",其中一个凶手举枪就射,被便衣警探擒住右腕,使子弹偏高射出,蒋经国方逃此大劫。蒋经国遇刺不遂的事件,反而变成紧跟着"乒乓外交"而轰动于世的热门新闻。这确实使沈剑虹闷闷不乐。

沈剑虹这次会晤基辛格,本意是商量在下届联大表决中国代表权问题时如何保

沈剑虹的回忆录《使美八年纪要》中记述了这次会见基辛格的经过。

住台湾的席位,可是谈话并不如意,使他顿生感触,慨叹美国对共产主义太软弱了。

基辛格听了责难,并不恼火,反而不无同情地说:"沈先生,尼克松总统对此亦深有同感,十分苦恼。"

沈剑虹焦急而略含愠怒地说:"贵国要是抛出'双重代表权'提案,欢迎中共进来,岂不是等于给急于讨好中共的国家打开了闸门?!"

基辛格虽然对沈剑虹印象不坏,此时亦很难聚精会神地跟其详细讨论这件事,只得安抚性地说:"对沈先生的感情及贵国的境况,我深表理解。我想,改天我们还可以在联合国大会的程序性的问题上再想一点办法。"

沈剑虹心绪不佳,只好告辞了。

基辛格在启程的这一天还和尼克松总统会晤了三次,最后一遍审查那些为出访准备的文件。尼克松激动的神情中也透露出遗憾,大约是遗憾这次自己未能亲自去北京。基辛格想,这也是可以理解的,实现突破带来的喜悦与成功会使所有的人兴奋,更何况总统本人就是决策的制定者。尼克松最后一次浏览了代号为"波罗行动"的厚厚一大册黑皮书,然后签了字,交给了基辛格。

在林肯厅,尼克松和基辛格还花了很多时间讨论未来与中国以及与苏联举行最高级会谈的先后次序。

基辛格再次把自己的担心向总统强调出来:"如果宣布在莫斯科举行美苏最高级会谈,那么与中国的对话就可能障碍重重;如果我们的对华外交过于活跃,又可能使我们的对苏政策受挫。"

尼克松说:"看来,苏联人对于原来暂定的在1971年9月举行莫斯科最高级会谈并不诚心,他们只是想利用我们的谈判起缓和的作用,以最高级会谈做诱饵来使我们作更多的让步。"

基辛格告诉尼克松,半个月前他和多勃雷宁在戴维营的谈话,给他的印象是多勃雷宁认为美方急于谈判,缺乏耐心,可以利用。基辛格说:"他们根本不知道我们手里拿着什么牌。"

尼克松有点得意地说:"我才不忙于马上跟苏联举行最高级会谈。不然的话,我们的对华政策很难有进展。"

基辛格也有点幸灾乐祸地说:"莫斯科自己拖延时间倒替我们解决了难题。

我曾经设想，如果我突然告诉他，一个月以后我会在什么地方出现，真不知道多勃雷宁会做什么反应。"

尼克松沉默了一会儿，决然地说："亨利，不管莫斯科怎么反应，同中国的最高级会谈要首先举行。希望都寄托在你这次出访了。我打算先飞去北京，然后再飞往莫斯科。"

基辛格望着灯光下尼克松那张下颔突出的脸、那双因兴奋而转得比往常要快的眼睛，心中对总统生出一些敬意。总统作出访问北京的这些决定，既没有同行政部门商量，又没有同国会商量，一旦出了差错，将完全处于无法为自己辩护的困境。然而，总统还是十分果敢地独自作出了这些决定。基辛格问：

"快要起飞了，总统还有什么话要说吗？"

尼克松提出："我已经说过几次了，亨利，我还是想把你这次会谈地点改在北京以外的地方。"

基辛格当然领会总统的言外之意，便委婉地答道："当然，首先出现在北京的美国代表，最好应该是总统本人。可是，中国人的回信是邀我们在北京谈。"

尼克松满脸不悦，又说："那么，你必须说服中国人，在我访华之前，他们不要接待我们在政治上的反对派。听说民主党有人也想要访华。"

基辛格说："总统，我可以进行说服。但是，我担心中国人不是任人可以左右的。"

尼克松此时的心情十分复杂，他望了望窗外的草坪与灯火，说："我又兴奋又迷惘，感到我俩像是沿着喜马拉雅山的悬崖探索前行，随时都会粉身碎骨。"

"很难担保我这次秘密之行不会泄露。"基辛格也很忧虑。

尼克松蹙着眉头问："万一走漏消息怎么办？"

基辛格略加思索，说："只好由白宫发表一个简单的声明，我已拟好了内容：'基辛格博士应中国人的请求与中华人民共和国的领导人举行了会晤。在基辛格回来并向总统汇报以后将发表一个声明'。""管用吗？"尼克松问。

"这样一个平淡无奇的声明能否平息一场暴风雨，我是不抱任何幻想的。"基辛格说。

尼克松用显得沉重却很坚决的声音说："要创造历史，总是要付出代价的。亨利，我还是祝你一帆风顺。"

卷 十　　二十世纪最神秘的外交飞行

■ 叶海亚总统亲自安排了这次神秘的外交遁身术

叶海亚·汗总统长得魁梧、剽悍，英武的鼻梁下有一绺漂亮的胡子。他说话干脆，笑声爽朗，具有粗犷、豪爽的军人气质。

1971年7月7日晚，叶海亚总统在金碧辉煌、富有伊斯兰风格的总统府宴会厅设宴，招待执行接待基辛格的秘密任务的中国朋友。中国外交部的代表章文晋、王海容、唐闻生、唐龙彬和执行领航任务的领队徐柏龄、领航员刘志义、随机报务员王今亮，中国驻巴基斯坦大使张彤，应邀出席宴会。巴基斯坦出席作陪的有陆军参谋长哈莱德将军、外交秘书舒尔坦，以及国务秘书、安全委员会主席等军政要员。由总统出面设宴招待这几位由周恩来总理派来的执行特别使命的人员，在外交礼仪上已经是破格了。叶海亚总统待人热情友好，十分健谈，风趣地按伊斯兰教的风俗，以真主的名义向客人祝福。宴会上，叶海亚总统高度赞扬了毛泽东主席、周恩来总理为发展中美关系所表现出的政治家和外交家的伟大气魄。叶海亚总统是中国人的朋友，也是美国人的朋友，他为自己能得到中美两国领导人的信任，为发展中美两国友好关系而传递信息、安排会晤感

1971年的巴基斯坦总统叶海亚·汗。

到荣耀。

在叶海亚的亲自安排下，中国驻巴基斯坦大使张彤被特别允许自由出入总统府。张彤将中国领导人的信件直接转给叶海亚总统。叶海亚亲自记下要点后将其放进总统专用信封，经双层密封后由信使携往美国，交给巴基斯坦驻美国大使希拉利。希拉利无权启封，必须亲自当面交给尼克松或基辛格。

当不久前确定了基辛格将由伊斯兰堡秘密飞往北京后，叶海亚又亲自安排、亲自过问具体计划，指定由外交国务秘书（相当于外交部长）舒尔坦·汗具体负责。计划之中的每一个细节，叶海亚都要过问与推敲。叶海亚不但提供了巴航的波音707专机供秘密飞行使用，还委派他所信任的专用飞机驾驶员来驾驶飞机。在一切准备就绪以后，尼克松仍

章文晋副外长

不免因前途未卜而惴惴不安。尼克松甚至要求叶海亚"帮人帮到底，送佛送到西"，要叶海亚在基辛格访华期间前往北京，以便万一会谈出现僵局时叶海亚能从中斡旋。但是，由于这个时候东巴基斯坦要求独立，发生战争，形势十分危急，叶海亚确实爱莫能助，无法离开。

我方的人员在离开北京前，都是由周恩来总理亲自交代任务，亲自嘱咐绝对保密、周到有礼等注意事项。7月3日，周恩来派出伊尔18型专机将徐柏龄、刘志义和王今亮三人秘密送到巴基斯坦首都拉瓦尔品第。为了不引起外界猜疑，那架专机立即飞回北京。徐柏龄等三人在戒备森严的军用停机坪下了飞机。巴方已经作好准备，未经任何检查手续，便在查克拉拉基地司令陪同下，乘坐我国驻巴大使的汽车直接驶往我国大使馆。7月4日，我领航小组同巴方飞行员在我大使馆晤面，周密地研究了试航计划。我方人员详细地向巴航飞行

在毛泽东身边工作的王海容、唐闻生。

员介绍了飞行航线、导航设备和机场情况。7月6日，巴航派出一架波音707专机，由巴航飞行员驾驶试航北京，在我方人员领航下安全地在北京南苑军用机场降落。

这时，根据周恩来总理的安排，我国外交部的代表章文晋、王海容、唐闻生、唐龙彬四人已经在南苑机场等候。飞机加油后，立即飞回拉瓦尔品第，顺利地完成了试航任务。

宴会进行中，当叶海亚总统得知徐柏龄曾经多次为周恩来总理驾过专机时，风趣地说："倘若周总理访问欧洲途经巴基斯坦，我们一定热情邀请他来巴基斯坦访问。他要是不来，我就命令所有歼击机起飞拦截，将周总理座机迫降在伊斯兰堡。你可以报告周总理，我之所以这样做是因为巴基斯坦人民想念他。"

这位军人出身的总统，以他特有的方式表达了对周恩来总理的热爱与倾慕。当基辛格秘密访问北京的消息正式公布以后，不少西方报刊说叶海亚总统通过安排基辛格秘密访华得到了多少好处，这纯属揣测与编造。叶海亚亲自安排了这次现代外交史上最有名的遁身术，为这个复杂而冒险的计划绞尽了脑汁，却没有对中国或美国要求任何报答。

外交部礼宾司负责人唐龙彬

■ "天神"要惩罚一下基辛格

一架波音 707 飞机在太平洋上空飞行。

机舱里装满了各种电子设备。人们一眼就可以看出，这不是客机，是一架军用战术指挥飞机。座椅并不舒服。基辛格带的随行人员有助手温斯顿·洛德，年纪轻，笔头快，博学多才；国家安全委员会的中国问题专家约翰·霍尔德里奇，职业外交官，会讲中国话，曾在美国驻香港总领事馆和东南亚其他地方工作过；亚洲问题专家理查德·斯迈泽，国务院公认的日本问题专家；还有特工人员约翰·雷迪和加里·麦克劳德。块头很大的霍尔德里奇挤在机舱里很不舒服，不满地抱怨说："窝囊！怎么坐这样一架破飞机。哪像代表美国去执行使命，倒像是去丛林里空投间谍。"

斯迈泽嘟哝说："就是这架飞机也是好不容易从战术空军司令部调来的。"

"国务院的家伙对我们就是看不顺眼。"洛德也在感叹，"总统要了两架飞机去圣克利门蒂，这无可非议。阿格纽要一架飞机去非洲闲逛。莱尔德不早不晚

基辛格每回忆此行都很开心。

也在这时要飞机去视察防务……"

基辛格幽默地插话说:"这是上帝考验我们,让我们坐很不重要的飞机,去作很重要的旅行。"

在整个行程中,基辛格都与华盛顿保持着机密的电讯往来。为了保密,联系都用化名,把基辛格叫"首长",把中国人叫"主人"。

基辛格在巴基斯坦停留与转飞北京的安排,都是通过中央情报局的保密电讯由驻巴大使法兰跟叶海亚总统精心策划的。为了使基辛格在巴基斯坦摆脱到处会遇到的高级官员礼节性的拜访,需要叶海亚表面上邀请基辛格到一个山间别墅进行秘密会谈。这样做,基辛格在巴基斯坦的停留时间就不得不定为72小时。而按照公布的行程表,基辛格在巴基斯坦只停留48小时,大致相当于他在印度的停留时间。当时,东巴基斯坦正发生战乱,大批孟加拉难民拥入印度。按国际惯例,在巴基斯坦比在印度多逗留一天就会被理解为偏袒巴基斯坦,从而引起新德里、美国官方机构、新闻机构,尤其是国会的注意。那样做,叶海亚就得两天不露面,这就有从巴基斯坦方面泄露机密的风险。

怎么办呢?

为了避免上述种种麻烦,基辛格只好自己想办法,准备到达伊斯兰堡后装病称肚子痛,还需要装得越来越厉害。这样,叶海亚总统就在晚宴上出面邀请他到位于穆里北边群山中的纳蒂亚加利总统别墅去休养。以此为借口,基辛格就能在巴基斯坦多停一天,使他有两天时间,实现秘密访问北京的计划。这样做,也还有难题要解决。那就是,基辛格"病"了,怎么能够阻止大使馆的医生尽责赶来给他治病?又怎能限制那些经过多年外交训练的大使馆人员不去看望基辛格而听候指示呢?

精明能干的法兰大使还是想出了办法。法兰准备在基辛格到达之前,将他的几个要员设法打发离开。法兰把自己的计划用密电汇报说:准备让医生出差,不在伊斯兰堡。护士就不难对付了;让副大使去欧洲休假;让美国开发署长回

1971年7月8日,叶海亚总统在伊斯兰堡机场欢迎基辛格。

国探亲;让那些敏感的人士尽可能都不在。事后,基辛格回忆道:"在长期卓越的外交史上,一位大使因总统代表来访而把他的全部要员赶出城去,居然引为自豪,而且他还因为很有办法而受到华盛顿表扬,这是破天荒第一次。"

基辛格乘坐那架军用飞机两天后到达西贡,同南越阮文绍总统和邦克大使晤谈。在西贡,那些蜂群一样的记者无不紧盯着基辛格的一举一动。《纽约时报》头版报道了他的活动,哥伦比亚广播公司在"每晚电视新闻"节目里播送了他同主持人沃尔特·克朗凯特的长篇谈话。他力图缓和将来秘密访华消息公布之后造成的冲击,在谈到"乒乓外交"和美国放宽贸易限制的时候,阐释了美国决定试图接近中国主要是出于强调全球均势的需要。

7月4日,他到达曼谷,那里的记者不多,渲染也少。他对记者们一言不发;有关他的新闻没有登上报纸的头版。

7月6日,他飞抵新德里,机场外面出现了反美示威,骚乱者扔了鸡蛋、西红柿,迫使基辛格从边门溜出飞机场。《纽约时报》把这条消息登在第42版上。每次报界对他冷落,都会使他抑郁不安,而这次却正中下怀。他在德里会见了英迪拉·甘地总理、斯·辛格外长、拉姆国防部长。

7月7日晚,在新德里宾馆,洛德拿着几份材料,兴冲冲走进基辛格的卧室,喊着:"博士,博士。"

洛德没见着基辛格的身影。从盥洗室里传出基辛格懊丧的声音:"温斯顿,我在这儿。明天要装拉肚子,今天就来真格的啦!真糟糕!"传出抽水马桶冲水的声音。

基辛格走出盥洗室,自我解嘲地说:"我这个凡人,如此放肆地讲假话,上帝要惩罚我了。"洛德也急了:"天报应,弄假成真了。明日你到伊斯兰堡还拉肚子,'波罗行动'岂不吹了?"

基辛格苦苦一笑:"只好咬咬牙,强顶过去。"

7月8日,星期四,基辛格飞到了巴基斯坦新建的首都伊斯兰堡,巴基斯坦外交国务秘书舒尔坦和美国驻巴大使法兰在机场上迎接。水泥停机坪被炎热的太阳晒得热气烤人,只有几个记者在转悠。巴基斯坦采取了严格的保安措施,使记者们无法找基辛格谈话。他们隔着保安人员看见基辛格朝他们打着无话可说的手势,也就无精打采地缩进机场大厅躲太阳去了。

基辛格揩着汗,钻进了舒尔坦的"皇冠"轿车。一溜小车驶出机场,开向伊斯兰堡城区。

车内,舒尔坦低声而郑重地告诉基辛格:"请放心,一切都按计划准备好了。"

基辛格微微抬起右手挥了挥表示感谢,说:"我既兴奋,又感到茫然,愿伊斯兰的真主保佑我成功。"

舒尔坦真诚地说:"你放心。中国人是讲信用的,讲话算数。我在北京当大使住了好几年,打过不少交道,他们给我印象很深。"

基辛格的车队十分惹眼地穿行在伊斯兰堡街头,基辛格完全按照预定的计划行事:他在法兰大使的官邸与使馆留下来的人员共进午餐。他与叶海亚总统会晤。

叶海亚总统很高兴。他俩并坐在大沙发上,叶海亚得意地低声说:"我今天

次年毛泽东见到基辛格就为其神秘消失之旅大笑。

亲自检查了一遍准备工作,每一个环节都落实了。嘿嘿,博士先生,我本人就最喜欢冒险,想不到你这个哈佛教授也有这个嗜好。""我也不喜欢平淡无奇,"基辛格笑着说,"巨大的成功往往是给承担巨大风险的奋斗者的报酬。"

"我真羡慕你这次秘密之行,要是我俩现在能换一下位置就好了。"叶海亚说。

"我不换。我可不愿接管东巴那些麻烦事。"基辛格又说。

黄昏时分,叶海亚总统在基辛格下榻的政府宾馆举行宴会,并在宴会中开始执行计划。先是由舒尔坦十分遗憾地告诉大家,尊贵的客人"偶感不适,肚子疼了"。接着,叶海亚总统便煞有介事地站起来高声宣布:"我原定在现在这个美好的时刻举行盛大国宴,为我们尊敬的客人基辛格博士洗尘。因为博士先生偶感不适,身体欠佳,只好抱歉改期。"

宴席上的宾客及主人们纷纷议论起来。有的说他准是得了"德里痢疾",有

中美建交后章文晋出任中国驻美大使，又会晤基辛格谈起当年往事。

的说来去匆匆的旅行者常常是会得病的，也有的人暗暗揣测基辛格是不是要潜往东巴，去帮助叶海亚排解战乱危机。谁都没有想到他要去中国。

叶海亚表情严肃地继续说："伊斯兰堡天气太热，会影响客人复原，我安排他到北边群山里的纳蒂亚加利总统别墅去休养，希望他尽快康复。"

基辛格也按计划演戏，装着神态迟疑地表示不同意："感激总统好意。这事太麻烦了。"

叶海亚马上异常恳切地说："博士先生，在一个穆斯林国家里，要由主人的意志而不是由客人的意志来决定。"

基辛格随行的特工人员并不知道这是在演戏，信以为真。他们按照白宫的规定，派了一个同事连夜赶往纳蒂亚加利，先行去了解情况。到半夜12点钟左右，这位先行的特工人员打电话回来，报告他已勘察过纳蒂亚加利的宾馆，认为不宜于居住。基辛格获知后，毫无办法，只好要求巴基斯坦方面把这位倒霉的特工人员扣留在纳蒂亚加利，直到基辛格从北京回来。

基辛格参加叶海亚的宴会以后回到宾馆的住房，已经是夜里11点钟。离第二天规定起床的时间还有四个半小时。可是，基辛格辗转反侧不能成寐。这个自信心特别强的人，第一次感到前途凶吉难卜。他想象不到明天在北京会遇到什么情况，他跟总统两个人花了许多心血准备的近十个方案明天顶不顶用？到一个他从未去过的首都执行如此重大的任务，而且又与国内完全断绝了联系，他开始感到有些没把握了，这也是他任职以来的第一次。下午，叶海亚告诉他，中国不仅派了三个人来领航，共同操作飞机，还派了一个四人高级代表团作陪，这些人都住在中国大使馆。叶海亚还告诉他，由于美国坚持保密，很伤中国人的自尊心，中国人可能希望把全部情况公布出来。回想起叶海亚说的这些话，他心里更是空洞洞的没有底。他对中国人尽管作了诸多研究，毕竟都是纸上的材料，他对他们还没有具体的感性认识。

■ 可以轰动世界的稿子竟然作废了

7月9日凌晨3点半，舒尔坦和法兰都按计划来到基辛格下榻的政府宾馆。一夜没睡好的基辛格也起床了。吃罢早餐，4点钟，基辛格一行在舒尔坦的陪同下乘坐巴基斯坦的军用车前往查克拉拉军用机场。出门前，为了防止偶然过路的行人将基辛格认出来，法兰大使对基辛格说："不行。你这副模样，大家太熟悉了，得变一下。"

基辛格只好戴上一顶大檐帽和一副墨镜。舒尔坦打量了一下经过化装的基辛格，笑着说："确实不容易认出你是基辛格了。"基辛格走得太匆忙，连换洗的衬衣都忘了收拾带走，但他没有忘记给总统发电报。基辛格一行乘坐的车子悄悄地驶出了伊斯兰堡。这是人们睡意正浓的时候，一路上行人不多。

基辛格和舒尔坦坐在一辆车子里，舒尔坦想对基辛格说几句祝福的话，看见基辛格陷入沉思，默不作声，也就作罢了。

他们的车子驶到机场后，被特许驶入停机坪。基辛格来时乘坐的那架飞机停在机场的民航区，而巴基斯坦国际航空公司的那架经过试航的飞机停在军用区等候。

这时，伦敦《每日电讯报》驻巴基斯坦的特约记者贝格正好在机场。贝格曾在巴基斯坦外交部任职，多年前已脱离外交界。基辛格一行人从小车里出来、走向飞机时，贝格一眼就认出了经过化装的基辛格。

飞机的发动机已经开动，发出了嗡嗡的响声。

贝格再定睛一看，确实是基辛格胖胖的身影。他凑近在场的机场负责人，问："那不是基辛格吗？"

"是他。"机场负责人随口而答，无意中泄露了天机。

"他去哪儿？"贝格又问。

"中国。"对方答。

贝格大为惊诧，问："他去那儿干吗？"

"我不知道。"机场负责人说完就走了。

贝格无意中得到这一重大新闻，喜出望外，扭头就走，当即向伦敦的报社发了一条急电——

> 据本报驻伊斯兰堡特约记者贝格报道：记者在查克拉拉机场获悉，美国总统的国家安全事务特别助理基辛格博士一行人已于7月9日凌晨4时乘坐一架巴基斯坦国际航空公司的波音707飞机飞往中国。

据说这件事后来在伦敦舰队街传为新闻界的美谈。《每日电讯报》的值班编辑拿起那篇稿子，看了一下，放下来。耸人听闻的消息，使他吃惊得不敢置信。他念罢稿子，看了又看，终于摇摇头，骂道："妈的，贝格这头蠢猪，准是喝醉了。基辛格哪能到中国去，他不要命了？荒唐！"

这个糊涂编辑竟将这篇可以轰动世界的稿子插在废稿签上。舒尔坦领着基辛格一行6人登上了飞机，机组的人员都站在舱门内迎候。舒尔坦把基辛格介绍给机组，郑重其事地说："我奉叶海亚总统之命告诉你们，你们机组十分光荣地参与了一项有利于世界和平的秘密使命。乘这架飞机飞往中国的是美国总统的特使基辛格先生。"

机组人员表示欢迎基辛格。

舒尔坦接着叮嘱说："你们必须遵守保密的诺言，在向报界发表官方公告前，不能向任何人泄露。愿真主保佑你们。"

叶剑英在北京南苑机场迎接基辛格。

舒尔坦又陪着基辛格走进客舱。四名中国外交人员与三名中国领航人员已经等在里面。舒尔坦为基辛格与中国人作了介绍，由于是首次见面，基辛格与中国人彼此都感到拘束。握手是礼仪性的。

舒尔坦走后，基辛格手下的人员也都进了座舱。特工人员雷迪和麦克劳德拎着装满机密文件的大皮箱进来，一望见黄皮肤、穿着被称为"毛式制服"的中国人，大惊失色，马上作出强烈反应，如临大敌。

雷迪十分紧张地问洛德："跟中国人，去北京？坐的不是美国飞机？又没有先遣人员，没有安全措施，这怎么行？！"

洛德笑着告诉他俩："这是奉尼克松总统之命采取的特别行动。"雷迪和麦克劳德一边放置皮包，一边虎视眈眈地盯着这几个中国人。这样，机舱内气氛更为拘谨。

基辛格不愧为一位经验丰富的外交家，他用风趣的语言驱散了拘谨的气氛。他说："我这次去中国很秘密，谁都不知道，早上起床的时候我连警卫都没告诉。

一会儿,他找不到主人会急坏的,以为被人绑架走了!不过不要紧,巴基斯坦人会告诉他,说我到总统府去了。今天上午的巴基斯坦报纸会登载我有胃病需要休息的消息。谁都不会想到我到中国去了!"

他的话引起了一阵笑声,客舱里的气氛顿时轻松了。飞机已经加速昂首飞上了天空。

基辛格对他第一次见到的中国人印象很深,在他的回忆录里作过饶有意味的描述。穿毛式制服的章文晋看起来像中世纪宗教绘画中的"红衣主教,他严肃而大方、聪明而不外露。他运用英语的能力令人敬佩。""翻译唐闻生——那个难对付的南希·唐。她生于布鲁克林,因而讲一口十分漂亮的美国英语。我常跟她开玩笑说,因为她是在美国出生的,她不会像我一样受到宪法的限制不能当总统。这个前途对她似乎没有什么吸引力;她既聪明又活泼,很长一段时间掩盖了她的狂热的意识形态信仰。她认为自己不仅是一个翻译;有好几次她

周恩来初见基辛格。

当着我们的面毫不犹豫地与周恩来争论。"

至于王海容,"她也是外交部的一位官员。据说她是毛泽东的侄女或侄孙女;她是一个腼腆文雅的人,看起来像一只很容易受惊的鹿一样。"

在基辛格离开伊斯兰堡以后,为了执行掩护计划,以假乱真,一队没有基辛格在内的车队,在摩托车队的护送下,于当天上午8点,浩浩荡荡地驶出政府宾馆。车头上都插着美巴两国国旗,在伊斯兰堡引人注目下招摇过市,驶往50英里外的纳蒂亚加利。为首的一辆车里坐着美国驻巴大使法兰和巴基斯坦外交国务秘书舒尔坦。

纳蒂亚加利这个地方到处是山间小别墅,有僻静曲折的车路相通,确实是执行掩护计划的合适场所。舒尔坦还假戏真做,请了一位巴基斯坦医生来别墅诊治一个病人。这位医生是舒尔坦事先经过反复了解、询问,断定他分辨不出基辛格和其他白种人以后才请来的。人家问他:"你见过基辛格吗?"他回答说:"没有。"又问:"那么你一定在报上见过他的照片吧?"答称:"没有见过。"从纳蒂亚加利出来后,这位医生以为他是在给基辛格看病,其实他看的是一个确实害了"德里痢疾"的特工人员。

叶海亚总统为了不露破绽,还特意组织了巴基斯坦陆军参谋长、国防部长以及20来个其他政府官员陆续不断地从伊斯兰堡坐车到纳蒂亚加利探望这个泱泱大国的贵宾。舒尔坦则在客厅里装着十分抱歉地将他们一一挡驾,请他们喝咖啡,推说基辛格正在休息,不便打扰。

7月10日上午9点,在基辛格到达北京将近24小时的时候,他留在伊斯兰堡的助手霍尔珀林又按计划从纳蒂亚加利打电话到城里,称基辛格在别墅要多休息一天,取消一切约会。霍尔珀林还打电话给停在机场那架美国飞机的驾驶员,要求他发电通知飞行计划作必要的改动。此时,在美国圣克利门蒂西部白宫的尼克松总统,除了在7月9日凌晨收到一封电报称"出发情况良好"以后,就再也没有基辛格的音信。基辛格一进入中国,就无法与总统保持联系。对尼克松来说,等待显然是一件更加折磨人的事情。尼克松为此好几个晚上都睡不着觉。这场秘密外交基本上是按中国的条件进行:是美国特使去北京,而不是周恩来到华盛顿。这是中国按允许外国使节拜会中国朝廷的古老规矩发出邀请的。1851年,第一个到中国的俄国大使因不肯给顺治皇帝磕头,乃被拒绝晋见,

周恩来设宴为基辛格洗尘。

并被立即遣送回国。1816 年,英国大使阿姆斯特勋爵拒绝给嘉庆皇帝磕头也受到同样对待。当然,这次,尼克松派基辛格到中国已经不需要磕头了。但周恩来会不会为了 17 年前在日内瓦受到杜勒斯国务卿拒绝握手的蔑视而向美国人施以报复呢?

■ 周恩来谈起尼克松的"五极中心"说,基辛格竟然不知道

当飞机飞越冰雪皑皑的喜马拉雅山的时候,旭日东升,曙光初照,银白的雪峰巍然高耸,映衬着被映得一片通红的天空,景色格外壮观迷人。那个对基辛格来说具有神秘色彩的东方大国就在眼前,他肩负重任,又觉得吉凶未卜,由此产生一种异乎寻常的力量,使他觉得回到了童年时代才有的那种天真烂漫的情景,好像每一天都在经历一场宝贵的冒险,使人的生命富有意义。

当中国人告诉他们飞机正在飞越中巴边界的时候,斯迈泽正好被基辛格叫到后舱去商谈工作,剩下洛德一人独自坐在比其他美国乘客都更靠前的位置。对洛德来说,这次中国之行另有一层值得兴奋之处,这是他妻子贝蒂出生的国家。所以,一听说下面就是中国边境,洛德自豪而欣喜地喊了起来:"我是第一个进入中国国境的美国官员,我比你们领先五码!"

在飞机上，美国人与中国人围着一张桌子闲谈，礼貌周全，态度友好，气氛和谐。在 2400 英里的航程中，在 4 小时 45 分钟的飞行时间里，大家谈的范围很宽广，也很随便。从窗外的景色谈到日内瓦会议杜勒斯为什么不和周恩来握手，从"乒乓外交"谈到巴基斯坦渠道和热情友好的叶海亚总统，从中国人讲的标准美国英语到基辛格为什么不能当美国总统……闲谈的气氛使基辛格觉得，"好像我们两国之间没有一天断绝过联系一样。还只是在昨天，中美两国一公开谈到对方，就是一顿痛骂，可是现在却一点也没有这样的气氛。"

7 月 9 日，星期五，北京时间中午 12 点 15 分，飞机在北京郊区的南苑军用机场降落。前来迎接的有中共中央军委副主席叶剑英、即将出使加拿大的黄华、外交部礼宾司司长韩叙，以及读过哈佛大学化学专业的翻译冀朝铸。人们特意介绍说，在国庆节的天安门上，是他同毛泽东及斯诺站在一起。这时，中美双方官员的表情是严肃的、拘谨的，气氛是冷峻的；握手也是例行公事的、礼貌性的。

按中美双方原来商定，这次基辛格秘密访华，不安排新闻摄影。经过周恩来总理指示，也通过与基辛格商量，我方安排了一个摄影师拍摄基辛格秘密访

1971 年 7 月 9 日，周恩来与基辛格会谈。

华的资料影片，以供保存。当时中央新闻电影制片厂的摄影师牟森，有幸地将基辛格的访华活动拍摄了下来。牟森就是从南苑机场基辛格下飞机时开始工作的。

从基辛格当时在南苑机场的表情来看，忧虑是很重的，玳瑁宽边眼镜后的脸腔肌肉紧缩，没有一丝笑容。

叶剑英陪同基辛格乘坐大红旗轿车进城，基辛格被当做贵宾安排住在钓鱼台国宾馆6号楼。楼外假山玲珑，小径曲折，流水潺潺，是一个漂亮的大花园，园林布局基本上是乾隆皇帝时的原貌。

6号楼里的屏风古色古香，瓷瓶典雅古朴。下榻住定后，基辛格开始盥洗换衣服。可他将换洗衬衣忘在伊斯兰堡，不免大为着急。洛德英俊苗条，衬衣不合基辛格穿；他只好向身材高大的霍尔德里奇借几件白衬衣。基辛格抖开借来的衬衣在身上比试，太长太宽，衬衣上还标着"台湾制造"的商标。

"哟，台湾产的。"基辛格只好笑着打趣，"真不吉利！我就是担心台湾问题要使会谈卡壳。"

洛德在一旁说："你太紧张了。"

基辛格穿上霍尔德里奇的宽大衬衣，看看镜子，发现自己好像没有脖子。他只好折短袖子，系上领带。

到北京后的第一顿饭，是叶剑英举行的盛宴。菜式之丰富，制作之精美，数量之丰盛，使基辛格大为吃惊。这个德国犹太移民的后裔，在美国中学毕业时候最大的愿望是当一个会计。就是成为哈佛教授，乃至进入白宫成为炙手可热的大人物，也没有见过如此丰盛精美的宴席。白宫大厨师亨利·哈勒花了好几天时间准备的重要国宴，与现在这个宴席相比也显得逊色。白宫有名的器皿陈列室里，收藏着历任总统用过的名贵瓷器，有一个盘子中间的图案是一只小鸡盯着西红柿上的小虫子，想要啄而食之；这是海斯总统夫人给客人准备的盘子，这个图案使人看了吃不下东西。据说海斯夫人就是不希望客人吃得很多。可是中国主人频频给美国客人夹菜，客人吃得越多越高兴，主人才觉得满意。看来，在这个古老的国度里，吃的历史也源远流长，吃的哲学也根深蒂固。主人要表现自己的富有与大方，使客人也可以显示自己的权势与尊贵。基辛格吃到酣畅之时，感慨地开玩笑说："大概是数千年前有位贵宾吃不饱，饿了肚子，使主人受到指责。自此之后,贵国就决心待客从丰,以免重蹈覆辙。"饭后稍歇。周恩来总理将于下午4时半到来。基辛格等人相互招呼着,到客厅门口迎候。

他们在屏风前相挨着排成一行,垂手站立,表情僵硬,紧张而拘束,连话都不说了。对中国的神秘感使他们即将会见中国领袖人物时手足失措。

小轿车驶到小楼门口。周恩来下车走来,潇洒庄重,行动敏捷。基辛格在回忆录里是这样描绘的:

> 他脸容瘦削,颇带憔悴,但神采奕奕,双目炯炯,他的目光既坚毅又安详,既谨慎又满怀信心。他身穿一套剪裁精致的灰色毛式制服,显得简单朴素,却甚为优美。他举止娴雅庄重,他使举座注目的不是魁伟的身躯(像毛泽东或戴高乐那样),而是他那外弛内张的神情、钢铁般的自制力,就像是一根绞紧了的弹簧一样。他似乎令人觉得轻松自如,但如小心观察就知并不尽然。

基辛格还没等周恩来走到跟前,就特意把手伸了出去,动作还是有点僵硬。周恩来立即会意地微笑了,伸出那只不能扳直而有点弓屈的右手臂和基辛格握手,友好地说:"这是中美两国高级官员20多年来第一次握手。"

基辛格也说:"遗憾的是这还是一次不能马上公开的握手。否则全世界都要震惊。"

紧接着,基辛格将自己的随员介绍给周恩来。

"约翰·霍尔德里奇。"基辛格指着大高个。

周恩来握着霍尔德里奇的手,说:"我知道,你会讲北京话,还会讲广东话。广东话连我都讲不好。你在香港学的吧?"

基辛格介绍斯迈泽:"理查德·斯迈泽。"

周恩来握着斯迈泽的手,说:"我读过你在《外交季刊》上发表的关于日本的论文,希望你也写一篇关于中国的。"

洛德没等周恩来开口就自报姓名:"温斯顿·洛德。"

周恩来握着洛德的手摇晃着说:"小伙子,好年轻。我们该是半个亲戚。我知道你的妻子是中国人,在写小说。我愿意读到她的书,欢迎她回来访问。"

周恩来也跟特工人员雷迪和麦克劳德开玩笑："你们可要小心哟，我们的茅台酒会醉人的。你们喝醉了，是不是回去要受处分呀？"

基辛格一行紧张、拘束的神态很快就消失了。他们为周恩来的魅力倾倒。

楼内的会议室里，中美双方随着周恩来的到来开始了会谈。隔着一张铺着绿台布的长桌，周恩来与基辛格面对面地坐在大藤椅里。在周恩来两旁的是叶剑英、乔冠华、黄华和章文晋，还有熊向晖、王海容、唐闻生和冀朝铸。在基辛格两旁的是霍尔德里奇、斯迈泽和洛德。特工人员雷迪和麦克劳德虎视眈眈地站在窗旁，还随身带着两只沉重的装满了机密文件的箱子。他俩特别忠于职守，既不想把总统特使丢给那些不明底细的中国人不管，也不愿意让装着美国国家机密的箱子脱离自己的视线。后来，中方有关人员觉得他俩如此守着太累，也不值得，就劝说他俩回到所住房间去休息。他俩也觉得基辛格似乎很安全，只好提着那两只沉甸甸的机密箱子，离开了会议室，回住房去。

洛德将那本熬了许多心血准备的材料汇编摆在基辛格的前面。周恩来只掏出一张纸放在茶杯边。可以望见纸上写着几行字，大约是讨论的提要。

基辛格先是十分谨慎地打开材料汇编的厚皮封面，按事先准备的密密麻麻的讲话稿，干巴巴地念了起来——

从1784年美国商船"中国皇后号"从纽约港起航，穿过大西洋，绕过好望角，于8月28日到达中国广州的黄埔港，揭开了中美关系的序幕……

基辛格从中美关系的历史谈起，一直讲到这次会晤。周恩来、叶剑英等很有耐心地听着。连基辛格也觉得这么念太枯燥，但他只得将开场白念完——

所以，尼克松总统希望看到中华人民共和国回到国际大家庭来，起到它应有的建设性的作用。为此，总统期望访问中国……

这个在哈佛大学磨炼过口才的教授，不愿再念了，干脆撇开材料汇编，随便地说起来："已经有许多人访问过这个具有几千年文明的美丽的国土了，对我们来说,却是一个神秘的国土。"

周恩来摆了摆手,说:"你会发觉,它并不神秘。你熟悉之后,它就不会像过去那样神秘了。"

基辛格说:"众所周知的原因,造成了我们两个大国的对立与隔绝。"

周恩来说:"两国之间的分歧是巨大的。例如,台湾问题就是两国关系紧张的根源。博士先生,我们终于坐下来了,就可以相互阐述自己的观点,让对方有充分的了解。"

问题在桌面上摊开来了,最重要的是台湾问题。基辛格谈了尼克松政府对于台湾问题的建议:

一、美国政府拟在印支战争结束后撤走2/3驻台美军,并准备随着美中关系的改善而逐步减少在台湾余留的军事力量。

二、承认台湾是中国的一部分,不支持台湾独立。

三、不支持"两个中国"或"一中一台",但希望台湾问题能和平解决。

四、"美蒋条约"留待历史去解决。

五、美国不再指责中国和孤立中国,美国将在联合国支持恢复中国的席位,但不支持驱逐台湾的代表。

基辛格还谈到越南战争等印支问题。等基辛格阐述完美方的观点,已到晚餐时间。茅台酒和鱼翅羹使桌上气氛变得宽松了一些,双方说了一些打趣的话。

晚饭后继续会谈。周恩来针对基辛格提到的美方观点,坦率地表明了中国的原则立场,特别阐明了中国政府对台湾问题的一贯观点,那就是:台湾是中国的神圣领土;台湾问题是中国的内政,不容任何外来干涉;解放台湾是中国自己的事情,"美蒋条约"无效,美军必须限期撤离台湾。

谈到越南战争,周恩来指出,美国朋友总是喜欢强调美国的体面、尊严。你们只有把你们的所有的军事力量统统撤走,一个也不剩,这才是你们最大的荣誉和尊严。

周恩来又说:"我是大致同意尼克松总统7月6日在堪萨斯城演讲的观点。

总统讲到当今世界存在'五极',也就是五种力量中心……"

"堪萨斯城?五极?"基辛格愕然了,迷惑地反问道。尼克松关于世界力量变化的说法,他是知道的。尼克松和他在一起多次商量过,认为50年代世界有两极,即以苏联为首的社会主义阵营及以美国为中心的西方民主国家;60年代后期,随着中苏分歧的公开化,世界力量实际上形成了中、美、苏三极了,也就是所谓的"大三角"。尼克松总统也不止一次地在公开场合的讲话中讲到"三角关系"的理论。现在,在基辛格出发以后,在7月6日,尼克松在公开的场合又正式将"三角"理论发展到"五极"理论,这件事并没有及时通知他。在他飞往北京之前几个小时,尼克松还通过机密渠道告诉他:公共关系专家们认为7月15日华盛顿时间下午10点30分是总统发表公告的最合适的时机。为什么总统偏偏忘了提醒他发表"五极"理论这件事呢?尼克松的"五极"观点,现在在会谈中由周恩来提出来,一下子就使基辛格处于不利的境地。洛德敏感地看了基辛格一眼,他在暗暗为自己的上司着急。

周恩来敏锐地感觉到了,问:"你们是不是在路上没有看到总统的讲话?"

基辛格被周恩来触中痛处,显得尴尬发窘,只好点点头。

周恩来却真诚地为对方介绍尼克松的观点,说:"尼克松总统声明,本届政府'务必首先采取步骤,结束大陆中国与世界社会隔绝的状态'。他预见到世界上将出现'五个超级经济大国'——美国、西欧、日本、苏联和中国,它们之间的关系将决定当代和平的结构。我们赞同你们总统的观点,却不赞同给中国戴上'超级大国'的帽子,也不参与大国的这场比赛。"

周恩来无意利用对方不利地位的真诚态度,使基辛格松了一口气,说:"总理同意我们总统的观点,我很高兴。尽管我们之间存在着严重的分歧,却也能寻找到一致的地方。"

基辛格对周恩来的信任与敬佩,就在此时开始形成。中美双方由20多年来隔绝无知而开始相互了解。双方既有严重的分歧,也有目标一致的地方,这使会谈从第一轮开始就有了意义。周恩来和基辛格主要是把时间花在那些能增进相互了解的看不见摸不着的务虚问题上。那种谈笑风生的气氛,那些深入透彻的内容,使会谈像两位教授之间一场政治哲学对话一样。两个人在思想意识上是敌人,但各自陈述对世界事务的观点时的态度之坦率,即使在盟友之间也是很少能做到的，这使基辛格很吃惊；而谈话内容之深刻，更使他觉得面对的是一个伟人。第一天的会谈在晚上 11 点 20 分结束，并没有解决任何问题，甚至没有讨论到哪一个必须作出决定的问题，即尼克松总统来华访问的问题。双方在这天的会谈中都表现得好像若无其事，似乎这是一个很容易解决的附带问题。实质上会谈是很严峻的。周恩来走后，基辛格沉静下来，望着楼外的夜色、树丛中的灯光，他感到有点紧迫与沉重。按秘密访问计划，他在北京的时间被限定为 48 小时。如果伊斯兰堡的掩护工作做得好而没有引起怀疑，他必须在后天，也就是 7 月 11 日在巴基斯坦重新出现。只剩明天一天了，他只能前进不能后退。

■ 为什么毛泽东不急于听周恩来汇报基辛格来访的要事？

周恩来总理在同基辛格结束了第一轮会谈以后，带领中方人员离开了 6 号楼，走到工作小组所住的 4 号楼。他立即让王海容打电话联系，问什么时间去毛主席那里汇报。王海容问谁去汇报，总理说让她与唐闻生和他自己三个人去。电话很快就打通了。王海容对总理说：主席让现在就去，还让熊向晖也去。周恩来吩咐王海容和唐闻生先走一步。他收拾了公文包，服了药，便与熊向晖一起上了车。

熊向晖的女儿熊蕾，对当晚向毛泽东汇报的情景，曾在一篇文章中作过详细而生动的记述。引用如下——

> 周总理的轿车驶出国宾馆，开往中南海。已经是午夜时分，街上静寂无人。周总理默默沉思着，熊向晖则在心中迅速地筛选最近的国际大事，推断基辛格的秘密访问一旦公开，可能引起什么样的国际反响。他蛮有把握地认为，毛主席找他去，是要了解国际形势。
> 轿车在中南海毛泽东住地门口停下。周总理带着熊向晖快步走进毛主席的会客室兼书房。主席身穿睡衣，站在屋子当中。总理握了握主席的手，说："这么晚，主席还没休息啊？"毛主席说："我不困。"

熊向晖跟着握住老人家伸出的手,说:"主席好!"

毛主席笑容满面地说:"马马虎虎。"

会客室中,七张单人沙发摆成一个半圆,每两张中间放着一个茶几。毛主席在居中的一张沙发上坐下,总理和熊向晖分坐在他两旁。王海容坐到熊向晖旁边,唐闻生则坐在毛主席沙发背后立灯下的一张椅子上。立灯关着,室内光线很柔和。

周总理告诉主席基辛格到了,准备汇报他提出的问题。

不想毛主席却摆了摆手,说:"那个不忙。"

在周恩来与基辛格会谈之后,毛泽东接见周恩来、叶剑英等。

他转向熊向晖，开始了一场出人意外的谈话。

毛主席从茶几上拿起一支深褐色的小雪茄，唐闻生帮他点燃。他深深吸了一口，仍然满面笑容地问："你现在还讲不讲'卫生'啊？"

王海容对熊向晖解释说："主席是问你还抽不抽烟。"她又转向主席说："老熊是个'烟鬼'。"

毛主席轻松地说："他怎么成了'老熊'了？"听熊向晖说他已经52岁了，就说："还不老嘛。"然后指指茶几上放着的小雪茄，说："现在医生不让我抽香烟，只让我抽这个。他们都讲'卫生'，你不讲，你就抽吧。我也不'孤立'了。"

熊向晖点燃一支小雪茄，以为这样的寒暄可以结束了。可是，毛主席却继续提出一些在他看来是"寒暄"性的问题："你在总参×部当副部长？"他回答："是。"

毛主席深深地吸了一口雪茄，操着浓重的湖南乡音问："那个'参谋总长'姓甚名谁呀？"熊向晖一面回答"黄永胜"，一面感到不可思议：怎么提出这样的问题？而且把"总参谋长"说成"参谋总长"？

毛主席又问："你同黄永胜熟悉不熟悉呀？"

熊向晖回答："到总参以后，在会上认识了黄总长，没有单独接触过。黄总长提到过我。"

主席问："他是怎么提到你的呀？"

熊向晖回答："今年4月，黄总长在总参批陈（伯达）整风小结会上说，主席对他讲，总参有篇批陈发言有水平，但主席没有具体讲是哪一篇。黄总长估计，可能是江钟的，也可能是熊向晖的。"

毛主席说："我指的是你的那一篇。你读过一些马列的书。"

熊向晖以为谈到这里，毛主席就该听周总理的汇报了。不料老人家似乎忘记了这件事，抽着小雪茄，继续优哉游哉地同他"漫谈"。

主席问："在那小结会上，黄永胜还讲了什么？"

熊向晖感到，说得过于简单，恐怕招致更多的问题。为了节省时间，以便总理及时汇报，他这次回答得比较详细：小结是王新亭副总长念的。吴法宪副总长作了补充，说总参批陈整风搞得很好，自从黄总长主持总参以来,毛泽东思想红旗举得高,各方面工作都取得很大成绩。主席和林副主席对黄总长是满意的,各大总部,各大军区,各军、兵种对黄总长是尊敬的。黄总长很谦虚,说他毛泽东思想红旗举得还不够高,比林副主席差得远,在工作中还有些官僚主义。

听到这里,毛主席"哦"了一声,又问:"他们没有讲庐山的问题?"

熊向晖回答:"讲了,是在批陈整风动员会上讲的。吴副总长说,总参同陈伯达没有来往。黄总长说,他是在庐山会议开始以后才到了庐山,当时主席已经发表了《我的一点意见》,揭露了陈伯达。黄总长说,他不认识陈伯达,原来只知道陈伯达是个理论家、秀才。如果不是主席、林副主席指出来,他也看不出陈伯达搞的'关于称天才的几段语录'有什么问题,也可能上当受骗。以后要坚决按照主席和林副主席的指示,多读一些马列的书。"

毛泽东与熊向晖握手。

毛主席脸上的笑容消失了。他又抽了一支雪茄，用缓慢的语调问："庐山的事，他们就讲这些？"

熊向晖回答："主要就是这些。"

……主席沉默了一会儿，深深地吸了一口烟，突然伸出左掌，用右手一个一个按下左手的手指，问熊向晖："黄永胜和他那个军委办事组——吴法宪、李作鹏、邱会作，还有叶群，他们在庐山搞鬼，黄永胜讲了没有？"熊向晖几乎不相信自己的耳朵。这都是当时几乎不可一世的人物呀！他怔了一下，回答："没有听黄总长讲过。"

毛主席又问他有没有看过黄永胜等人的检讨、听过这事的传达，熊向晖都只能回答"没有，"因为他毫不知情。毛主席意味深长地看着熊向晖，问："你嗅出点什么没有？"

大半年来，熊向晖除了批陈，一直埋头于国际问题的研究。他虽然对那些趁"文化大革命"之机扶摇直上的政治暴发户很反感，但由于黄永胜等人对庐山会议的情况严密封锁，他看不出任何他们地位动摇的迹象，因此，他对主席这个问题的回答，依然是"没有"。

毛主席转过身来，问总理："那五个人的检讨，发给总参没有？"

周总理说："发了，总参和军委一共发了60多份。"

那是应该发到熊向晖这一级干部的，而他竟毫不知情。这说明了什么？

毛主席又吸了口雪茄，沉思了片刻，用左手拍了一下茶几，突然提高了声调，说："他们的检讨是假的。庐山的事情还没有完，还根本没有解决。这个当中有'鬼'。他们还有后台。"

室内的空气仿佛凝固了。"他们的后台"是谁呢？难道是林彪？

过了一会儿，大概是想缓和一下气氛吧，周总理委婉地说："我过去也犯过错误，一经主席提醒、批评，总是努力改。这次黄永胜他们犯了错误，主席对他们进行了批评教育，他们作了检讨，以后也会在实践中改正的。"

毛主席摇摇头，说："那个不同。你犯错误是阳谋，他们是阴谋。实践证明，他们的检讨是假的，是阴谋。连熊向晖这样的干部都不让知道,这不是阴谋?我历来主张,党内允许有公开的反对派,绝不允许暗藏的反对派。黄永胜他们搞阴谋,搞分裂,他们是暗藏的反对派。搞阴谋,搞分裂,就是搞修正主义。真正搞马克思主义的人,就要讲团结,就要光明正大。黄永胜他们光明正大吗?完全不是。总而言之,庐山的事,根本没有完。"

停了停,毛主席的情绪松弛下来,又问熊向晖有秘书没有,写报告、起草文件是否亲自动手。听说他是自己动手时,毛主席说:"那好。我这里的文件,就是一个秘书管。她的任务就是收收发发。文件来了,我自己挑选重要的看。需要提点意见的,我自己动手写,从来不让秘书代劳。共产党员一要动手,二要动口。动手动口,就是要动脑筋。现在一些大官、小官,自己不动手,不动口,不动脑筋,什么事都靠秘书,听说连科长都有秘书,搞成'秘书专政'。有的人让自己的老婆当自己的办公室主任,这不是共产党的作风,是国民党的作风。"

熊向晖听了,心里又是一动:让自己的老婆当自己的办公室主任的,不是林彪吗?

直到此刻,毛主席才结束了同熊向晖的"寒暄",听取周总理关于同基辛格第一轮会谈的汇报。熊向晖看了看表,已是10日凌晨1点过5分了。毛主席谈"题外话",竟谈了将近一个钟头。

本来基辛格作为尼克松总统的特使,秘密来北京访问,只能在北京作48个小时逗留。这对中国领导人来说,确实是一件十分重要的大事。第一轮会谈结束后,周恩来马上到毛泽东那儿汇报,以听取毛泽东的指示。毛主席却将基辛格来访的事搁在一边,首先要熊向晖汇报"参谋总长"黄永胜的检讨情况,而且询问得十分具体,十分仔细。毛泽东以其丰富的政治斗争经验及高度敏锐的政治嗅觉,从熊向晖的汇报中觉察到林彪身边那几个人物并没有真正认错,觉察到他们正在搞阴谋。毛泽东警觉到可能出现的危险,毅然采取部署,于8月14日离开北京,去巡视大江南北,作了一次带有神秘色彩的旅行。毛泽东一路向各地党政军负责人讲庐山的那场斗争,讲"三要三不要"原则,即:要搞马列主义,不要搞修正主义;要团结,不要分裂;要光明正大,不要搞阴谋诡计。这一切,极大地刺激着林彪一伙的神经。他们加紧了反革命政变的部署。这已是后话。

周恩来开始汇报与基辛格的会谈:"今天第一轮,大家见了面,互相认识。互相了解对方的基本观点。开始他们比较紧张,谈到了台湾问题,为此准备了很多材料。"

毛泽东认真地听周恩来汇报。毛泽东边听汇报边说:"猴子变人没变过来,还留着尾巴。台湾问题也留着尾巴,它已经不是猴子,是猿,尾巴不长。"他又说,"美国应当重新做人。多米诺骨牌是什么意思?基辛格英文比我好,让那些多米诺骨牌倒了算了。这是进化嘛。当然,不打它也不倒,不是我们打,是他们打。美国要从越南撤军,台湾不慌,台湾没打仗,越南在打仗在死人呀!"

毛泽东又对周恩来等人说,要给基辛格吹天下大乱,形势大好。不要老谈具体问题。我们准备美国、苏联、日本一起来瓜分中国。我们就是在这个基础上邀请他来的。

周恩来作了一个多小时的汇报。待周恩来等人离开毛泽东住地时,已经2点多了。

■ 基辛格去时忧心忡忡,回时喜气洋洋

7月10日早晨,基辛格和助手们正准备吃在中国的第一顿早餐。宾馆服务员端着托盘将早餐送进来。托盘还捎了一份英文稿子。服务员将稿子交给基辛格,说:"基辛格先生,这是周总理托我交给你的。"基辛格拿起稿子一看,正是尼克松总统7月6日在堪萨斯城演讲的英文稿。原来,这是美国中西部新闻宣传机构的高级人员集会,请内阁成员和白宫助理人员报告国内政策,尼克松总统在会上作了这篇事先未草拟讲稿的即席演说。在稿子旁边,周恩来写了一行小字——阅后送还,仅此一份。

在早餐桌上,基辛格让助手们传阅。

霍尔德里奇抱怨说："总统将世界'三极论'升为'五极论'，这样重要的讲话，事先不跟我们打招呼。"

"搞得我们昨天好尴尬！我们总统的观点，要让谈判对手来转达。"斯迈泽也满腹牢骚。

洛德翻看着说："中国怎么连一台复印机也没有？！看了还要送还。周恩来倒是很真诚。"

基辛格十分感动地说："我看换了赫鲁晓夫，早就借此搞小动作了。"

吃罢早餐，由黄华陪同去参观故宫。故宫又称紫禁城，是中国明清两朝的皇宫，已有565年的历史，住过24个皇帝。故宫在"文化大革命"中关闭了，因为接待美国乒乓球队访华而获准开放。这天也是仅供基辛格一行六个美国人参观。最有意思的是，雷迪和麦克劳德两个特工人员也参加游览故宫。他俩没有忘记自己的重要责任，是拎着那两只装满机密文件的箱子来游览的。黄华曾在燕京大学学过英语，在延安时先后接待过斯诺和包瑞德上校率领的美军观察组，还是50年代在朝鲜板门店谈判的重要代表。基辛格与黄华一边参观，一边交谈。

"总统跟我不止一次地设想我们会谈的情景，以为你们会大声拍桌子叫喊着打倒美帝，勒令我们立即滚出台湾、滚出日本、滚出东南亚，不然就不能坐下来谈判。"基辛格说。

黄华听了哈哈大笑："真的吗？"

洛德说："我证明，博士的话是真的。"

金碧辉煌的宫殿，玲珑雅致的花园，苍劲古道的柏树，美丽的大理石雕刻，逼真的青铜狮子，使美国人惊叹不已。中国文物局王冶秋局长还带领他们参观了近几年的出土文物，有马踏飞燕、金缕玉衣等。

大家在青铜狮子前合影留念。走热了，都只穿衬衫。基辛格穿的衬衫尺寸不合，又宽又大，他不时地用手整理了一下衬领。黄华望了他一眼，感到奇怪。基辛格脸上露出神秘莫测的笑，说："我们在紫禁城里照相，'台湾'却和我贴得那么近……"

美国人都哈哈大笑。黄华诧异，不知是何缘故。斯迈泽对黄华耳语说："他忘了带衬衫，穿的是霍尔德里奇带来的台湾产的衬衫。"

基辛格离京前,由黄华陪同参观当时尚未开放的故宫。

黄华一看基辛格穿着大衬衫的狼狈相,笑得很开心。

下午4点,周恩来与基辛格的会谈继续举行。地点换至周恩来办公的人民大会堂。这一轮会谈的气氛,与7月9日的第一轮很不相同。双方寒暄之后,各自介绍自己的观点,因为分歧十分严重,气氛变得紧张起来。在台湾问题、越南问题、世界形势问题、日本问题、亚洲问题等一系列问题上,双方的观点是尖锐对立的。在这种情况下,周恩来缓和了一下气氛,说:我们不如先吃饭,烤鸭就要凉了。

进餐前,周恩来按毛泽东的指示对基辛格说了一番世界大乱、形势大好的问题,说到中国准备打仗,准备美国、苏联来瓜分中国。

基辛格赶忙说,请总理放心,美国要同中国来往,决不会对中国进攻。美国同盟国或对手决不会进行勾结来对付中国。中国对付美国的军队可以北开,摆在别的地方。

访华的基辛格风华正茂。

饭后,周恩来态度和蔼地建议,尼克松总统可于1972年夏天来访问。基辛格说,1972年夏天离总统大选的日子太近,可能引起误会。周恩来就建议改为1972年春天。基辛格赞同这个日子,不过,他说总统访问必须经过周密的准备,包括会谈议程、参观项目、新闻和电视报道,而且还得派出官员和电视技术人员先遣小组,以确保安全和报道工作顺利进行。周恩来同意进行讨论,建议在晚间10点以后再会晤,起草关于这次基辛格访华的联合公告。

周恩来与基辛格谈毕,即驱车赶到中南海。毛泽东听了周恩来的汇报,谈了两条意见:

第一,汇报到基辛格说的美国不会进攻中国、让中国把军队开到北方去时,毛泽东说:他们要我们把军队往北开啊,过去我们是北伐,后来是南伐,现在是北来北伐,南来南伐。

第二,汇报说到讨论发布公告之事时,毛泽东表示,对公告内容中提及尼克松来访谁也不说主动,是双方都主动。毛泽东还说:在公告中,也不提我要见尼克松,要学诸葛亮,留一手。

当晚下半夜,周恩来总理指派黄华与基辛格讨论这个公告。周恩来率领熊向晖等人再次向毛泽东主席汇报第二轮会谈的情况。毛泽东批准了联合公告的基本草案,准备在7月11日上午与基辛格进行最后的讨论。

可是,基辛格等人过于敏感,因为在北京逗留已经一天半即36个小时了,还有12个小时就得飞回巴基斯坦。可是,联合公告还没有落实,他们又无法与外界联系。基辛格觉得很痛苦,十分焦躁不安,不知道会发生什么事情,不知道能否签订一个双方都能接受的联合公告。他与助手们担心有人偷听,就在半夜走到楼外的花园中,在散步中商量对策。

7月11日,上午9点40分又开始会谈。双方这时才就尼克松访华而将发表的公告问题进行磋商。公告文字要求简短,内容为双方所同意,商定在基辛格离华后双方在预定的同一时间各自发表这份公告。尽管公告内容只有短短几句话,但双方都意识到这个公告的重要性:这几句话一经公布,就会轰动世界。由黄华与基辛格来进行起草公告的工作。公告的稿子是由中方提出来的,当时双方对公告稿子有三处争议:其一是尼克松来华访问是由谁主动提出的;其二是中美会谈要讨论哪些问题;其三是来访的具体时间。关于第一点,中方的稿子据实写着"尼克松总统要求来华访问";基辛格不同意这么写。为了给尼克松留点面子,改为中国"获悉"尼克松要求而发出邀请。关于第二点,为了不引起第三国可能产生的疑虑,把中美领导人会谈的内容,限定在为了谋求两国关系正常化、就双方共同关心的问题交换意见上。关于第三点,访华时间定在"1972年5月以前",其时间背景就是美国总统大选以前。后来尼克松会见毛泽东时,毛泽东说美国总统大选"我投了你一票",就包含了这一层意思。双方同时发表公告的时间,采纳了美方提出的时间——7月15日。

周恩来在起草公告工作完成之后来到钓鱼台,与基辛格讨论了今后联系的地点,双方都赞同定在巴黎,由尼克松总统信任的美国驻法国武官沃尔特斯将军与中国驻法国大使黄镇接头。接着,周恩来还提议:有时,我们不妨继续利用巴基斯坦这个渠道,中国有句老话,不能过河拆桥。

基辛格此行的最后一次午餐是十分愉快的。紧张的气氛烟消云散。叶剑英在送行的宴席上也露出了笑容。

基辛格与助手们兴高采烈地乘着那架巴航飞机飞回巴基斯坦,除了带回双方认可的联合公告,还带回了中国人送的中国菜、毛泽东著作英文版及这次访问的照相集。

飞机在下午1点顺利飞抵伊斯兰堡。舒尔坦在机场迎接。舒尔坦后来说,基辛格去的时候忧心忡忡,回来时喜气洋洋,前后相比简直像两个人。

基辛格在舒尔坦陪同下,乘车兜了一个圈子经过纳蒂亚加利所在的穆里路,又大事张扬地回到伊斯兰堡城里,似乎是恢复了健康从山间别墅回来了。当晚,他即转乘自己的那架飞机,飞往巴黎。在机上,他给尼克松发了预定的代号,报告访华成功。他们挤在拥挤的机舱里，兴奋地回忆这几天的经历。基辛格最年轻的助手洛德，当然没有预料到，十几年后自己会出任美国驻中国大使。后来，他说了一番很有感情的话："今天，在太平洋上空每个月都有数以千计的个人和数以百计的代表团穿梭往来，还有成千上万的人在对方的国家里学习、教书和工作。今天，贸易、投资和经济合作的其他形式多种多样。今天，我们广泛进行磋商，经常举行高级领导人和工作人员互访……而当年，我们两国却相互隔绝，互不来往。我有幸跟随基辛格博士乘了一架飞机，探险似的神秘地飞过太平洋来访问北京。"

卷十一　几乎全世界的电波都在载送这个简短的公告

■ 几乎全世界的电波都在载送这个简短的公告

1971 年 7 月 15 日。

这一天，加利福尼亚海岸天气晴朗，阳光明媚。太平洋海面上早晨常有的薄雾，已经在阳光下消散了。一阵又一阵的海浪扑打着蜿蜒的沙滩和陡立的峭壁。一个身材高瘦、肩头稍微伛偻的男人漫步在峭壁的边缘。他的步履轻快而有力，表情仍和往常一样冷静、沉着。他仰着脸让海风吹拂。只有非常了解他的人才能从他焕发的神态与闪烁不定的眼光中看出他内心沉浸在巨大的欢乐与憧憬之中。

他就是尼克松。

这几天，他在圣克利门蒂西部白宫一直沉浸在兴奋喜悦与焦急不安所交织的心情中。

7 月 13 日，天还没亮他就醒了。7 点刚过，他走出自己居住的那幢宁谧恬静的西班牙式别墅，走出那围着白色高墙与嵯峨柏树的墙院，来到直升机起落场。他站在那儿等了一会儿，天空中才传来螺旋桨的声音。基辛格在埃尔托罗海军陆战队的空军基地换乘的直升机飞抵圣克利门蒂。飞旋的螺旋桨掀起了气流。尼克松兴奋而又焦急，没等飞机停定就想走过去，被他的男仆桑切斯扯住了。

飞机停定后，红光满面的基辛格出现在舱门里，兴高采烈地挥着手跳下飞机，成功的喜悦洋溢在脸上。基辛格朝总统快步走去。尼克松也迎了上来，握手，拥抱。

"怎么样？"尽管有旁人在场，尼克松还是忍不住问。

基辛格说："他们周到极了！客气极了！"

"看你满脸红彤彤，都胖了。"尼克松心情也特别好。

尼克松在作全球电视广播。

"我长了五磅。给我们的待遇好得不得了。住在皇帝钓鱼的行宫里。根本不像我们事前担心的要磕头。"基辛格陶醉在成功之中。

尼克松哈哈大笑:"是吗?"

"每餐十二道菜,丰盛极了!他们太讲礼貌了!"

站在附近的不知内情者听了,好奇地问:"博士,你说的他们是谁呀?"

这一问,倒提醒了尼克松与基辛格。目前基辛格秘密访问中国的事,在美国只有他俩和手下几个助手知道,就连国务卿罗杰斯也是几天前才知道的。尼克松特意在基辛格启程之后,将罗杰斯请到圣克利门蒂,说基辛格飞到伊斯兰堡后,正巧中国人请他去访问,他就飞去了。

尼克松给基辛格使了一个眼色。基辛格会意地赶忙做了个鬼脸,说:"我、我什么都没说。你问总统。"

尼克松也做了个鬼脸:"亨利什么都没说。"

等那人走开后，尼克松又低声问："谈得怎么样？"

基辛格也悄声答道："非常实在，非常明确，双方都不说空话……我们真荒唐，怎么能设想周恩来会狠狠敲桌子大骂呢？！"

尼克松立即把基辛格带入他住的那幢西班牙式别墅最高层的小书房里，让基辛格把事情经过向他详细汇报。从尼克松的小书房望出去，可以看到浩瀚的太平洋。这使他俩都不禁联想起大洋彼岸的中国。

他们还兴奋地谈到，随着总统访华的宣布，这一惊人之举将使美国一下子夺得政治上和外交上的主动权，在战略上将胜过苏联一步，对越南战争也会产生深刻影响。美国人民将会看到，他们的政府是能够采取有胆略的和平行动的。他俩也讨论了不可避免地使盟友日本和台湾产生不快的情况。

尼克松感到入主白宫不能只是意味着享受国家最高元首的地位，主要是意味承担了无比重大的责任。是的，他以他多年政治风云中锻炼出的敏锐看到了机会，看到了世界力量的分化与重构，看到了世界结构要在动荡中走向新的均衡。可是，他深深感到，机会从来不会自动地转化为现实，领袖人物的崇高责任就是抓住机会，创造历史。他开始品尝到创造历史的喜悦了。当基辛格谈到日本和台湾会有不愉快的反应时，尼克松说："创造性的外交政策总是没有平坦的道路可走的。我们要积极地以进取的姿态去控制事态的发展，而不是消极地等待事件的来临。"

霍尔德曼赶到小书房来了，他最关心随总统访华的随行人员的数字、随行记者的数字，以及电视、广播的方式和范围。

罗杰斯也赶来了。总统让他在发布重要讲话之前通知有关的外国政府。

7月14日，尼克松让基辛格与洛德为他准备一篇同公告一起发表的讲话，将两年半的策划、工作和期待凝聚为400个字。

7月15日，它将作为历史的转折点记入世界外交史，它将像加利福尼亚的阳光一样焕发金色的光辉。尼克松站在太平洋东海岸的峭壁上心潮起伏不平。在太平洋的西岸，中国人又将怎样宣布这个公告呢？毛泽东会不会站到天安门上对他的国家宣布这个消息？尼克松授意基辛格选择的这个时刻，是美国电视广播的黄金时间。霍尔德曼告诉过他，几乎2/3的美国人把电视作为他们的主要信息来源，几乎一半的美国人对电视的信任胜过对其他信息源的信任。所以，尼克松总统比任何前任的总统都更喜欢利用电视向公众发表讲话。

为了松弛一下高度兴奋的情绪，尼克松从峭壁上回来后又去游泳池游泳。他仰面漂浮在水面上，紧张的心绪在碧波中得到了缓和。

太平洋时间下午2点45分，西部白宫按总统指示发出了一个通知，说5个小时以后总统要发表一篇"事关国家大局的重要的"简短公告。傍晚，尼克松和基辛格乘直升机飞往洛杉矶，于下午7点前进入设在伯班克的全国广播公司的播音室。记者们早已蜂拥而至，特工人员也已控制了现场。记者们从未见过他那样高兴和乐呵呵的样子。还差几秒钟就要到7点的时候，总统愉快地问道："伙计们，准备好了吗？"

7点整，电视摄像机的镜头对准了尼克松。

"晚上好！"总统开始讲话了。

"我要求占用今晚这段时间，是为了宣布我们争取建立世界持久和平的工作所取得的一项重大进展。"

"正如我在过去三年中多次指出的那样，没有中华人民共和国及其七亿五千万人民的参加，是不可能有稳定而持久的和平的。正因为如此，我在几个方面主动采取了行动，以求打开我们两国间更正常关系的大门。"

"为了实现这一目的，我派遣我的国家安全事务助理基辛格博士在他最近的环球旅行中前往北京，以便同周恩来总理会谈。我现在宣读的公告将同时在北京和美国发表：

> 周恩来总理和尼克松总统的国家安全事务助理基辛格博士，于1971年7月9—11日在北京进行了会谈。获悉尼克松总统曾表示希望访问中华人民共和国，周恩来总理代表中华人民共和国政府邀请尼克松总统于1972年5月以前的适当时间访问中国。尼克松总统愉快地接受了这一邀请。
>
> 中美两国领导人的会晤，是为了谋求两国关系的正常化，并就双方关心的问题交换意见。

尼克松刚念完《公告》，电视镜头马上转向在场的评论员。荧光屏上显现出

全世界对"七一五"公告的强烈反响使尼克松眉开眼笑。

他们目瞪口呆、大为吃惊的神态。

全美国都发愣了！全世界都吃惊了！几乎所有的电波都在载送这个消息，几乎所有的语言都在谈论这个消息。

尼克松心中仿佛受到一股股暖流的冲击。他喜气洋洋，好像过节一样。他离开电视台，来到佩林诺餐厅，频频与人握手，接受祝贺。他一反往常的腼腆表情，得意扬扬地拉着基辛格，向人介绍说："他就是已经到过北京的那个人……"

不少人高声表示："总统去中国，我们也要去……"

有人说："哎，你怎么就变了？你昨天还说要去台湾出差。"

"不。我今天不想去台湾了，要去北京。基辛格博士，你要帮忙呀。"

人们用掌声欢迎尼克松。一个青年问他：

"总统先生，你刚才打了一个非常漂亮的球。您是否感到它的意义？"

尼克松眨了眨眼睛，自信地说："只有历史才能说明它确实意味着什么。"

他和基辛格在餐厅的庆祝晚宴上吃了蟹腿肉，喝了一瓶1961年酿的法国红葡萄酒。

这天深夜，尼克松和基辛格喝得脸红红的，乘直升机回到圣克利门蒂。国务卿罗杰斯向尼克松汇报，电报已经开始像潮水一样涌来，大部分是赞扬的贺电，也有批评的，还有提建议、提要求的。可是，尼克松最关心的是日本和台湾的反应。在他开始宣布公告前的一个小时，罗杰斯用事先准备好的情况介绍，通知盟友，首先从日本开始，然后是台湾……

日本驻美大使牛场听了罗杰斯的汇报，没有发表评论；台湾的沈剑虹"大使"当场作了反应，谴责总统的决定，斥之为"不光彩的交易"。他还说："不应该未经磋商、不打招呼，就背着朋友和盟国干出这种事来。"

尼克松不以为然地说："你要给他解释，我们没有抛弃老朋友，没有嘛。我们和台湾的'防御条约'不是还有效嘛！我还准备批准卖给台湾一批新式战斗机。"

罗杰斯又说："总统，台湾方面对我们上月向他们提出的'双重代表权'的征询，不作答复。怎么办？"

尼克松渐渐地冷静下来，问道："你看怎么办？"

罗杰斯说："国务院认为不能迟于8月上旬正式提出'双重代表权'，并向新闻界公布。现在请总统批准。我们要拼命保住台湾在联合国的席位，我们脸上才有光。"

基辛格插进来说："我有点担心，这个'双重代表权'打开了欢迎北京进联大的闸门，给急于讨好北京的国家找到借口。到头来，我们控制不住——这等于自己制造失败。"

罗杰斯瞟了基辛格那还泛着酒意的红脸，冷冷地说："我们有些事，不早就在制造失败吗？"这话是含蓄地指责基辛格秘密访华。他因自己作为国务卿事前竟被瞒住而十分不快；但是，国务卿一直控制着自己，没有随便发作，此时才发泄了一点不满。

尼克松内心极度矛盾，心情马上变得十分沮丧了。

■ 也有人对"七一五"公告不高兴

这是一双戴墨镜的眼睛。黑黑的墨镜片遮掩了他眼睛的神态，使他能够透过墨镜用眼光去探究华国锋态度的细微变化。那是1971年9月4日，那时候，华国锋是湖南省第一把手、省革命委员会主任、党政军的主要负责人。戴墨镜穿灰布海军装的李作鹏陪同朝鲜人民军总参谋长吴振宇大将率领的代表团南下，参观了毛泽东故居韶山之后，在长沙蓉园会见华国锋等湖南省负责人。尽管华国锋作为主人主要是跟朝鲜客人说话寒暄，但对于身任中共中央政治局委员、副总参谋长、海军第一政委的李作鹏当然也没有怠慢。也不知道是李作鹏过于神经质，杯弓蛇影，疑心生暗鬼，抑或是李作鹏从华国锋的语调、眼神、握手的轻重中觉察出一种微妙变化，感到华国锋对自己的态度变了。数日前，毛泽东已经在南巡中跟华国锋打过招呼，作了一番讲话，矛头显然是针对林彪及其

《生活》杂志在发表"七·一五"公告时使用了周恩来的照片做封面。

"四大金刚"与夫人叶群的。

李作鹏心里有鬼,他这段日子里整日心惊胆战,惶惶不可终日,深感如临深渊。在庐山会议上,林彪带头大讲天才问题,他也卖力地在小组会上宣讲由陈伯达选编的、经过林彪审定的马恩列斯"称天才"的材料,呼应地叫着全会要学习林彪的讲话。庐山会议后,他装出样子写检讨,按叶群的布置写,小心翼翼地避免触及主帅林彪。随着批陈整风的深入,他恐惧倍增,又怕林彪为了"舍车保帅"将他和黄永胜、吴法宪、邱会作抛出去。他既企图用虚假的检讨混过关,又觉得末日即将来临,毛骨悚然,坐卧不安。

这年春节的年三十晚上,李作鹏的大女儿结婚,林彪让叶群与林立果登门祝贺,送了礼,照了合影。叶群还当着来祝贺的人说:"李政委是林总最信得过的人,你们要爱护他,支持他,李政委将来要担负更重要的职务。"李作鹏当然明白这些话里的含义,碍着人多,当面没有说话。等叶群走时,他送至小车旁,才握着叶群的手,小声却坚定地说:"请转告林副主席,李作鹏在任何情况下都忠于他!"叶群说:"林总早就说过,他与你们四个人的关系,用原子弹也炸不开……"

毛泽东觉察到林彪一伙还在搞阴谋以后,意识到可能出现的危险,于8月14日离开北京,乘着"一号专列"去南方巡视。毛泽东的南巡行动使林彪更为惊慌,李作鹏当然也警觉了。他们风闻毛泽东在南巡中多次对一些省头讲话,据说内容十分重要,而且不得向北京传。李作鹏就更像惊弓之鸟了。

毛泽东到底讲了些什么?

9月5日,李作鹏陪同吴振宇等从长沙到达武汉。下飞机后,他想到的第一件事,就是去找武汉军区政委刘丰打听毛泽东在武汉谈话的内容。当天他陪同朝鲜客人参观,没有机会。

9月6日一大早,他就约刘丰到他所住的军区东湖招待所来密谈,刘丰也是得到林彪恩惠的"文化大革命"中的"暴发户",是林彪将他从武汉军区空军司令员提升为军区政委的。

"老刘,主席到武汉都谈了些什么?"李作鹏见到刘丰,劈头就问。

尽管毛泽东打过招呼,不能向北京传,但刘丰知道李作鹏是代表谁来问的,也就讲了。他说:毛主席8月16日、17日、25日和27日在武汉先后找他、王新、刘建勋及华国锋谈了话。毛泽东讲了我们党50年来的历次路线斗争;讲到庐山会议搞突然袭击讲天才,是有计划、有组织、有纲领的,有人急于想当主席,要分裂党,急于夺权。毛泽东不赞成用自己的老婆当自己的秘书、办公室主任,不赞同林彪提出的"天才"论。因此,"庐山这件事还没有完,还没有解决","陈伯达后面还有人"。毛泽东还不指名地点了林立果:"二十几岁的人捧为'超天才',这有什么好处?!"

李作鹏仿佛被雷电击中,全身都麻木了,好一会儿才强作镇定。他的心都冰凉了。庐山会议上作过决定,陈伯达的问题就此结束,但是,事实上并没有完。庐山会议后,他和黄永胜、吴法宪、邱会作、叶群都作了检讨,毛泽东还要往后追,这必然就追到林彪头上了。1971年7月1日,《人民日报》、《红旗》杂志、《解放军报》发表了一篇经毛泽东看过的文章。文章中号召"全党要警惕'现在正睡在我们身旁'的赫鲁晓夫那样的人物"。并号召"全党要牢记毛主席的教导",认识"斗争的长期性和复杂性",指出"坏人总是伪装自己,搞阴谋,耍两面派。但是他们既然要干坏事,就不能不暴露"。从这篇文章到毛泽东南巡的讲话，使他更加感到末日即将来临。

李作鹏将刘丰送走以后，转回到自己的住房时，觉得脊背发凉，原来刚才出的一身冷汗湿了内衣。在陪同吴振宇大将等朝鲜宾客飞回北京的飞机上，他六神无主，惶恐不安。好在他戴着墨镜，可以掩饰。

他尽管戴了墨镜，也有不善于掩饰的时候。不久前，当基辛格秘密访华及尼克松即将访华的公告公布以后，政治局开会讨论阿尔巴尼亚的来信。周恩来在公告发布前亲自去平壤及河内做了工作，通了气，所以朝鲜、越南反应还正常。可是，被誉为欧洲的一盏社会主义明灯的阿尔巴尼亚却反应十分强烈。阿尔巴尼亚劳动党中央政治局给我党中央政治局写了一封信，表示反对。李作鹏知道林彪对于周恩来的跟美国改善关系的政策十分不满，现在政治局讨论阿尔巴尼亚的来信，他觉得时机来了，就在会上公然称赞阿尔巴尼亚同志的信写得多么好啊，是一封马克思列宁主义的信。但是，他发言过后，林彪、黄永胜、吴法宪、邱会作及叶群等，并不站出来支持他的观点。

李作鹏的那次发言，表明了他对毛泽东与周恩来的对美政策的反对，现在后悔也没有用了。

上午11时，飞机飞抵北京。朝鲜客人到宾馆休息，李作鹏坐着红旗轿车直接回家。回到家里，赶紧给黄永胜挂了个电话说：下午与朝鲜军事代表团会谈时，请他提前去，有要事相告。放下电话后，李作鹏长长地叹了一口气，对走进屋来看他的老婆颓丧而悲伤地说："照张相吧，要不，以后就照不了啦。"

■ 周恩来对符浩说，你去巴黎只能将此事告诉一个人

1971年9月13日下午，外交部办公大楼里一如往常，人们进进出出，没有任何异常现象，但外交部党的核心小组（当时，我是部核心小组成员、办公厅主任），已知道林彪和叶群等人乘一架三叉戟飞机于零点三十二分由山海关机场强行起飞朝西北方向逃跑，目标很可能是某个外国。周恩来总理迅即指示外交部，要密切注意外电报道，并研究和提出在各种可能的情况下的交涉或应对方案。

9月13日上午获悉，当日凌晨在蒙古人民共和国首都以东300公里的温都尔汗地区有爆炸声，随之火光冲天的消息。

9月14日上午，外交部党组在会议室开会，会议是在党组组长、代理部长姬鹏飞同志主持下进行的。内容是进一步落实周总理昨天的指示。会议的气氛有一种严峻感，不像以往我们的会议是在活跃和有点幽默的气氛中进行的，但大家都很镇定，会开得有条不紊、从容不迫，对林彪出逃作了四种估计：

时任外交部办公厅主任的符浩

一、由林彪出面公开发表叛国声明；

二、由林彪或其他人通过外国广播或报纸发表讲话；

三、林彪及其追随者暂不露面，也不直接发表谈话，由外国通讯社客观报道林彪等已到达某国某地；

四、暂不发表消息，以观国内动静。

会议还详细讨论了在各种情况下对外交涉以及如何表态的问题。

时间过得真快，中午12点的钟声已经敲过，但会议还没有散的意思。这时，紧闭的房门被突然推开，值班秘书忘了平时的礼节，快步径直奔向鹏飞同志。鹏飞同志以他那特有的冷静和沉着接过一份手抄特急报告。我们的目光注视着他脸上的表情，都急于知道报告的内容。从鹏飞同志的表情可以看出，这应是一份极不寻常的"特急件"。随着他的目光离开文件，他的脸上绽出了笑容，用一种异常的语调向大家说道："机毁人亡，绝妙的下场。"他接着把报告读了一遍。大致内容是：今日上午8时半，蒙古副外长额尔登约见许文益大使，通知有一架中国喷气式军用飞机于凌晨2点30分左右坠毁在蒙肯特省贝尔赫县境内，机上共有九人，全部死亡，并向我提出抗议。以及许大使已向对方提出要求到现场调查等。顷刻间，会议的气氛活跃了许多。韩念龙同志从鹏飞同志手里接过报告，逐字逐句仔细看了一遍，因为他分管对蒙外交。

会议当然不能结束。一个最紧迫的事，就是要把这份报告迅速送给毛主席和周总理看，这也是他们急切等待的消息。鹏飞同志立即要王海容同志打电话到主席和总理办公室，但得到的回答是，主席和总理自前天夜里起，一直没有合过眼，刚刚服过安眠药入睡，总理按习惯要四个钟头以后才能醒来。主席和总理办公室的同志并不知道发生了什么事情，在这种情况下，党组决定，要立即派人把报告送给主席和总理看，否则就是失职。同时，一再和两个办公室的秘书通电话，强调送去一份特急和特别重要的文件，一定要把主席和总理叫醒。

下午2点过后，我刚刚回到办公室，从抽屉中找出一包苏打饼干，权作是午餐。还没吃两口，鹏飞同志就叫我去他的办公室。正巧他也在吃饼干，我也就不客气地不请自拿了。他边吃边告诉我，总理来电话说，他刚从主席处回来，对外交部的同志迅速把报告送到并叫醒他们感到满意。总理特别对我驻蒙古大使馆在不了解实际情况下，为了使国内尽快知道有一架我机在蒙古境内失事，当机立断，启用已经封闭两年之久的专用电话线，以最快的速度把报告传回来表示满意。接着讲到总理交办的几件事，要我立即去办。

总理的指示分三点：一、将今天收到的我驻蒙古大使馆的报告用三号铅字打印十八份，下午6点由符浩亲自送到人民大会堂北门内，交中办王良恩副主任；二、从现在起，指定专人译办我驻蒙古使馆来的电报，由符浩亲自密封后送总理亲启；三、今天的报告，凡经办和知道的人都要打招呼，要绝对保密。

下午5点58分，我提前两分钟按指定入口处走进大会堂北门，一眼就看见王良恩站在偏东一边的走廊等候。我们来不及寒暄，他迎上来便说："你来得很准时。"我回答说："你好像已等了一会儿。"他又说："参加政治局会议的人已到齐，董老也来了，就等你送的文件了。"他特别提到董老，我明白他的意思，因为董老年事已高，一般不出席会议。

回家吃过晚饭后，因昨夜几乎没有睡觉，便想利用这个时间小憩一会儿，但实在太兴奋了，怎么可能睡得着。我便信步来到同院乔冠华同志家。……

我们围绕着"林彪叛逃，机毁人亡"的主题谈了起来：他拿出一瓶未启封的茅台，我们边谈边饮，兴致达到了高潮。我突然想起了一位唐人的诗句，脱口诵出："月黑雁飞高，单于夜遁逃。欲将轻骑逐，大雪满弓刀。"乔公听后，沉思了一会儿，突然将满杯茅台一饮而尽，对我说道："贾宝玉不是说述旧不如编新吗？我把这首诗略加改动，你看新意如何？"他又斟满了一杯，端在手中，站起身，用他那苏北口音吟了

时任中国驻法国大使的黄镇

起来，吟毕又一饮而尽。真是豪兴冲天。后来郭沫若同志看到了他的这首新《塞下曲》后，曾挥毫将此诗书成条幅并加赞语赠给乔公："月黑雁飞高，林彪夜遁逃。无需轻骑逐，大火自焚烧。巧合无间，妙不可言。嘱题小幅一轴，欣然命笔，以示奇文共欣赏，好事相与祝也。冠华同志座右，望常拍案惊奇。"

以上这段文字，引自当时外交部办公厅主任符浩同志写的回忆录《"九一三事件"补白》。

"九一三事件"发生后，周恩来便不辞辛劳地操劳着一切。他在9月13日一早亲自给各大军区和全国29个省、市、自治区主要负责人打电话、打招呼、布置任务，并随时将情况报告毛泽东。周恩来还根据我国驻蒙古使馆带回的文件和现场拍摄的照片，召集民航及空军有关负责人研究了林彪出逃的

飞机是怎样坠毁的。他还根据毛泽东的指示,指示原定要出国访问的中国政府代表团按原计划出国访问,并嘱咐继续通过巴黎渠道保持与尼克松、基辛格的联系。

9月26日晚,在人民大会堂西大厅里,仍按原计划出国访问的中国政府代表团全体成员正向周恩来总理汇报准备情况并听取指示。符浩作为代表团的成员,离周恩来坐得很近。灯光下,他发现周总理半个月来明显地消瘦了,但清瘦的面孔上却有一种喜悦和轻松的表情。他告别周恩来快要走出北门时,一位服务员从后面追上来对他说:"符浩同志,总理请你去西大厅。"

他一怔,顾不得多想,便疾步走回西大厅。

大厅里只有周恩来一人。周恩来看他站在那里等候指示,便摆手示意让他坐下。周恩来好像在思考着什么,想了一会儿,对他说:"你明天一早就要动身去巴黎,有关林彪叛逃的事,见到黄镇同志时,把情况告诉他。"周恩来停顿了一下,语气更加郑重地接着讲道:"中央已决定逮捕黄、吴、李、邱等人。这些也告诉他。"叮嘱说,只能告诉黄镇一个人。

林彪坠机事件现场照片(之一)

9月29日，符浩随中国政府代表团到达巴黎。当晚，他就前往纳伊区城堡街的我国驻法大使官邸。他与黄镇大使说笑寒暄一番后，暗示道，奉总理之命有要事转达。黄镇微笑着悠然领他走出屋门，来到花园里。黄镇拿着打开的小半导体收音机踱到花园的草地上，一边漫步，一边谈了起来。符浩带来的消息，使黄镇格外兴奋与激动，连眼睛都闪着亮光。他俩相互感染，长时间沉浸在喜悦之中。

不知不觉夜已深了，黄镇突然一拍符浩的肩膀，提高嗓子对他说："走。老符，让我们喝一杯，庆祝一下！"

回到房间里，黄镇打开了所有的灯，满屋灯火璀璨。黄镇找出一瓶茅台，斟满两个精致的雕花高脚杯。黄镇告诉符浩，这瓶酒已珍藏多年。杯中的酒液已变成一种淡淡的琥珀色。一股清芳的香气迅即在整个屋子里扩散。

符浩事后回忆说，这是他平生喝过的最美的酒。

■ 对中国飞机在蒙古神秘坠毁，尼克松十分担心有变

基辛格的大办公桌上摆着美国中央情报局送来的关于中国近况的最新报告。

美国时间9月12日，一架中国喷气式飞机在蒙古境内坠毁。蒙古人民共和国抗议这架中国军用飞机侵入蒙古领空。

9月中旬以来，已经有五天时间中国所有的领导人都没有在公共场合露面。既没有在报纸上露脸，也没有在电视中出现。

在最近这五天，机场关闭了，所有的军用飞机、民用飞机都没有起飞。

有种种迹象表明，大陆的军队处于"一级战备"状态。

9月20日，一年一度的庆祝中国革命胜利的"十一"国庆游行活动宣布取消了……

基辛格接到这些报告后十分担心。从报告的材料揣测，中国国内发生了一件十分重大的事情。他随时将这些情况向尼克松总统作了汇报。

"中国到底发生了什么事情？"尼克松顿时忧心忡忡，心往下沉。为了与中国打开关系，苦心策划了两年，难道又要出意外？总统深知一个国家的政策往

林彪坠机事件现场照片（之二）

往会随着领导人的更迭而会有不同程度的变化，对"铁幕"后的国家来说，更是如此。

"我们没有第一手的材料。"基辛格也十分发愁，"我们无法进行更深的分析。"

尼克松的情绪受到影响，那几天很容易动怒，担心跟北京刚刚有了一个好的开头，就又有变。他俩当然不知道，被称为中国第二号人物、中央军委副主席、国务院副总理、国防部长、一年多以前刚被中国共产党九大制定的党章定为毛泽东的继承人和接班人、红极一时的林彪于9月13日凌晨，带着夫人叶群及亲信等八男一女，乘坐256号三叉戟飞机越出中国北部边境，坠毁在蒙古温都尔汗地区。机上人员全部死亡。这就是有名的"九一三事件"。

9月21日，美国驻巴黎武官沃尔特斯将军与中国驻巴黎大使黄镇作了接触，安排总统访华及基辛格第二次访华的联系工作还在进行。这才使尼克松、基辛格不安的情绪有所缓和。据沃尔特斯将军报告，黄镇的态度依然很爽快，这表明安排总统访华的事没有中断。

9月23日，尼克松对底特律经济俱乐部发表演说称，他并不认为，中国突然发生政治动荡会影响他去大陆旅行的计划。

经过巴黎渠道的双方磋商，到 10 月初，中方在答复同意美方在 10 月 5 日公布基辛格第二次访华的日程。尼克松与基辛格这才大大地松了一口气。在此之前，国务卿罗杰斯得到消息，到白宫来找基辛格。

"博士，我得到消息说，过几天要宣布你 10 月份去访问中国。"罗杰斯说。

"是啊。我去为总统访华作准备。主要是讨论双方的联合公报。"基辛格说。

"你知道吗？10 月下旬联大将就中国代表权问题进行表决。"罗杰斯提醒基辛格。

"我知道，那是一场后卫战。"基辛格爱看足球，用"后卫战"这个词准确地表明了美国已经处于在对手进攻态势下的防卫了。这意味着大门有可能被攻破。

"表决的时候，你在中国，我们的盟友怎么看呢？"罗杰斯有点急，"我觉得，这对我们的战略会起干扰作用。"

基辛格淡然一笑："我不认为我访问北京会对联大表决产生决定性的影响。"

罗杰斯内心已经动怒了，但仍然以平和的语气说："你去北京等于说美国承认中国是一支世界性的力量，对表决很不利。"

基辛格争辩说："另一方面也表明我们反对联合国驱逐台湾，我们仍然能够同北京保持事务性的关系……"

尼克松总统曾经这样分工，在美国对华行动方面，基本上由基辛格经管；但是，中国在联大的代表权问题是唯一由国务院主管的事。罗杰斯还是坚持自己的观点，说："你的访问就不能与联大的表决错开，往后推一推？"

基辛格并不退让："日期是中美两国商定的，单方面推迟访问会使本来就脆弱的关系造成危机。"

"我要找总统。"罗杰斯不服气。

"我看你找总统也没用，这是'七一五'公告定下来的事。"基辛格不以为然地说。

基辛格望着罗杰斯愤然不悦地离去，只好耸了耸肩膀。他对国务院的政策是十分怀疑的。当然，他理解国务院提出"双重代表权"方案的积极性。国务院一定从未忘 50 年代对它的指责。在麦卡锡主义盛行的年代，他们被斥为在对华问题上"对共产主义太软"，有一些杰出的外交官在这个问题上毁了前程。基辛格对中国问题研究得越深，越觉得国务院中很多人过分夸大了亲蒋介石的"院外援华集团"的势力。他觉得，现在处于一种不同往常的情况下，"双重代表权"问题虽然能使自由派和保守派人士都感到高兴（自由派高兴是因为他们会把这一行动看做是使人民共和国进入联合国的一条途径，而保守派高兴则是由于这是以某种形式保持台湾席位的一种努力），可是，北京和台北都对"双重代表权"提议不买账。他觉得这是一种既笨拙而又自我拆台的政策。接纳北京的新主张增加了北京的支持者；但由于北京拒绝这个"双重代表权"提案，这些新增加的支持者就会支持阿尔巴尼亚驱逐台北的提案，而不是支持美国所主张的保持台北席位的提案。基辛格倒是认为，美国该一直坚持原来的反对接纳北京的立场，即使这样做注定要失败。他已经意识到，无论采取什么立场总归要失败的。因坚持原来的立场而失败将要体面一点。

他充满信心地估计即使罗杰斯找尼克松，也改变不了他10月份第二次访问北京。这次中国方面建议他取道阿拉斯加飞往上海再转北京。周恩来想得真周到。他已经在向往跟周恩来的第二次会晤了。

卷十二　　基辛格刚刚在北京登上"空军一号"

■ 巴黎渠道之一：中美两位将军的秘密使命

中华人民共和国驻法国大使馆在巴黎市中心的乔治五世大街上。这儿地处闹市，引人注目。大使官邸在市郊纳伊区城堡街，这是一处诺曼底庄园式宽敞而富丽的建筑；住宅四周是花园，花园周围有高墙，临街的一面还钉有金属板栅栏以防路人窥视。纳伊区有好些国家的外交公寓。美国使节的公寓也在这儿，离中国人的住所不远。

按照基辛格第一次访华时双方的商定，在巴黎由美国武官沃尔特斯将军与中国驻法大使黄镇建立联系渠道。为了避人耳目，双方决定不在闹市区的大使馆来往，而在郊区的寓所进行接触。好在两人住处相隔不远，可以以步代车，从而不至于被人察觉。因为所有外国使馆人员的汽车都有带着 CD 字样的牌照，并根据不同国家分别用数字以示区别。CD45 代表英国，CD6 代表美国。要是沃尔特斯将军乘坐 CD6 牌号的汽车在中国使节住宅附近出现，显然会引起人们的注意，这就使接触复杂化了。沃尔特斯去找中国人时，有时步行，有时把汽车停在离大使住宅较远的地方，先从汽车反光镜里看看或者干脆回过头去看看，反复确认后面是否有人跟踪。尼克松和基辛格明确地叮嘱过沃尔特斯要谨慎从事，否则会影响全局的计划。

这是 10 月上旬的一天，基辛格第二次访华的日期已经公布了。沃尔特斯正在看黄昏播出的电视新闻节目，中国人打来电话，请他晚上 10 点到黄镇大使住宅去见面。他心里想，中国人喜欢晚上接触，当然是便于保密。所以，沃尔特斯来到城堡区中国使节住宅的附近时，还特意回头看了几次，确认没人跟踪以后，才朝那道已经十分熟悉的大门走去，并迅速地推开大门。那个姓魏的年轻翻译已经等候在门口。用英语低声打过招呼，就朝客厅走去。

沃尔特斯对这个宽敞的大厅已经十分熟悉，墙上是中国画，家具是中国式的。每次都端上中国花茶，还有中国葡萄酒和茅台酒、荔枝、枣汤和杏子罐头等。他特别喜欢滋味鲜美的杏子罐头。为了礼尚往来，他也回送些美国钢笔、自动铅笔之类的小礼物。他这个晚上带了几盒美国糖果来。经过多次接触来往，黄镇大使和他之间已经十分随便。他刚坐下，黄镇就乐呵呵地说起来：

巴黎乔治五世大街的中华人民共和国驻法国大使馆本部

"将军，你看，我们两国之间信件来往竟通过我们两个军人来进行，真是有趣。中国的信息尽管通过我这个军人来传递，但是，中国是十分爱好和平的。"

沃尔特斯也说："大使先生，一旦你进一步了解美国，你也会觉得我们的国家也是爱好和平的。"

寒暄过后，沃尔特斯提供了基辛格飞往中国的座机从关岛起飞后的无线电呼号，还和黄镇讨论了座机到达上海后一系列细节问题，诸如机场详细情况、地面供电情况、冲洗飞机设备、登机舷梯，以及中国负责的保卫工作等等。

谈话期间，中国人像往常一样，礼貌周全地上菜摆酒，边吃边聊。黄镇豪爽坦率，给沃尔特斯以很深的印象。两人像朋友似的一边饮着茅台酒，一边聊天。沃尔特斯一边半推半就地饮着这甘醇的美酒，一边说自己要驾驶汽车，醉酒开车会被拘留的。这一晚，他兴致很高，讲了一个关于俄国人酗酒的故事——

有一次，赫鲁晓夫访问美国，他对艾森豪威尔总统说看到许多美国人酗酒。艾森豪威尔对此感到吃惊，他并不认为美国的酗酒者比别的国家多。赫鲁晓夫坚持自己的观点。于是，艾森豪威尔从办公桌抽屉里拿出一支手枪递给赫鲁晓夫说："如果你遇到酗酒的醉鬼，我允许你向他开枪。"赫鲁晓夫把手枪装在口袋里，来到了纽约。他在苏联驻联合国使馆过夜，第二天一大早起来在纽约街头到处溜达。他在帕克路和8号街口碰到一个醉鬼，就向这个醉鬼开了一枪。然后，在麦迪逊路和82号街口向另一个醉鬼开了第二枪。到列克星顿路和84号街口又向第三个醉鬼开了枪。第二天，纽约各报都在头版用大字标题刊登消息称:"三位苏联外交官神秘地遭到暗杀。"

黄镇听了哈哈大笑,忍不住伸手拍了拍沃尔特斯的背部,称赞美国人的幽默感。黄镇说:"我作为军人,爱跟军人打交道。军人讲话不喜欢转弯抹角。"

沃尔特斯也说:"我1950年到过朝鲜战场,60年代也去过越南战场;我们过去是对手,当年怎么也不会想到今晚同坐在巴黎喝酒讲笑话。"

他俩在一起聊的话题很广泛,但是经常会回到军队生活中来。沃尔特斯知道黄镇经历过30年代有名的长征,身经百战,因而十分敬重黄镇。他也没有想到,几年之后,黄镇会成为第一任中国驻美大使。当时,他俩扯起各自的军人生涯,谈起军人在美国生活中的作用、个人收入,甚至谈到将军退休的年限和待遇。这天,黄镇谈起基辛格来,说:"我也很喜欢跟基辛格打交道,他谈话坦率,直截了当,也相当幽默。据说,他也在部队待过?"

沃尔特斯说:"是的,他参军后被派去欧洲,是第二次世界大战尾声的时候。"

"他是什么军衔?"黄镇问。

"大战期间他是普通的士兵,但是他爱跟别人说自己是预备役上尉。"沃尔

黄镇大使的官邸在巴黎市郊纳伊区。

特斯说。

黄镇说:"啊!如果是这样,我们都是将军,他应该向我们敬礼。"

沃尔特斯说:"他很可能向你敬礼,但遗憾的是他不会向我敬礼。"

"为什么?"黄镇挺认真地问。

"在美国,军人在政治上没有地位,不能竞选公职,而且在参加政治集会时不能穿军服。还有一条法律规定,在最近10年内曾在军界任职的人不能当国防部长。这是不合理的,也是不公平的。"

黄镇听了觉得迷惑不解,问:"你是否能陪同基辛格访华?"

沃尔特斯摇了摇头:"我对此事还一无所知。"

黄镇说:"我曾向我国政府的领导人谈起过你,你是为打开中美关系之门出过力的人。"

沃尔特斯走出中国人住处的大门时已是半夜。城堡街已经十分寂静,只是偶尔有几个行人。他一边走一边观察,没有发现异常情况。他一直担心,他多次与中国大使接触的事会被苏联人、中央情报局或联邦调查局发现,幸好这种事情并没有发生。

每次见面之前都先用电话联系,而且约定了在电话里不谈论具体内容,都只用代号称呼对方。在使馆里只有他的女秘书南希·乌莱特知道这件事。就是美国驻法国大使迪克·沃森也不知道沃尔特斯的秘密使命。他对自己肩负的使命有很神圣的责任感,使命的神秘色彩也使他乐于去干。他不但自己去会晤黄镇大使,还安排了几次基辛格与黄镇的会谈。

当时,基辛格常来巴黎与黄镇或黎德寿进行秘密谈判。这种谈判连美国国务卿和国防部长都不知道。基辛格常乘总统的专机"空军一号"来巴黎。基辛格一般只带两个助手,他这一行人出国的名单是不通过正常渠道的。基辛格曾向沃尔特斯提出,他进入法国是否能不让法国人知道。沃尔特斯认为这不大可能。法国有高度老练的情报机构,他们只要觉察到沃尔特斯的活动或中国人、越南人的活动,就会发现基辛格在巴黎。沃尔特斯认为,只有直接去找蓬皮杜总统,将秘密会谈之事告诉他,并要求他把这件事高度保密在法国情报机构的上层范围之内,这样才可以避免走漏风声。蓬皮杜总统果然给予了全面的协助。

特别有戏剧性的是基辛格的座机出了故障的那次飞行。沃尔特斯接到通知,

美国驻法武官沃尔特斯将军的回忆录《秘密使命》，商务印书馆 1982 版。

基辛格将于黄昏时分秘密飞抵法国中部的布尔日机场，让他到那里去迎接。可是，当天下午 5 点，沃尔特斯又接到电报，说飞机发生故障，有可能改变着陆地点，不能确定在哪里着陆。如果基辛格在别的机场着陆，他在机场露脸必然引人注目，将导致秘密会谈泄露于世。华盛顿很焦急，沃尔特斯也恼火，他只有一个人，照顾不到西欧所有的机场。晚上 8 点接到消息，说飞机将在西德境内的法兰克福机场着陆，该机场有为飞机发生制动和减速装置故障而准备的拦网设备。可是，法兰克福机场很热闹，基辛格可能会被人认出来。沃尔特斯心急如焚，只好去求助蓬皮杜总统。蓬皮杜慷慨地同意动用自己的神秘式—20 飞机去接基辛格。

神秘式—20 飞机的驾驶员是法国空军上校考尔德伦。神秘式—20 飞机降落在法兰克福机场后，停在为美国空军准备的停机坪上。沃尔特斯刚下飞机，基辛格的座机就着陆了。座机刚停稳，沃尔特斯就马上命令熄灭探照灯。灯灭后，座机舱门打开。放下梯子，沃尔特斯上去将没精打采的基辛格接到神秘式—20 飞机上。飞机马上起飞了。在飞向巴黎的途中，考尔德伦上校将沃尔特斯叫到驾驶舱，问："将军，我怎么向德国人交代呢？他们知道这是法兰西共和国总统的专机，也知道这架飞机深更半夜飞入德国领空，在法兰克福着陆，而且既无飞行许可证，又没有飞行计划。我们滑进为美国军用飞机准备的地段，并且只在地面停留了 9 分钟，又立刻飞回巴黎。明天德国人必然会问我这是在干什么。那时我该怎么说好呢？"

沃尔特斯经他这么一问，也给难住了。他想了一会儿，想出了一个主意："告诉他们，这件事涉及一个女人。德国人会相信法国人是爱干这种事的，因而不会张扬出去。"

考尔德伦上校还是发愁:"如果蓬皮杜夫人发现这件事,又该怎么办?"

沃尔特斯说:"考尔德伦上校,要是蓬皮杜夫人谈及此事,你就告诉她事实真相,说这是基辛格。她不会泄密的。"

当晚,基辛格被沃尔特斯带回纳伊区的寓所,住在自己的卧室里,助手睡在客房,沃尔特斯自己睡在起居室的沙发上。

据说,第二天德国驻法使馆的空军武官果然到办公室去拜会考尔德伦上校,一进门就要求说明昨晚飞行的目的。

事后,沃尔特斯很感兴趣地问:"上校,你是怎么说的呢?"

"我把咱们商量的告诉了他,"考尔德伦上校面带笑容地说。"他们对这个回答满意吗?有没有提出其他问题?"

"他们提了一个问题,"上校笑得更厉害了,"德国武官问:这个女人是不是德国人?"

黄镇大使在郊区官邸秘密与基辛格会谈。

基辛格在巴黎的秘密访问对沃尔特斯来说确实是一项十分艰巨的任务，但是完成任务也确实使他感到很快慰。他后来成了中国驻美第一任大使黄镇的朋友。他曾很有感触地说："我们曾经像来自不同星球的居民，但最后终于建立了联系。"待尼克松访华后，他觉得毛泽东有一段话比他说得更深刻、更漂亮。毛泽东对尼克松说："我是世界上头号共产党人，而你是世界上头号反共分子，历史把我们带到一起来了。"

■ 毛泽东不同意美方提出的方案

基辛格第二次北京之行的代号为"波罗2号"。尽管取了代号，但已经不是秘密之行了。基辛格在10月16日离开华盛顿。这次是乘坐"空军一号"总统座机，比上一次舒适多了。飞机按照总统访问预定的路线试飞，中途在夏威夷和关岛停留，这样可以使总统一行在到达中国时不致由于时差和高速飞行的不适而过分疲劳。10月22日到达中国，先在上海稍事停留，当日午间飞抵北京。尽管这次访问是公开的，是"为尼克松总统访华作基本的安排"，但是，接待人员与来欢迎的官员基本上与上次一样。基辛格仍然住在钓鱼台的6号楼。

气氛也跟基辛格第一次来的时候一样，刚开始是拘谨的，待周恩来出现时，气氛就开始缓和了。当天下午，周恩来在人民大会堂接见基辛格一行全体人员，在会议室门口合影留念，请大家坐下来喝绿茶，并且对美方每一个人都说几句欢迎的话。周恩来还设宴欢迎，在祝酒词中提到上次基辛格讲过的话——把中国称为神秘的国土，他称赞基辛格"勇敢地秘密访问了中国这个所谓'神秘的国土'。这是一件了不起的事情。现在是基辛格博士第二次访问这个国土，它不应该再被认为是'神秘'的了。"

周恩来把上次的话题重新端出来，使人感到好像会谈从未中断过。基辛格觉得周恩来有一种非常高超、巧妙的谈判技巧，头脑迟钝的西方人要过一会儿才能理解。

宴会结束时，周恩来在宴会厅里绕行一圈，同每一个人握手碰杯，包括随行的下级人员、秘书和机组成员。这就奠定了以后几天礼貌周到、热情友好的

美国总统专机"空军一号"。

基调。因为尼克松授权基辛格此行代表他来谈判自己访问的公报,因此,基辛格班子起草的公报初稿是经过尼克松看过并批准的。这份公报初稿是按照国际上的惯例起草的,它强调两国那些模糊不清的共同点,同时用空洞的、概括性的陈词滥调来掩盖两国间的分歧。基辛格的助手们绞尽脑汁想出一些词句来明白地暗示双方有很多共同点,而实际上却没有那么多。助手们自以为这个初稿是十分高明的。刚到北京的当晚,基辛格就把这份公报初稿交给周恩来。当晚还议定了尼克松访华的日期,基辛格提出了两个日期供周恩来选择:2月21日和3月16日。周恩来选定了前一个日期。双方还讨论了总统访华的几个具体问题。

基辛格没有料到,这次访问北京最富戏剧化的就是讨论公报草案了。10月23日,基辛格一行人轻松地在主人陪同下去尼克松将要参观的地方游览,上午去长城和明陵,下午去颐和园。10月24日,周恩来在约定会谈的时间来到钓鱼台。会谈一开始,周恩来就明确地说:"毛主席已经看了你们拟的公报草案,明确表示不同意。这样的方案我们是不能接受的。"

基辛格没有马上说话,他与助手们交换了眼光,显出不悦。他本来是想用一种轻松谈笑的口气开始这次谈判的,遇到周恩来口气坚定的表态,他的口气也转向坚定:"我们初稿的含义是说,和平是我们双方的目的。"

"和平只有通过斗争才能得到。"周恩来说,"你们的初稿是伪装观点一致。我们认为公报必须摆明双方根本性的分歧。"

基辛格并不退让:"我尊重总理的信仰,但把那些一贯正确的教条写在公报里是不合适的。"

霍尔德里奇很不服气地说:"我方拟的公报初稿,难道就一无是处?"

周恩来严肃而心平气和地说:"你们也承认中美双方存在着巨大的分歧。如果我们用外交语言掩盖了这些分歧,用公报来伪装观点一致,今后怎么解决问题呢?"

斯迈泽说:"我们起草的公报采用的是国际通用的惯例。"

周恩来说:"我觉得这类公报往往是放空炮。"

基辛格说:"我们不回避双方的分歧,签署公报又有什么用呢?列出双方不同的观点,岂不等于告诉全世界,中美双方在吵架吗?!"

基辛格对于周恩来的谈判方式感到震惊,十分钦佩。基辛格代表美国经历了多次谈判,包括跟苏联人、越南人的谈判,还没有碰到过周恩来这样的对手。其他的谈判者急于显示自己高明,或者哗众取宠,或者采用一种"色拉米"香肠式的办法:他们像切香肠一样,把他们的让步切成小片,切得越薄越好,而每作一点点让步,拖的时间越长越好。这种办法给人以虚假的印象,好像是很强硬。但由于双方都不知道什么是最后一片香肠,因而都想等着瞧,这样就拖长了谈判的时间。由于双方消磨了过多的时间、精力,都志在必得,压力也就

1971年10月23日,周恩来会见第二次来华的基辛格。

不可避免地越来越大，也就很容易使谈判者走火，超出慎重的界限。中国人则尽可能确定一项合理解决办法的性质，一步就跨到那里，然后坚持立场不变。这样做，一开始就接触实质问题，又显出谈判者的真诚。这位被称誉为世界超级谈判大师的基辛格，在他后来写的回忆录中承认他在别的谈判中也经常采用中国人教给他的这种办法。他写道：

最早的基辛格回忆录《白宫岁月》中文版，世界知识出版社1980年版。

> 只要有可能，我在后来同别人进行的一些谈判中总是尽量采用这种办法——有人把这种办法斥之为"先发制人的让步"。事实上，尽管开头的让步似乎大一些，但与那种"色拉米"香肠式的办法相比，几乎可以肯定，总的让步还是比较小的。这种一步跨到一个合理立场的战略明确无误地摆出了无可改变的立场；这样做更容易维护自己的立场，而那种旷日持久、零敲碎打的细小步伐所积累起来的效果却是不容易维护的，在那样的过程中总是会掩盖问题的实质。

此时，周恩来胸有成竹地说："我们两国打过仗，敌对和隔绝了20多年了。对于如何管理国家、如何跟外界打交道，我们有自己的观点。"周恩来微笑着扫视了大家一眼，说："现在该吃烤鸭了。我们将在下午提出一个公报的初稿。"

毛泽东与周恩来鉴于中美双方分歧如此巨大，已经拟订了会谈公报的有关方针：在尼克松总统访华时，争取双方发一个公报，也做了谈不成不发公报的准备。历史证明，正因为毛泽东同意了这个方针，使我国在这次谈判中一开始就从根本上立于主动的地位，保持了自己的尊严，坚持了自己的立场。周恩来特地让担任总理助理的熊向晖参照抗战胜利后国共谈判的公报样式，草拟了一个我方提出的公报初稿，将中美双方的观点予以并列。

在吃了一顿烤鸭之后，周恩来向美方交出了我方草拟的公报草案。周恩来

2003年出齐的中文版基辛格回忆录全集，世界知识出版社出版。

笑着说："公报由双方各自阐述不同的立场观点。我方已经列了我们的观点。下面留下了一些空白面由你们阐述你们的观点。然后双方再进行讨论。"

基辛格看后大为惊诧。他的助手们看了，也是面面相觑。在美国人看来，中国人交出的公报初稿的构思是前所未有的。它以十分鲜明的词句阐述了中国对一系列问题的立场。从中可以看出，在台湾问题上中国人是寸步不让的。基辛格沉默了一会儿，对周恩来说："总理先生，这样的方案，我看，在国际上和美国国内都是无法接受的。"

谈判僵持着，双方脸色都很严肃，气氛比较沉闷。

周恩来语调并不高，却说得很实在："漂亮的外交辞令掩盖分歧的典型公报，往往是祸根，既不解决问题，又会导致更深的矛盾。"

基辛格脑筋转得很快，口气有所松动："我们不能光是列举不同的观点，而是必须向着未来有所前进。"

周恩来敏锐地抓住基辛格的话头，说："公开地摆明分歧，就是解决问题的开始，也是通向未来的第一步。博士，你说是吗？你们不妨再考虑一下。我们稍微休息一会儿，好吗？"

休会的时候，基辛格和助手们来到楼附近的花园里一边散步一边讨论。离开住房说话当然是为了保密。天早已经黑了，柱灯在树丛中透亮。北京的秋夜透着凉意。

"按中国人的方案，在总统访问结束时，双方在公报上一一列举那些严重的分歧。"斯迈泽说。

"这种公报是外交史上前所未有、闻所未闻的。"霍尔德里奇说，"观点是那么针锋相对，总统来访还有什么意义？"

洛德说："从周恩来的口气来看，中国人是不会再后退了。"

他们都骤然感到心情沉重。

沉默。沉重的沉默。秋虫的鸣叫特别清晰。远处似乎传来蒸汽火车头长鸣的汽笛声。

洛德有点沮丧："我们花了多少心血搞的初稿，等于扔进了垃圾堆。"

大家都望着基辛格。基辛格时而低垂脑袋，时而仰望深远的天空，来回地踱着步子，皮鞋声响得很重。他的眼镜片偶尔在夜光中闪亮。去停在北京机场的"空军一号"座机上用电报请示尼克松总统吗？不。他想着又摇摇头。总统已经授权他在北京可以拍板。他的思路善于逆转。他转而一想，禁不住随着思路脱口而出："公开地摆明分歧，难道不会使双方的盟国与朋友放心吗？这说明他们的利益得到了保护，还会使各方面的人确信公报是真诚的。"

年轻的洛德也马上开窍了："对了，正因为我们公开承认存在的分歧，我们那一致的部分才显得难能可贵与真实可信。"

基辛格豁然开朗，嘴角露出了笑容："也许用这种独出心裁的方式能够解决我们的难题。这就是中国方案妙的地方。"

15年后的1987年2月27日晚上，已担任美国驻中国大使的温斯顿·洛德先生，在上海为纪念中美《上海公报》发表15周年的聚会上，深有感触地回忆起当年的情景，说："那时，美方的草案被扔进了历史的垃圾堆。如果只说美方对此'感到关切'，那是典型的外交辞令，没有道出实情。须知再过两天，我们就要回华盛顿了。在这短短的两天里，我们要重起炉灶，构筑尼克松总统的访问基础。"

洛德还说："我们当时看到，总理的观点是可能的。如果采用我们那种做法，只会使美中两国的公众如堕五里雾中，使两国各自的盟国感到气馁。采用中国人的做法才会使各方面的人确信我们表述的观点是发自内心的。正因为我们坦率承认存在的分歧，我们一致的观点才显得真实可信。"

休会片刻之后，基辛格告诉周恩来，美方愿意接受他的初稿的基本做法。在接受中方提的初稿的基础上，基辛格提出了一些补充，说："公报中表述不同观点的文字必须互相适应。我觉得，中国的某些表达方式过于僵硬，难以接受。对于你们报纸上常用的那种火药味很浓的提法，那种好像是审判我们或是凌辱美国总统的文字，总统是不会在这样的文件上签字的。"

基辛格答应第二天（也就是10月25日）上午提出美方的草案。

谈判告一段落之后，夜已经相当深了，基辛格和洛德回到住处后没有休息。先由洛德马不停蹄地改写中方的草案，基辛格先睡觉。三小时后，也就是凌晨3点，洛德把基辛格叫醒，由他接着进行修改。洛德这才去睡一会儿觉。他们觉得表明中国立场的那部分文字过于僵化，因而努力修改得温和一些；他们也特别选择了温和的措辞来表达美国的观点。

基辛格刚刚动笔修改了一会儿，天就亮了。

■ 台湾问题使中美会谈又陷入僵局

10月25日，由基辛格提出经美方修改的公报草案之后，双方又开始了会谈。周恩来很快就将美方修改的草案细看了一遍，马上提出了问题："博士，你们熬了一个通宵，将我们的一个主要观点删掉了。"

基辛格的眼珠在镜片后转了一下："哦、哦……是吗？"

周恩来严肃地说："坚持支持世界各国人民反对帝国主义、殖民主义的革命斗争——这是我们对世界形势的一个基本观点。"

基辛格十分激动地说："如果总统签署同意这个观点的公报，岂不等于我们的总统受到屈辱。这将在美国引起很大的麻烦。"

周恩来浓黑的眉毛抖了一下："哦？"

基辛格又说："是的。所以我们需要删掉这些话。作为交换，我同意在美国观点部分中也对等地删掉几句话，以便不使中国方面吃亏。"

周恩来盯着基辛格，严厉地一挥手说："不。博士，我们不是在做交易，你完全用不着讨价还价。你只需叫我同意，告诉我在中国观点部分中所用的词句确有令你为难之处就可以了。"

这件事很使基辛格感动。他觉得周恩来很真诚，从来不在小地方讨价还价。事后，他在回忆录里写道："我不久就发觉，和周恩来谈判的最好方式，是提出一个合理的主张，详加说明，然后坚持到底。我有时甚至把内部文件拿给他看，使他了解我们为什么达成这个结论。周恩来也采取这样的方式。企图在谈判中多占便宜,那是徒然自寻烦恼。"

周恩来也注意到在并列双方的不同观点之后,方案中还列了好几条双方共同的立场。他说:"博士,我们虽有巨大的分歧,也有一些共同的观点,特别是都表示不谋求霸权,都反对任何国家或国家集团建立霸权的努力。这确实是难能可贵的。"

关于台湾问题的讨论,一下子就使会谈陷入了僵局。这是个对双方来说都属于极端敏感的问题。双方都作了充分的准备。

周恩来一开始就摆明立场:"台湾问题是中美两国之间的老问题了。华沙会谈15年也一直僵持在台湾问题上。我必须声明:

海外版《季辛吉秘录》对台湾问题讨论有披露。

中华人民共和国是中国唯一的政府;解放台湾是中国的内政;美国军队必须撤出台湾。这三条立场,是不能变的。"

基辛格也提高嗓门,亮明观点:"由于众所周知的原因,我们不能在开始我们之间的新关系时背弃我们的老朋友。我们绝不能放弃对台湾的义务,我们决不会与台湾断交。"

"什么样的复杂原因?什么样的义务?这真是天方夜谭。"周恩来也略微提高了声调。

室内的谈判气氛骤然紧张起来。

基辛格申辩说:"如果我们背弃老朋友,不但别的朋友不信任我们,你们中国人也不会尊重我们。"

周恩来停顿了片刻,调整了一下情绪,说:"台湾是中国领土,台湾问题是中国的内政,这是你们历届政府都承认的。而现在,是哪国的军队占领着台湾?是你们美利坚合众国。中国人有句俗话,'解铃还须系铃人'。如果说有什么复杂原因,那也是你们美国政府一手造成的。你们不但对这一现实没有任何改变,而且还继续从各方面封锁、孤立我们。"

基辛格又申辩说:"我今天坐在这里,不就是说明我们在改变吗?!"

周恩来越说越冷峻："现在我还要重申：台湾问题，关系到一个国家的主权。在这一点上，不容置疑。"

谈判陷入僵局，双方都挺严肃地对望着。

周恩来稍作停顿并加强语气："博士先生，如果贵国政府在台湾问题上坚持过去的立场，那么，我们不得不对你们总统访华的诚意表示怀疑。"

基辛格有点儿着急："总理先生，我希望你们能了解我国的国情，因为这将牵扯到我们两院以及两党的问题。我们将失去盟友。我们的总统希望在他第二任时彻底解决这个问题。"

周恩来语气缓和下来："我理解尼克松总统为此作出的努力。但请问，你们怕失去的是一些什么样的朋友？是一些腐朽的、即将垮台的'老朋友'。你们为了照顾这些老朋友，势必使自己陷入被动而脱不了身。这一点，你们总统不是在堪萨斯城的演说中已经提到了吗？世界正在发生变化，但是这种变化总不能让中国人民再受损害了吧？"

基辛格无言以对，只好转动着铅笔。

周恩来这时豁达地说："毛主席说，台湾问题可以拖一百年，是表明我们有耐心；毛主席的意思同时也包含了不能让台湾问题妨碍中美两国关系正常化。这些不都表明了我们的诚意吗？而你们的诚意又何在？"

基辛格终于说："总理先生，会谈的公报必须有助于打开一条新的道路。总统也是这个意思。"

周恩来严肃地拿起美方修改的稿子文本晃了晃，说："博士先生，你们在台湾问题上的观点，甚至措辞，都是二十几年来常用的。这就不如你所说的，有助于打开一条新的道路。"

基辛格一听说毛泽东讲台湾事小，世界事大，讲台湾问题可以拖一百年，便觉得这是有世纪眼光的巨人的话。他不得不佩服周恩来，佩服毛泽东。他手里不停地转动着铅笔，用眼睛打量着周恩来。

10月25日这天，会谈的大部分时间都花在台湾问题上，这是讨论公报文本中最困难的一个问题。基辛格还是强调说："美国不能抛弃老朋友。"

周恩来反驳说："什么老朋友？台湾问题不是朋友之间的问题，是美国军队进驻台湾而分裂我们国家的问题。朋友之间的道义问题不能代替主权国家的领土完整问题。"

基辛格意识到周恩来已经不会再作退让，也意识到明天离开北京的时候，这个关键问题如果没有一个大致的结果，将使他处于十分不利的境地。他侧头看了一眼洛德，使了一个眼色，让洛德离开座位，两人到会议厅另一侧的角落去商议。

基辛格与洛德在角落里嘀咕了好一会儿，才回到谈判桌上来。基辛格坐回沙发，端起杯子喝了一口茶，原来绷紧的脸已经放松了。他说："我决定换一种方式表达美国的观点。"

基辛格略作停顿，说："美国认识到，在台湾海峡两边的所有中国人都认为只有一个中国，台湾是中国的一部分。怎么样？"

周恩来将这句话重复了一遍，脸上也绽开了笑容，称赞说："博士到底是博士，这可是一项绝妙的发明。"他又接着说："这句话的基本意思我方可以接受，只是个别词句还需要推敲。比如，台湾是中国的一个省，用'省'更准确，而不用'部分'。"

基辛格说："'部分'比'省'通用，'部分'是对整体而言的。"

周恩来说："'省'比'部分'准确，省在行政上表明对中央政府的归属。"

"英语没有多大的差别。"基辛格说。

"汉语却有质的差异。"周恩来雍容大度地说，"我看僵局有望打破，至于尚未解决的句子及措辞，等总统访华时，还可以继续讨论，会找到一个解决办法的。"

基辛格事后回忆这段话的产生经过时说，我认为我所做过的和说过的任何事情，都没有比这个模棱两可的提法使周恩来印象更深刻的了。按照这个提法，我们双方在将近10年内都可以对付过去。说句公道话，这个提法我是摘自国务院为谈判所准备的一个文件，那次谈判在50年代流产了。

这个提法是洛德先生找出来提供给基辛格的。可以说，洛德也起了十分关键的作用。

洛德所依据的那个文件，是1955年秋海峡两岸为了大陆沿海金门、马祖等数个小岛发生武装冲突时，美国国务卿杜勒斯向艾森豪威尔总统提出的一个方案。这个方案被取名为"神谕"（oracle）。当时，大陆沿海岛屿问题是艾森豪威尔十分头痛的问题。一方面美国军方强烈反对帮助国民党防守贴近大陆的这几个小岛，不愿为这几个小岛陷入与中国的战争，美军方在朝鲜战场已尝尽了与中国作战的苦头；另一方面，蒋介石即使在美国的压力下也不愿从这几个小岛退却。在那样的情况下，杜勒斯提议要将大陆沿海岛屿的局势问题提交给联合国安理会讨论，由安理会作出一项符合美国意图的决议。这个提案的要害是以台湾地位未定为前提，利用联合国来取得停火，又不使美国卷入大陆沿海岛屿。用杜勒斯的说法，既免去麻烦，又能达到目的。为此，杜勒斯经过活动，由新西兰出面在安理会提出这项议案。杜勒斯给这个方案取名为"神谕"，将自己的主意比喻为神的喻示，其结果却是讽刺性的，"神谕"方案在海峡两岸都碰了大钉子。蒋介石强烈反对将中国沿海岛屿问题提交给联合国安理会。主要原因在于"神谕"提案会导致联合国内出现"两个中国"的前景，既干涉了中国内政，还危及蒋介石的法统地位；毛泽东也强烈反对这个提案与做法。经毛泽东批准，周恩来致电联合国秘书长哈马舍尔德，指出新西兰提案是对中国内政的干涉，在蒋介石集团的代表仍然赖在联合国的情况下，中华人民共和国不能接受联合国的邀请出席联合国会议。在没有中华人民共和国代表参加的情况下，任何有关中国问题的决议都是无效的。"神谕"方案遭到抵制与拒绝，安理会只好决定无限期搁置，也就不了了之。

这是新中国成立后，海峡两岸相互敌对的国共双方，在涉及主权国家领土完整的中华民族根本利益上，第一次表现了惊人的一致。

美国国务院的档案里，记述50年代杜勒斯所策划"神谕"提案从制定到流产经过的文字中，就用过这句现在很著名的话："在台湾海峡两边的所有中国人都认为只有一个中国，台湾是中国的一部分。"

■ 命运在周恩来与基辛格之间开了一个玩笑

10月26日上午9点，周恩来总理把基辛格送至钓鱼台的楼门口，在他上车前对他用英语说："博士，欢迎你很快回来共享会谈的愉快。"这是周恩来第一次用英语对基辛格说话，这说明总理的心情十分愉快。

这一天早上4点多钟，中美双方又继续在钓鱼台讨论公报，修饰文字了。

在基辛格离开钓鱼台之前，双方就公报的主要内容达成了协议。公报中鲜明的、有些地方是十分尖锐对立的分歧更加突出了，共同的立场也清楚地表明了：双方对反霸的关切，双方承诺使两国关系正常化。只有关于美国与台湾有防御关系的那一段还未作决定，但是双方的立场已经接近了，准备留待基辛格陪同尼克松访华的时候，再进行讨论。

在由钓鱼台驶往机场的红旗轿车里，乔冠华与基辛格在对话。当然，车内的对话已经不是严肃的会谈，而是轻松却有内容的聊天。

"博士，你看今年这届联大我国能恢复席位吗？"乔冠华问，"我得到消息，联大正在对恢复我国席位进行表决。"

基辛格不假思索地说："我估计你们今年还进不了联大。"

乔冠华狡黠地眨了眨眼："你估计我们什么时候能进去？"

基辛格扶了一下眼镜："估计明年还差不多。待尼克松总统访华以后，你们就能进去了。"

乔冠华仰面哈哈大笑，笑声十分豪爽："我看不见得吧？"

刚才基辛格快要离开钓鱼台的时候，周恩来瞅空低声告诉乔冠华，联大表决结果已经传来，赞成"接纳中国、驱逐台湾"的阿尔巴尼亚提案已经以压倒多数获得通过。表决结果是76票赞成，35票反对，17票弃权。周总理为了不使基辛格难堪，没有将这个消息告诉他。

这次联大的表决结果，也出乎我国领导人意料之外。我们本来估计在一年或两年之后才能恢复在联大的席位，在思想上和组织上还没有一点准备。10月24日，在会谈中谈及对美国"双重代表权"提案的观点时，周恩来说："对中国来说，台湾的地位比联合国的资格重要得多。中国不会按照'双重代表权'的方案进入联合国。中国人有的是耐心，还可以继续等待。"

基辛格乘坐的"空军一号"专机刚刚从北京起飞，电讯员就给基辛格送来电讯稿。基辛格一看，大为惊讶，将电讯稿递给助手们传看。电讯稿上打着——

联大刚才已以76票对35票通过接纳中国并驱逐台湾的决议案。

基辛格双手捧着头，好一会儿才抬起头来，表情复杂地说："我说过，光是中美接近就会使国际形势产生革命性的变化——连我自己对此也认识不足。"

基辛格说罢，苦笑了一下。

洛德望着舷窗外的云海，感叹着："周恩来太厉害了！让我们否定了自己的方案，接受了他们的方案，而且高高兴兴，心悦诚服……"

霍尔德里奇对洛德说："我在香港工作的时候，就听人说，要是蒋介石得了周恩来，被赶到台湾岛上去的就不是蒋家王朝。"

基辛格想不到他担心的事来得这么快！他的心茫然地往下坠着，显得格外沉重。刚才离开钓鱼台时的欣喜心情已消失殆尽。阿尔巴尼亚提案以压倒多数通过了。他的政府花了很大的力量去制定和提倡"双重代表权"，却根本没有得到表决的机会。美国从来没有这么惨重地失败过。这要怪谁呢？一批和美国友好的国家一方面不愿同美国对立，另一方面为了自己的利益却在讨好强大的中国。当美国对北京采取敌对态度的时候，他们害怕投票赞成接纳中华人民共和国会受到惩罚。现在我们自己要跟中国和解，他们就不再怕美国的惩罚了。基辛格怀着无可奈何的心情在思索着。

电讯员又送来电讯稿，白宫要他在回国途中在阿拉斯加停留，以免在联合国表决的这一天回到华盛顿。基辛格立刻就品味出这份电讯的含义：实际上是说他的北京之行要对美国在联大的失败负责。他回想起上月底即将公布第二次北京之行前夕罗杰斯和他的争论。毫无疑问，这一定是罗杰斯施加了压力，白宫才叫他在阿拉斯加停留的。

停就停吧。秋末的阿拉斯加已经十分寒冷。基辛格及其助手们心情都十分颓丧，一个个都沉默着。

他们的总统尼克松今天更为颓丧、恼怒。联大表决的时候，尼克松坐在白宫书房的沙发上看电视。他神情专注地直盯着电视机，有个不知趣的工作人员要进来请示工作被他挥手示意赶了出去。电视机播出联合国宽敞的、蓝色和金黄色的大厅里挤满了代表和观众。大厅里气氛紧张，十分安静。

当电动记数牌上的灯光表明美国的提案被击败、阿尔巴尼亚的提案获得通过时，大厅里马上沸腾起来。有人大声发笑，有人唱歌、喊叫、拍桌子，还有人踏着节奏跳起舞来，那些黑人代表特别欢乐，坦桑尼亚的代表竟穿着毛式制服。中国被接纳进联合国是值得欢呼的,他们以自己的行动击败了不可一世的美国也是值得欢呼的。美国从来没有像今天这样丢脸。

尼克松气得脑门筋都鼓了起来,下颌扭得更歪。他粗暴地敲了一下沙发扶手,跳起来,跑过去,将电视机关了。刚才被赶出去的那人走了进来。尼克松十分恼火地对他吼道:"太不像话!太失礼了!我感到十分震惊!在一个国际讲坛上的表现如此恶劣,它可能非常严重地损害美国对联合国的支持……"

基辛格一行从阿拉斯加飞回华盛顿,降落在安德鲁斯空军基地一个偏僻的角落。天低云暗,机场上冷冷清清,没有记者,没有摄影师,只有个别工作人员来迎接。跟三个多月之前基辛格第一次从北京归来相比,这次就显得太冷落了。那次总统亲自在圣克利门蒂西部白宫的机场迎接。这一次,基辛格乘坐的"空军一号"飞机抵达以后,一行人本来还怀有几分英雄载誉归来的情绪,一下飞机就被一股莫名其妙的冷风刮走了。基辛格还联想到,"七一五"公告以后,自己名声大振,声望日高,已经有种种迹象表明,总统对此显示出不安。有一家报纸还瞎凑热闹,说基辛格的名望已经超过了总统,这无异于给本来已经不安与恼火的总统火上浇油。

走下舷梯后,扑面的冷风使洛德伸手把外衣的领口紧了紧。霍尔德里奇则脸色阴沉地对基辛格说:"看来,他们将中国代表权问题上美国的失败归罪于我

1971年10月26日,第26届联大通过了接纳中华人民共和国为唯一的中国代表,图为非洲代表在现场欢呼。

们去北京的访问。"

基辛格嘴角泛出一丝苦涩的笑。他继而又想，北京取得联合国的席位，这到底是不可逆转的历史的决定，只不过比预料来得早一些罢了。中国的哲学中就说过有所得必有所失的哲理，打开了神秘的中国之门已经是难能可贵的成功了。他想，尽管尼克松可能脾气乖戾、气量狭小，他也不至于拿即将到手的胜利或者他的外交政策的关键因素来冒风险。

■ "是黑人兄弟把我们抬进联合国的，不去就脱离群众了"

10月26日上午，我方人员在叶剑英的带领下将基辛格一行送到机场。在机场，我方人员都已经得悉我国已经恢复联大席位的喜讯，人们的眉宇间都露出了异样的喜悦。只是客人们心不细，没有感觉到罢了，以为中国人今天特别高兴是因为公报文本的构架已经基本上定了下来，因为公报基本上采用了中国提出的方案。

基辛格的飞机驶向跑道时，叶剑英抑制不住兴奋地说："基辛格上飞机后得知联大的消息，不知道他作何感想?!"

我方的人员尽管已经连续工作了多日，没有得到正常的休息，可是一点儿也不疲倦。大家为联大传来的喜讯兴奋不已，在从机场回城的路上议论不止。议论的核心是：既然我国在联合国的合法席位已经恢复了，我们去不去？参加不参加？周恩来总理已经通知下午在人民大会堂总理办公的地方讨论联大问题。大家已经忍不住地议论起来，每个人都心潮翻滚。

周恩来总理因为要在当日基辛格凌晨4点起床之前拿出经过我方再次修改的公报文本，也没有睡觉。双方在基辛格上机之前又对文本进行讨论。将近9点钟的时候，秘书已经将刚刚得到的联大通过接纳中国的消息，通知了周恩来。周恩来特别高兴，还第一次用英语跟基辛格道别。自从"文化大革命"开始以来，已经好几年没有看见周恩来总理这么高兴过。

周恩来稍事休息以后，下午在人民大会堂召集外交部党组及有关人员讨论联大问题。主要是讨论派不派人出席正在纽约召开的二十六届联大？国民党的代表已经带着他的三个顾问悄悄地收拾文件包离开了联大会场,几乎没有引起人们的注意。联大的席位已经空出来了,联合国秘书长吴丹已经发来电报,请我国派代表团去出席联大,我们去不去?

当时,"左"的阴云还笼罩在中国大地上空,人们对联合国这个机构的认识也不能不带上"左"的色彩。一般人认为联合国大会是资产阶级讲坛,是受美、苏两大国操纵的,认为它不是民主的讲坛,不能真正为受压迫民族与受压迫人民讲话。外交部党

联合国秘书长吴丹在联大主席台上宣布接纳中华人民共和国为唯一的中国代表的第2758号决议正式通过了!

组经过商量,决定不去,准备回一个电报给吴丹秘书长,感谢他的邀请,表示我们也很高兴,并说早就应该恢复我国在联大的合法席位;但是,中国决定目前不派代表团去参加。

当天下午,正在大会堂讨论去不去的时候,毛主席给周总理来电话,询问此事。周恩来汇报了讨论的情况,及外交部党组的意见。毛泽东明确指示:"要去。为什么不去?马上就组团去。这是非洲黑人兄弟把我们抬进去的,不去就脱离群众了。我国今年有两大胜利,一个是林彪倒台,另一个就是恢复联大席位。"

周恩来说:"我们刚才考虑先让熊向晖带人去摸一摸情况。"

毛泽东说:"派一个代表团去联大,让乔老爷做团长,熊向晖可以做代表或是副团长。开完了大会还可以回来。"

毛泽东十分赏识乔冠华的才气。早在抗战初期,乔冠华留学德国回到香港,以写国际时评为工作。那时"二战"序幕拉开,欧洲战事迭起,乔冠华写的国际时评,分析有理有据,文笔优美动情,且有的文章甚有预见,比如他的文章曾预见马其诺防线守不住、法国政府会向德国投降。后来,事态发展果然如此。乔冠华从此名震香港。苏联和芬兰的战争爆发后,乔冠华写了一篇题为《从东

线到西线》的国际时评，揭露有人借此推波助澜，煽动反苏。毛泽东在延安读了此文后赞扬说：这篇文章"可顶战场上几个坦克师"。

新中国成立后，乔冠华奉命与李克农在朝鲜参加停战谈判，他独到的、有见地的分析也给毛泽东留下了深刻的印象。1953年2月初，毛泽东、周恩来根据朝鲜半岛战局的发展变化，分析美国有可能再次回到板门店谈判桌上来，就电告李克农、乔冠华，要他们就"是否可以再给他（指美国）一个台阶下，是否由我方主动提出复会"的问题进行研究并提出建议。2月19日，乔冠华电复毛泽东、周恩来，在分析了国际形势及朝鲜战场的态势以后提出了不同看法，认为如果我方正式在板门店主动提出复会，"美国态度将是拒绝的居多"，"对方还可能认为我性急，有些示弱，反易引起对方幻想"。毛泽东同意了乔冠华的看法，采纳了他的建议，"一动不如一静，让现状拖下去，拖到美国愿意妥协并由他来采取行动为止"。事态发展果如乔冠华所料，3天后即2月22日，联合国军新任总司令克拉克致函朝、中方面，建议在板门店重开谈判。大家都说乔冠华料事如神。

毛泽东作了决定，以乔冠华为团长的中国代表团即将出席本届联大的消息发布后，国外新闻界一致认为，这是中国"可能派出的最合适的人选"。经毛泽东明确指示与点将，代表团的组团工作在高度紧张、繁忙中进行。这是中国第一次到联大向全世界亮相，组团工作由周恩来亲自主持，代表团人员都报经毛泽东主席亲自审定。还经毛主席同意，委派高梁同志带领一支由5人组成的先遣队赶去纽约打前站。当高梁率领先遣队到达美国时，引起的轰动与关注，就好像外星来客一样，西方各大报都在头版显著位置加以报道。

乔冠华连续数夜赶写在联合国大会的第一篇发言稿。他一边喝茅台酒，一边凝思挥毫，写成后送毛泽东、周恩来审定。乔冠华书写这篇发言稿时特别感到扬眉吐气，振奋不已。他在1951年曾经跟伍修权一起代表中国去纽约参加联大；当时美国操纵的联大指责我们侵略，伍修权、乔冠华是代表中国去控诉的。事隔20年，乔冠华这次去联大，是以常任理事国代表团团长身份去对全世界发言的。

代表团动身赴联大的前一天晚上，全团成员乔冠华、黄华、符浩、熊向晖等，集中在人民大会堂福建厅等候毛泽东接见。晚8时正，毛泽东在周恩来陪同下来了。毛主席指示说："这次送代表团的规模要扩大，规格要提高。到了联合国，要采取阿庆嫂（当时京剧样板戏《沙家浜》中的女主角——引者注）的方针，不卑不亢，不要怕说错，当然要搞调查研究，但不能什么都调查好再说。"

毛泽东的话，给第一次代表新中国作为常任理事国登上联大讲坛发言的乔冠华壮了胆，特别是毛泽东讲"不要怕说错"，给了他大胆说话和见机行事的权利和勇气，他的信心大大提高了。

乔冠华离京前夕，当时还在患病的陈毅由衷地高兴，设家宴为他饯行，请叶剑英、王震来作陪。陈老总为乔冠华饯行，表示他对中国外交打开了新局面表示热烈祝贺。陈老总和乔冠华在外交部共事多年，尤其是"文化大革命"这几年的患难与共，使他俩感情笃深。

"文化大革命"动乱开始的时候，造反派高喊"打倒陈、姬、乔"。到1971年的时候，姬鹏飞、乔冠华已经恢复了工作。陈毅受到林彪的迫害，处境还十分艰难。但是，陈老总尽管身处逆境，仍然关注国际形势的新动向与中国的外交工作。林彪曾经一度剥夺了陈毅看外交部文件及新华社《参考资料》（即《大内参》）的权利，但阻挡不住陈老总对党、国家和人民的一片赤诚之心。1969年在老帅讨论国际形势的座谈会上，陈老总顶着"左"的压力，不顾个人安危，向中央提出打开中美关系的提议。在1971年4月美国乒乓球队访华期间，毛泽东听说有人还不准陈毅看外交部文件，指示要让陈老总看文件。当时，外交部大楼里盛传陈老总即将恢复外交部长的工作，这反映了大家的心情：盼望陈老总能在我们外交有新起步的时候回来主持工作。

1971年7月，基辛格第一次访华时，患肠癌的陈毅与患肺结核的乔冠华都住在301医院治疗。他俩在医院里推心置腹，不仅畅谈了国际形势的新变化，也谈论了许多关于林彪的话。那时，林彪还在台上。9月初，乔冠华病愈出院。"九一三"那天，周恩来将乔冠华与《人民日报》社崔奇找去准备写关于"九一三事件"的声明。乔

联合国秘书长吴丹在新闻记者招待会上宣布中国政府代表团即将出席第26届联大。

冠华首先想到了被林彪迫害得最苦的陈毅，他特地到301医院，面露喜色地悄声告诉陈毅："老总，你不是讲'好有好报，恶有恶报，不是不报，时候未到'吗？我今天特地来告诉你，报应到了！到了！因为有纪律，我还不能明说。先让你高兴高兴！"

陈毅盯着乔冠华。从乔冠华脸上流露出的从未有过的喜悦神态，陈老总猜出了五六成，惊喜地问："真的吗？"

乔冠华只是笑着说："我只能让你高兴，现在还不能回答。"

陈毅受到乔冠华情绪的感染，也笑得很开心。

过了几天，中央将"九一三事件"正式通知了陈毅。乔冠华又特地赶到医院，将那首改写的新《塞下曲》："月黑雁飞高，林彪夜遁逃……"吟给陈老总听。陈老总听罢，连声叹绝，两人相对放声大笑，以致不知内幕的值班护士惑然不解。

在陈毅的家宴上，张茜为即将飞赴纽约的乔冠华开了茅台，当时已遭癌细胞深深侵蚀肌体的陈毅遵医嘱不能饮酒，但为了庆贺进入联大与林彪倒台两大胜利，他还是和乔冠华频频干杯。

毛泽东对乔冠华十分器重。

卷十三 | 尼克松访华之前

■ 巴黎渠道之二：蒋介石要偷袭尼克松总统访华专机

巴黎是国际外交活动最活跃的城市，作为中国驻法大使的黄镇与美国驻法武官的沃尔特斯，免不了常常在公开而十分热闹的外交酒会上相遇。每当这个时候，他俩都在演戏，总是端着酒杯彼此视而不见、擦肩而过，脸上都没有任何表情，更别说碰杯或者打招呼了。黄镇有一次形容说：我连眉毛都一动不动。但是，他们可能就在当天早些时候或者前一天深夜里，刚刚会晤过两三个钟头，在一起饮过茅台酒或者玫瑰酒、拉过家常、说过笑话了。在这段时间里，他俩甚至两三天就得秘密会晤一次。在公开的外交场合之后，待下次秘密见面时，两人会交谈起"演戏"的感受或情趣，甚至回忆起当初沃尔特斯追中国武官的笑话。

那是1971年春，当时，美国与越南的秘密会谈正在巴黎进行，沃尔特斯也是美方联系人。有一次沃尔特斯在回国汇报期间，基辛格交给其一封密信，要他传递给中国人。信的内容称，如果中华人民共和国希望秘密会谈，美国准备进行这类会谈，会谈可安排在绝密的情况下举行。信中建议，可通过美国驻巴黎武官沃尔特斯少将进行联系。这封信还表示，如有必要，尼克松总统准备派一名高级代表去巴黎，与驻巴黎的中共人士会谈。沃尔特斯还受权口头说明，此人将是基辛格博士。沃尔特斯还奉命去见尼克松总统，总统指示其应通过基辛格博士直接向他汇报，不得向任何人泄漏其在谋求与北京建立联系的过程中所担当的角色。

这对沃尔特斯将军来说真是个难题。平时他在外交场合见到中国官员都按老惯例不打交道，不握手，不招呼，不交谈。但是，他从华盛顿回到巴黎不久，就出人意料地遇到了这个机会。1971年4月27日，他参加波兰驻法国大使馆的招待会时，发现中国驻法武官方文也在场，但在众目睽睽之下，他根本无法

尼克松访华后,毛泽东会见黄镇,派其赴美任中国驻美联络处主任。

跟中国武官接触。待散会出到院子,他刚站了一会儿,就望见方文也出来了,院子里只有他们两人。他就走到方文面前,迅速地用法语说:"我是沃尔特斯将军,美国武官,我有一封我国总统致贵国政府的信。"

方文听后目瞪口呆,这太意外、太突然了,想说什么,又不知说什么,就说:"一定转告,一定转告。"

方文说罢就跨进了奔驰车,疾驰而去。

由于方文没有说要收下这封信,总统给中国政府的信没有送出。沃尔特斯感到没有完成任务,就将这次碰壁的情况报告了基辛格。基辛格指示说,先把这事搁一搁。

在基辛格安排第一次访华计划前夕，6月16日，沃尔特斯收到华盛顿的一封信，规定其必须于6月19日将此信交给中华人民共和国驻巴黎大使黄镇。这就产生了中美这两位将军后来的一连串会晤。

对于中、美两位将军在巴黎的接触，在整个法国只有蓬皮杜总统和法国情报机关的最高负责人知道。

为了保密，他俩从来都不在电话里交谈事务，只用电话约定会晤时间。黄镇不用自己打电话，由韦东或者曹桂生打电话，沃尔特斯使用的是法国化名"让"。在美国驻法使馆，只有沃尔特斯本人与其武官处的女秘书南希·乌莱特小姐知道。因此，在那段秘密会晤的日子里，沃尔特斯得亲自动手编译许多信件的复杂密码，因而常常自嘲地说，他是美国政府中薪金最高的密码员！在中国驻法使馆，中美接触的事，只有黄镇本人与翻译韦东及曹桂生知道。一次，沃尔特斯在中国使馆官邸与黄镇讨论尼克松访华的具体事务，会晤结束，沃尔特斯正要告辞离开会客厅，院子里突然驶进一辆大众牌大轿车。韦东立即一把拉住沃尔特斯，将其推入客厅旁的一间厢房里，还关上了门。这时，一大批住在院子里的中国外交人员从大轿车上下来，纷纷走回各自的宿舍去。等院子清静了，沃尔特斯才离开了中国使馆官邸。

关于他俩会晤使用的语言很有意思。两人使用英语或者法语，都有翻译。有一次，两人就专门谈起了语言问题。沃尔特斯为不会说汉语而遗憾，彼此探询了一番各自会讲的语言后，终于找到了一种双方都懂的语言，那就是俄语。黄镇在从军队转到外交部门之初，略学过一点俄语。于是，他俩不使用翻译时，就用俄语谈话，两个人的俄语都说得不流畅。

黄镇笑着说："可能永远不会有人相信，中华人民共和国驻巴黎的大使和美国驻法武官会在一起用俄语交谈！"

从1971年7月19日沃尔特斯首次来到中国使馆官邸、巴黎秘密渠道建立算起，至尼克松访华后的1972年3月结束，在此期间，沃尔特斯共来黄镇大使官邸45次，平均每月接触近7次。据参与其事的曹桂生在《回忆中美"巴黎秘密渠道"》一文中记述：

会谈的内容也很广泛，从双边关系到远东和国际问题。黄大使一再交代有关同志，只要接到国内有关"秘密渠道"的指示，都要立即通知他。有好多次是半夜收到国内来报，因此，有关人员便把黄大使从梦中叫醒。他交代我和韦东两人，不管什么情况决不得拖延和沃尔特斯的联系。沃尔特斯也是毫不怠慢，他说只要有事，随叫随到。

秘密渠道期间，基辛格也秘密地来过黄镇大使官邸4次，后来出任驻华大使的温斯顿·洛德也来过，美国国家安全事务副助理黑格将军也来过。基辛格常在法国的电视新闻节目中露面，长相又很有特征，几乎家喻户晓，在巴黎很容易被人辨认出来。基辛格来黄大使官邸时，为避人眼目，特意作了化装，大鼻梁上架一副黑色宽边墨镜，头戴一顶法国普通帽子，帽檐拉得低低的，真有点像影片里的大侦探。他在座车上也动了脑筋，美国使馆武官处有5辆带有外交牌号的车不能坐，也不能搭乘出租车，而是由沃尔特斯在汽车行里租出一辆很不起眼的小车，由沃尔特斯亲自驾驶。沃尔特斯将这些情况介绍给黄镇听，颇为得意地说：在川流不息的巴黎大街上，谁会注意我们这一辆租用的普通小车里坐的是什么人物呢？租用的车无处报账，还得我自掏腰包。黄镇听了哈哈大笑，称赞对方想得周到，保密工作做得好。

在双方频繁接触、准备尼克松总统访华的具体事宜时，中国方面得到消息称：台湾当局有人要偷袭经西太平洋飞至上海的总统座机。曹桂生在回忆文章中也作了记述：

尼克松访华临近时，在1972年2月上旬，国内得到消息，台湾当局有人阴谋用伪装成中国人民解放军空军的战斗机袭击尼克松总统座机。这一消息可靠与否当然无法证实，但根据宁可信其有、不可信

黄镇出使美国，与尼克松在一起谈话。

其无的道理,我方还是通过"巴黎秘密渠道"向美方传递了口信,并说明我方无法判断上述消息的可靠性,愿提请美方注意。后美代告,美政府非常感谢我方的及时通报,已采取防范措施。后来,我方又向美方通报,在中华人民共和国上空总统座机的安全由我国有关部门负责。

尼克松于1972年2月下旬的访华活动十分成功。同年3月5日,中美"巴黎秘密渠道"行将结束,沃尔特斯将军在赴中央情报局副局长新任前,特来中国使馆官邸向黄镇大使辞行,黄大使为他举行午宴。黄镇大使祝酒说:"我俩成了老朋友,不管将来出现什么情况,你和我至少已经圆满地完成了我们的使命,使我们两国的元首进行了接触。"

沃尔特斯致答辞说:"感谢这一段难忘的日子中黄大使的好意和关照,使我在执行这一没有先例的特殊任务时能一帆风顺。"

在共同回顾了这次有意义的接触过程时,黄镇对沃尔特斯将军的工作给予高度的评价,赞扬其认真负责、严守机密、恪守诺言的态度和精神,并说:"我们已经会面45次了,为我们将来不管在哪儿的第46次会面而干杯。我可以这么说,将军什么时候到中国去都会受到欢迎的。"

在20世纪80年代,沃尔特斯将军曾多次访华,与黄镇大使几度重聚,愉快畅谈,共叙友谊。

■ 打前站的黑格未能落实毛泽东与尼克松见面的安排

在基辛格第二次访华的时候,基辛格曾经幽默地对周恩来谈起尼克松总统访华的先遣人员。他说,中国两千多年来曾经多次受到夷狄入侵,但是从来没有碰到过总统的先遣人员。美国总统访华的访问团人数、先遣人员、技术人员及随团记者的人数,按经过压缩的"不能再少的最低限度方案",也仍然让中国方面觉得多得几乎不可理解。基辛格只好无可奈何地自嘲:"尽管中国早在两千年前就发明了官僚制度,但是看来还得了解这些前所未闻的官僚主义做法。"

周恩来会见为尼克松访华打前站的黑格将军。

为了安排尼克松总统访华的行政事务与后勤工作等问题，美国派了一个叫黑格的人为首的先遣队先期来华打前站，于1972年元月3日到达北京。黑格是基辛格的助手。他带来了18个先遣人员，先分口进行会谈，分别谈判解决总统来访的有关礼宾、安全、接待、住房、电视转播、记者访问等具体安排。

最有意思的是关于保卫工作的谈判。美国方面负责保卫工作的头头大出洋相，他竟然要求凡是总统访问的地方都开出一份捣乱分子的名单。按美国的保卫规定，所谓捣乱分子就是指共产党及其同情者。如果要问中国有多少共产党及其同情者，那会得到一个令人不安的答案：不会少于8亿人。中国方面还安排尼克松总统在中国国内访问乘坐中国飞机及红旗轿车。这些都不符合美国总统访问的安全规定，双方争执不休。最后，尼克松答应同意中国的安排。

在尼克松访华期间，随行的大批记者将通过通信卫星播发电视、图片、电讯等，需要中国政府给予方便。关于此事的谈判由熊向晖与随黑格来华的白宫发言人齐格勒进行。熊向晖按周恩来总理指示，请美方帮助租用一个卫星。齐格勒估计租金可能需100万美元，他建议中国政府不必花钱租用，只要在北京、

黑格一行在上海。

上海、杭州修建地面站就行了，费用由美国承担。熊向晖向周恩来总理汇报，总理说：不要一听 100 万美元就想缩头。这不是花多少钱的问题，这是涉及我国主权的问题，不能有丝毫含糊。总理叫熊向晖告诉齐格勒：第一，请他负责为中国政府租用一颗通信卫星，租用期是北京时间 1972 年 2 月 21 日上午 1 时至 2 月 28 日 24 时；第二，在租用期间，这颗卫星的所有权属于中国政府，美国方面必须事先向中国政府申请使用权，中国将予同意。中国向使用者收取使用费；第三，租用费和使用费都要合理，不做冤大头。

齐格勒听后很惊讶：我第一次遇到这样的谈判对手。我完全接受中国政府提出的前两点办法。租用费一定很合理。可以设想，这两项费用之间会画个"等号"。我很佩服你们的精明，我更佩服你们处处注意维护中华人民共和国的尊严。齐格勒完全同意基辛格的看法：周恩来总理是世界上罕见的令人衷心敬佩的伟大的政治家和外交家。

元月 6 日的晚上，周恩来与黑格举行正式会谈。在此之前，元月 4 日，周恩来接见黑格一行的时候，黑格在讲话中流露出一种帝国主义观念，引起了周恩来的警觉与关注。黑格跟周恩来讲，美国方面关心中国的生存能力（Viability），所以我们双方有共同点，可以共同对付苏联。周恩来 6 日晚上在人民大会堂与黑格会谈，重点就是要解决他这个思想问题。总理觉得黑格这种思想在美国有典型性，通过做黑格的工作，可以给美国方面一个重要信息，中美谈判是要建立在平等的基础之上，而不是让你来保护我。为此，周恩来事前找了几个英文翻译，要他们将这个"生存能力"（viability）的确切含义告诉他，他自己也查了有关的外文资料。在6日晚上的谈判中，周恩来说："今天，我要请教一下黑格先生，你为什么在前天的讲话中使用像 Viability 这样的字眼？"

黑格不以为然地说："我的意思是苏联在贵国的北部边境摆着50个正规师，百万大军，威胁着你们的……生存，美国是不能坐视不管的。那是霸权的表现。"

"我们反对霸权主义，反对任何国家在任何地区称霸的努力，这是中国政府一贯的立场，"周恩来平静而威严地说着，"可是，中华人民共和国的生存，不需要任何国家或集团来保护。"

黑格有点儿紧张，辩解说："我是对贵国的安全表示关心。"

这时，周恩来出示了翻译准备的好几份资料，严正地说：我们查阅了包括美国出版的辞书在内的好些辞典。Viability 是生存能力，来源于胎儿或婴儿的生活或生存能力。……"

周恩来提高了声调："为什么我们这样一个独立的主权国家的生存能力，要你们美国政府来关心呢？美国人在世界上就是习惯到处充当保护人。我要直率地说，这是一种帝国主义观念的反映，也是一种大国沙文主义观念的反映。我们是不能接受的。"

黑格自觉理亏，满脸通红："我实在没想到这个词包含有这个意思。很抱歉，总理先生，我可以收回我说的那句话。"

周恩来正在跟黑格谈判的时候，陈毅去世了。秘书决定暂时不告诉周总理。谈判结束时，已经是夜里12点。周总理送走黑格以后，服务员给他端上稀粥和小笼包子。总理吃完夜宵后，秘书给他递上了药片与开水。秘书努力掩饰着因陈毅去世而带来的紧张与沉重的心情。周恩来服完药后，秘书想让他先休息一会儿，然后再告诉他陈老总去世的消息。

黑格受到周恩来的批评却没有生气。从人民大会堂出来，乘车驶往下榻的民族饭店的时候，他心悦诚服地对翻译章含之说："久闻周恩来总理大名，今晚

美国专机运来的卫星转播设备,在北京南苑机场卸下来。

听他一番谈话使我佩服之至。"

元月7日,黑格一行离开北京飞往上海。他们要按预定的尼克松总统的访问路线,事先走一遍,落实打前站的各项工作。在上海市革命委员会举行的欢迎宴会上,革委会副主任徐景贤讲话祝酒。初次来中国的黑格不懂中国的礼节,不知道他作为客人也要站起来讲话。他没有致答辞。其实这是美国人的粗疏,并不是有意的。当天晚上,徐景贤、冯国柱等上海要员大为恼火,觉得黑格瞧不起上海领导人,半夜三更将从北京陪同黑格来的章文晋、章含之叫到他们的办公室,说要整黑格。北京去的同志作了解释,他们不相信,还是要整他。

第二天,在黑格去参观上海工业展览会的途中,华盛顿方面发表了一个关于"两个中国"的不大友好的讲话的消息传到了上海。徐景贤等人大惊小怪,说黑格昨晚的恶劣态度就是因为华盛顿方面发表了不友好的讲话。他们将章含之叫了出去,说要跟黑格谈话,要指出这个问题。章含之要他们搞清楚黑格到底知道不知道华盛顿方面的讲话。他们凭想当然认为黑格一定知道。他们决定在参观途中把黑格叫出来,向黑格提出抗议。黑格出来后既吃惊,也惶惑,申辩说他实在不知道昨天在华盛顿有什么讲话。上海那帮人将黑格训了一顿,提了抗议。然后,这帮人又打电话到杭州,告诉杭州接待要"降温",说黑格此人很坏,完全是一副帝国主义的嘴脸。黑格一行到了杭州,到处碰到冷面孔。因为尼克松要乘船游览西湖,尽管眼下是1月中旬,天气酷冷,黑格也要上船游西湖。黑格乘的游艇上什么吃的也没有,就有一杯清茶。据说原来已经在船上准备了点心水果，也因为上海来的"降温"电话而撤了下来。浙江的领导人一个个板着脸孔不搭理黑格。黑格十分惊诧不安，不知道到底发生了什么事。但是，黑格知道尼克松访华是件大事，他不敢随便得罪中国人，只好忍气吞声。章文晋、章含之等几个同志在周恩来身边工作，对中央的方针及周总理维护中美刚刚开始缓和的关系的一番苦心，稍微懂得多一点，看不惯杭州的做法，担心影响大局，就打电话向周总理作了汇报。

黑格离开杭州前一天的晚上，中国方面有关人员在杭州饭店会议厅里开会，为对待黑格一行人的接待问题争执起来。北京来的同志说要按中央的方针办事，杭州的同志说对帝国主义不能讲客气。会议开得很紧张，双方争执不下。

正在这个时候，周恩来总理从北京打来了长途电话，叫北京带队的章文晋、于桑接电话。电话打了一个钟头。周恩来得知上海的情况后立即向毛主席作了汇报。毛主席授权周总理批评这种不顾中美关系大局的做法，说黑格到了上海，要给他"加温"。周总理还说，毛主席关照美国人爱吃糖，每个人送10斤糖。

说起毛主席知道美国人爱吃糖是有来由的。基辛格一行第一次秘密访华的时候，有关会谈及美国人的各种情况都需每天向毛主席作汇报。当时，住在钓鱼台国宾馆的美国人客房里都摆了水果糖，第二天收拾房间时发现这些糖果都"不见"了，于是就不断添加。毛泽东也就得到了美国人爱吃糖的印象。

周总理打来电话以后，杭州饭店会议厅里的会议内容变了，从刚才争执不休变为讨论执行周总理指示，然后连夜打电话到上海要"加温"。第二天，黑格

在北京郊区设立的美国卫星电视转播中心

一行从上海过境飞回美国，不再在上海市内停留。上海那帮人一听毛主席过问、总理批评这件事，也紧张了。一直不露面的王洪文也亲自出动了。这帮人全跑到虹桥机场，举行盛宴。排着队逐次给黑格面带笑容地敬酒。这又把黑格搞得莫名其妙，不知为什么一夜之间又发生了变化。黑格请教当翻译的章含之：你可得告诉我，指点我，什么时候该讲话，我实在弄不懂中国的礼节，不知什么时候把人得罪了。在上海简直把他搞糊涂了。最后临上飞机的时候，又送给他们每人一盒10斤重的糖。那个漂亮的缎面大糖盒，是连夜叫工厂赶做的。糖盒送到美国人手中的时候，粘缎面的糨糊都还没有干透。每个美国人走上舷梯的时候都乐呵呵地抱着一只大糖盒。

当黑格捧着糖盒乘专机离开上海虹桥机场的时候，心头还带着一个很大的遗憾，就是此次打前站未能落实尼克松与毛泽东的会面。他在与周恩来谈判时，一直没有得到毛泽东肯定要会见尼克松的承诺。怎能想象历史上第一个访问中国的美国总统不与新中国的最高执政者毛泽东会见呢?!

黑格当然不知道，毛泽东已经重病卧床，而且病情十分危重，中国为此专门成立了最优秀的各科专家组成的医疗组，他们日夜轮流守护在毛泽东的床前。周恩来当然无法明确告诉他，毛泽东什么时候能肯定会见尼克松。

■ 马尔罗对尼克松说，毛泽东是一个命运奇特的人

自从1971年4月周恩来导演了"乒乓外交"、宣布中美关系的大门打开了以后，尼克松就加紧了访问中国的准备工作。中国问题成了尼克松大脑思维的一个大热点。几乎每天，他都要跟基辛格在一起研讨一下有关美中关系的种种问题，使得基辛格感叹地说，我不知道哪位总统的出访有过这么细致的计划，也不知道哪位总统本人做过如此认真的准备。

一本本厚厚的参考资料摆在他的办公桌上，摆在他的书房里。这些材料是由基辛格指导下的班子耗尽心血编辑出来的，收录了有关总统访华的主要目标以及有关已和中方商定的议程中各项议题的文章。这些文章估计了中国在各个议题项目中可能采取的立场，以及总统可以应对的论据。还有基辛格两次访华

1965年8月3日，毛泽东会见法国著名作家马尔罗。

与周恩来的谈话记录。也有中央情报局专门提供的毛泽东和周恩来的档案材料，包括经历、性格、思想、为人、爱好、著作摘要等，其中包括不少珍贵的照片。还有西方中国问题学者写的文章和专著书籍中的节录，这些学者包括埃德加·斯诺、罗斯·特里尔、费正清、斯图尔特·施拉姆和安德烈·马尔罗等。向来不太注重细小方面的尼克松，竟然极其细致地阅读了所有的参考资料，在许多他认为重要的地方都认真画了线。他甚至把意大利著名的导演安东尼奥尼拍的长篇纪录片《中国》也找来看了两遍。

法国大作家马尔罗的名著《反回忆录》有不少关于毛泽东、周恩来等中国领导人在20世纪二三十年代革命活动的描写，引起了尼克松极为浓厚的兴趣。为此，尼克松在出访中国的前几天，还特地请这位年事已高的法国名人来白宫做客。

马尔罗被请到白宫椭圆形办公室同总统谈话。马尔罗年已七十，华发斑斑，仍然思路敏捷，言语精辟。他从 30 年代以来断断续续和毛泽东、周恩来保持着联系，还作为法国政府的文化部长访问过新中国。

"你几年以前会不会想到毛泽东或者周恩来会同意会见一位美国总统？"尼克松问。

马尔罗回答："我早就觉得这种会晤是不可避免的。"

"即使有越南战争也不妨碍这种会晤吗？"尼克松又问。

"啊，是的，是这样。"马尔罗说，"中苏之间的友谊曾经是晴空万里，但是分裂也是必然的，这就导致中美和解势在必行。总统阁下要访问中国，在我看来并不奇怪。戴高乐将军本来要在他活着的时候访问北京，会见毛泽东，想不到只成为一种遗愿。戴高乐去世的时候，毛泽东发去唁电，称戴高乐将军是伟人，这在中国人来说，也并不奇怪。因为据我了解，他们并不信仰任何思想体系。"

尼克松十分感兴趣地问："中国人高声宣布信仰共产主义。你不认为是这样的吗？"

马尔罗笑了，说："斯大林认为毛泽东信仰的是'民族共产主义'，我看也有一点道理。其实，我认为中国人实际上并不信仰任何思想体系；他们首先信仰的是中国。"

尼克松又问："你还没有回答我刚才的提问：越南战争会不会妨碍中美和解？"

马尔罗说："总统阁下，据我所知，美国正要从越南脱身，当然这是一个明智的政策，这说明美国在越南的作用如今已经不是实质性问题。而中国呐，在历史上，中国与越南的宿怨太深了。我看，越南战争不会构成中美接近的障碍。我还觉得，中国人的行动是他国内需要的反映。"

尼克松端详着眼前这个德高望重的法国老人，十分佩服他敏锐的洞察力和精明的理解力，佩服他有着惊人的直觉。尼克松又问："为什么说中国人的行动是他国内需要的反映？"

马尔罗说："我认为，中国邀请你去访问说明他需要美国的经济援助。中国人对你访华的评价将取决于你能否提出一项援助中国的新马歇尔计划。"

马尔罗的这一点分析，就显得过时了。尼克松想起，基辛格两次访华回来都对毛泽东的自力更生的思想留下了十分深刻的印象。但是，尼克松出于对高龄客人的尊重，没有提出来反驳。尼克松换了一个角度问：

"你能给我讲讲对毛泽东的印象吗？"

马尔罗望着窗外的玫瑰园，似乎沉浸在对往事的回忆中，然后滔滔不绝地说了起来：

"5年前，我见到毛的时候，毛担心一件事：美国人或者俄国人用10颗原子弹就可以破坏中国的工业中心，使中国倒退50年，而在此期间他自己会死去。他对我讲：'当我有6颗原子弹时，就没有人能够轰炸我的城市了。'我不懂毛这句话的意思。毛接着又讲：'美国人永远不会对我们扔原子弹。'这话我也不懂，不过我给你复述一遍，因为一个人不懂的话才往往是最重要的话。"

尼克松津津有味地听着，时而"哦、哦"地应着。

马尔罗又说："总统阁下，你将面对的是一个巨人，不过是一个面临死亡的巨人。我上次看到他时他告诉我：'我们没有继承人。'你知道毛第一次见到你时会有什么想法？他会想，'他比我年轻得多！'"

晚上，尼克松设宴招待马尔罗，在进餐时话题还是毛泽东。他向马尔罗请教怎么跟毛泽东谈话。

"你将会晤的是一个命运奇特的人，他相信他正在演出自己一生中的最后一幕。你可能以为他是在对你说话，但实际上他将是在对死神讲话……总统，你去中国跑一趟是值得的。"

"那么，毛身后会发生什么事情呢？"尼克松又问。

马尔罗说："正像毛自己所说的，他没有继承人。你知道他的这话是指什么说的吗？他的意思是，据他看来，伟大的领袖人物——丘吉尔、甘地、戴高乐——是世界上不会再出现的那种医治人类创伤的历史事件的产物。从这个意义来说，他认为他没有继承人。有一次我还问过他是不是把自己看做是中国最后几个伟大皇帝的继承人。毛说：'当然，我是他们的继承人。'总统阁下，你是在理性范围内行事的，但毛却不是。他带有一点巫师的味道。他脑子里有个幻象，这个幻象迷住了他。"

"许多伟人都有这种神秘的气氛。"尼克松说，"林肯就是那样。他在遇刺那天对内阁成员谈到前一天夜里做了一个梦,梦见自己在一艘'难以形容的怪船'上,以极大的速度驶向缥缈的彼岸。安德烈,我们不知道那个彼岸在哪里,也不知道情况怎样,但我们必须避开浅滩,设法达到那里。"

马尔罗会意地一笑,说:"你说起避开浅滩到达彼岸,我感到毛也持有同样的看法。即使你和他都知道存在着浅滩,你们谁也不知道彼岸有些什么东西。然而,毛知道他的港口是死神。"

晚宴后喝咖啡的时候,马尔罗被谈话的内容和咖啡因刺激得十分兴奋,对尼克松说:"你即将尝试本世纪最重大的事业之一。我联想到16世纪的那些探险家,他们出去寻找一个具体的目的地,但往往发现了一个截然不同的地方。总统,你要做的事情很可能得到出乎意料的完全不同的结果。"

那晚谈话结束时,尼克松亲自走出门外送马尔罗上车。他俩站在白宫北廊台阶上,夜空邈远,星光灿烂。告别后马尔罗没有马上上车,他又转身对尼克松说:"我不是戴高乐,但我知道要是戴高乐在这里他会说些什么。"他会说:"所有理解你正在着手进行的事业的人都向你致敬!"

■ 奇迹!休克的毛泽东被抢救过来了……

用管弦乐演奏的美国歌曲《美丽的阿美利加》的旋律,回荡在人民大会堂东大厅。在样板戏和语录歌占领着中国广袤大地的那些年月,贝多芬、柴可夫斯基、施特劳斯、瓦格纳、门德尔松等的旋律几乎被扫荡一空,大部分外国歌曲也销声匿迹,只有在山高皇帝远的山村旷野里,还有一些上山下乡的知识青年在浅吟低唱或是弹奏,以便灵魂得到一些寄托。

这支美国歌曲欢悦、悠扬、动听,富于感染力,给大会堂东大厅带来一股新鲜的气息。大会堂的工作人员经过东大厅,都忍不住要驻足听一会儿。在东大厅舞台下角的管弦乐队,排列得十分整齐,演奏得十分起劲。或许,他们奏样板戏的曲子奏厌了,所以这时练得特别有劲。

周恩来总理走过这里,也站在一旁聆听。乐队练习至间歇时,周恩来走上前去,问候大家:"乐团的同志们都辛苦了。怎么样?有困难吗?这是尼克松就

周恩来特别观看了尼克松喜爱的影片《巴顿将军》。

职总统时选择的曲子，你们一定要演奏好啊！还要多预备几支曲子。我告诉你们，尼克松的音乐修养比较高，钢琴弹得很好。"

乐团的领导到周恩来身边作汇报："总理，刘庆棠部长说，'首长'有意见，认为这是为美帝国主义唱赞美曲。"

"噢，"周恩来略微皱起眉，坐了下来，不以为然地说，"我记得这是一首赞美美国风光的曲子嘛。不要太'左'了。"

"首长"就是江青。周恩来又想起不久前刘庆棠提起"首长"的另一件事。在黑格一行来打前站时，周恩来让熊向晖召集我国宣传口有关负责人开会，讨论电视转播的事情。美国和许多国家的亿万电视观众渴望通过电视转播，看到尼克松总统访问中华人民共和国的实况。尼克松总统本人对此也极为重视。周总理让熊向晖抓好此事。在宣传口的讨论会上，文化部长于会泳抢先发言，他说："我们绝不能在中国土地上向美国人民和世界人民为尼克松进行电视宣传。这是'首长'的意见。……"熊向晖向周恩来总理作了汇报。周总理十分气愤，说："岂有此理！过去美国政府一直敌视中国，现在美国总统要来中国访问。这是历史性的转变。美国和其他国家的亿万人民通过电视看到尼克松访华的情况，就会引起思考，增加对中国人民的了解和友谊。这是为尼克松宣传，还是为新中国宣传？"

周恩来想到这里，为了给乐团领导做好工作，就回头对随行的翻译说："这

1972 年 1 月，毛泽东出席陈毅追悼会回来后病倒了。

首《美丽的阿美利加》，请你给我背诵一下，还记得吗？"

这首曲子又奏了起来，翻译伴着乐曲，将歌词用英语背诵了一遍。周恩来专注地听着，对乐团领导说："这歌词不错嘛。我们选择这个曲子，也是向美国人民表示我们对他们的尊重嘛。我看很好，可以演奏。"

周恩来扭头问主持礼宾司工作的同志："还有什么事情要商量的？"

"北京动物园的同志来了。"礼宾司的同志说着，向总理介绍了一个 50 岁开外的男同志。

"噢,"周恩来起身与动物园的领导握手,"请坐。向美国赠送熊猫的事情怎么样?有什么困难?"

礼宾司的同志代为回答:"动物园已经将这项工作落实了。"

周恩来说:"在这方面我是外行。现在我国熊猫的分布情况怎么样?我国的地理气候和美国的地理气候有哪些共同的地方?有哪些差异?这对熊猫生长有什么影响?请你写份报告,详细地介绍一下。好吗?"

周恩来回头问秘书:"你把美国的消息给他看了吗?"

北京动物园的领导说:"我们已经看了。"说完还拿出一份报纸来。周恩来接过报纸浏览着,说:"美国人民希望尼克松总统能为他们带回一只熊猫,这也是美国人民对我们的请求,我们当然应该满足他们的要求,这也是友谊的表示。"

周恩来站起身,与身旁的同志握手告别,走出东大厅,回到自己的办公室坐了下来,摊开待批的文件和报告。秘书在一旁正要对待批的材料作一些解释,却发现周总理双目凝视着前方,并没有看材料,像是想起了什么事情,目光透着忧虑。现在万事俱备,只欠东风了。林彪自取灭亡以后,毛主席病了一场,病得很重,卧在病榻之上。中央专门组织了一个由著名的医科专家组成的医疗组,每天二十四小时轮流守护值班。毛泽东这样的身体状况,怎能与即将来访的尼克松会晤呢?周恩来此刻十分关心毛泽东的病情。这天早上,毛泽东的办公室曾传来消息,说毛主席的身体有了好转。现在又过去十二个小时了,是不是更有好转?这天是2月12日上午,离尼克松预定到达北京的日期2月21日只有九天了,毛泽东能病愈下床吗?

周恩来正忧心忡忡时,中南海毛主席的医疗组来电话,说毛主席突然发生了休克,心脏已经停止了跳动,医疗组的专家们正在全力抢救。周恩来的心陡地直往下沉,像掉进了冰冷的深渊。他好不容易才控制住情绪,立刻赶到中南海游泳池毛泽东的住处。抢救正在紧张地进行之中,几位专家一边给毛泽东做胸外心脏按压,一边配合注射药物等急救。据医疗组向周恩来报告,这是毛泽东原有的肺心病加重、在心律失常的情况下因严重缺氧而导致的休克。

经过全力抢救,毛泽东的心脏渐渐恢复了跳动。

周恩来特别嘱咐医疗组,一定要千方百计使毛泽东的病情有所好转,一定要让尼克松到达北京时能与毛泽东正常地会见。

毛泽东病愈后,与医疗组医生护士们合影留念。

卷十四	尼克松一下舷梯就伸出了手

■ 尼克松一下舷梯就向周恩来伸出了手

1972年2月17日,尼克松总统在同国会的领袖们进行简短的告别会见以后,来到停在白宫草坪上的直升机前。这一天,冷风刺骨。他引用了乘"阿波罗11号"宇宙飞船登上月球的第一批人在月球的纪念碑上留下的话:"我们是为了谋求全人类的和平而来的。"他用这句话作为他访华旅行的开端。

中、美两国隔着太平洋遥遥相望,相距一万二千英里。在时差上,中国的北京时间比华盛顿时间早13个小时。特别重视电视的神奇作用的尼克松已经下令对电视转播作了精心的计划安排。每天上午的活动可以在晚上电视的黄金时间传到美国,晚上的活动又可以在早晨的电视上作实况转播。因而,特意安排

1972年2月17日,尼克松访华起程时在白宫南草坪发表讲话。

尼克松访华起程时在白宫南草坪的欢送祝福活动现场,远处可见停着的直升机。

到达北京的时间是 21 日上午 11 点 30 分,即美国东部标准时间星期日晚上 10 点 30 分,正是电视观众最多的时刻。

为了到达北京这一历史性的时刻,尼克松和办公厅主任霍尔德曼早已决定:当电视摄像机拍摄尼克松走下舷梯第一次和周恩来见面与握手时,为了突出这个镜头的重要,镜头里美方应该只有总统单独一个人。他要纠正 1954 年杜勒斯拒绝同周恩来握手的失礼行为,而且此时不能有其他美国人在电视镜头中出现而分散观众的注意力。就连罗杰斯和基辛格这样的人物,也被告诫要留在飞机上,直到总统与周恩来握手结束。但是,霍尔德曼还是不放心,还特别委派一名强壮高大的副官待总统一走出机舱就挡住飞机的通道。

2 月 21 日,北京也是天气阴冷。尼克松乘坐的"空军一号"专机飞到北京上空时,正巧太阳冲出了厚积的云层照射到大地上。尼克松从舷窗向外眺望,田野是一片灰黄,小村镇就像他看过的图画里中世纪的村镇一样。

11 点 27 分,飞机平稳地停在候机楼前。舱门开了,尼克松和穿红外衣的夫人走了出来。他觉得,机场的欢迎是冷调子的,没有欢呼雀跃的群众,没有迎接国家元首的红地毯。只有一面美国国旗和一面五星红旗并排在机场上空飘扬。但是,350 人组成的仪仗队却给人很深的印象。

尼克松事后在回忆录里是这么记述这一历史时刻的——

尼克松在专机上工作的照片。

周恩来站在舷梯脚前,在寒风中不戴帽子。厚厚的大衣也掩盖不住他的瘦弱。我们下梯走到快一半时他开始鼓掌。我略停一下,也按中国的习惯鼓掌相报。

我知道,1954年在日内瓦会议时福斯特·杜勒斯拒绝同周握手,使他深受侮辱。因此,我走完梯级时决心伸出我的手,一边向他走去。当我们的手相握时,一个时代结束了,另一个时代开始了。

我被介绍给所有中国官员,然后站在周的左边,其时军乐队演奏两国国歌。在共产党中国心脏的刮风的跑道上,《星条旗歌》在我听来从来没有这么激动人心。

当年拍下的纪录影片确实表明,穿深色大衣的尼克松与其穿红色大衣的夫人帕特两人走出舱门以后,身后不再有人跟随出来,不像往常国家首脑来访时常见的,代表团成员及随员们会尾随着元首沿舷梯鱼贯而下。长长的舷梯上只有尼克松与夫人两人迈步走下来,仿佛偌大的"空军一号"专机只载着他们两人。离地面还有三四级舷梯时,尼克松已经微笑着伸出他的手,周恩来那只手也伸了出来。两人紧紧地握着手,轻轻地摇晃着,足足有一分多钟。周恩来说:"总统先生,你把手伸过了世界最辽阔的海洋来和我握手。25年没有交往了啊。"

待尼克松和周恩来的历史性握手圆满结束,随着通信卫星向全世界实况播出,罗杰斯、基辛格、霍尔德曼等代表团成员才获准拥出机舱,走下舷梯。

军乐队奏起了《星条旗歌》和《义勇军进行曲》。

周恩来陪同尼克松检阅仪仗队。仪仗队的士兵一个个身材高大健壮,衣着

尼克松专机在上海加油，乔冠华副外长专程到上海接机。

笔挺，精神抖擞。周恩来和尼克松在长长的威武的队列前走过时，每个士兵都神态昂扬地微微转动着头，行着注目礼，使人觉得庄严、肃穆、兴奋。

周恩来和尼克松同乘一辆防弹红旗高级轿车进城。当车队驶至长安街时，尼克松心里还满以为真正的欢迎仪式可能在天安门广场举行。尼克松在白宫作访华准备时，观看过天安门前人山人海向毛泽东欢呼的纪录片镜头，有极深的印象。他在飞机上曾经想过，要是他受到天安门广场上人山人海的欢迎，那么，盛况将不亚于他在贝尔格莱德和布加勒斯特受到的接待。可是，车队通过天安门广场时，广阔的广场空无一人，据说许多行人被挡在横街小巷里。尼克松的希望落了空，他的心情有点黯然。他注意到连大街也是空的。

这时，周恩来将天安门广场的主要建筑一一指给尼克松看："这是天安门城楼，毛主席在这里会见群众。那是人民大会堂，人民代表开会的地方……"

尼克松"哦、哦"应着，看着窗外。他觉得受到了冷落；但是，他没有明显地流露出他内心的感觉。

尼克松下榻在钓鱼台国宾馆。周恩来的夫人邓颖超在宾馆等候。尼克松与

新中国成立以来,首次在天安门广场升起美国星条旗。

基辛格及白宫来的工作人员住在18号楼;罗杰斯和国务院的人员住在不远处的一幢稍小的6号楼,基辛格前两次来访时在这幢楼住过。尼克松从住处的安排体察出周恩来很熟悉美国国情,知道美国行政机构内部奇怪的相互制约和平衡。到达宾馆后,大家在会客厅里摆成大圆圈的沙发上就座,周恩来在叶剑英、姬鹏飞、乔冠华等官员的陪同下,一一招呼了美国代表团的每一个成员,他在寒暄中还经常开几个玩笑,显出自信与轻松,让尼克松第一次亲自领略了周恩来的风度。

在吃丰盛的午宴时,尼克松表现出他使用筷子的熟练技巧,这是他大半年来着意苦练的结果。

午宴结束后,尼克松一行人各自回住房盥洗。刚一会儿,周恩来就来找基

"空军一号"在首都机场降落。

辛格。他俩在会客室刚见面,周恩来不像往常一样先开开玩笑,直接说:"毛主席想会见总统,请你也一同去。"

毛泽东要会见尼克松,这还是有所准备的;基辛格却没有料到安排得那么快,他内心当然高兴,却控制着没有明显流露出来。他想到周恩来没有提到请罗杰斯国务卿一块去,却不打算问,他想到的是自己能干的助手洛德,便问:"我能否带助手洛德去做记录?"

周恩来点头同意了,语气有点急:"主席已经请了总统,主席想很快就和总统见面。"

基辛格认为毛泽东和他所蔑视的历代皇帝一样深居简出,神秘莫测。据说,没有人能事先和他约定见面的时间,他的召见都是突如其来的。因而,基辛格马上去请尼克松。那时,尼克松正想洗一个淋浴。

尼克松久悬着的心才落了下来。早在今年元月,黑格到中国为他访华作先遣安排,周恩来就未能明确肯定毛泽东要会见他,这一直使他心存不悦。这次在华盛顿动身启程上飞机,罗杰斯国务卿一进机舱就很关心地说:"总统,我们应该很快地同毛会见,并且我们不能陷入这样的境地,即当我们会见他时,他

尼克松与前来欢迎的周恩来握手。

高高在上,好比我们走上阶梯,而他却站在阶梯的顶端。"

当基辛格气喘吁吁地走进房间告诉尼克松,说周恩来在楼下,毛泽东现在就想在其住处会见他时,他的顾虑终于打消了。

毛泽东自从 2 月 12 日那天病危休克抢救过来之后,一直卧病在床不起。但是,他却很清楚地记得 2 月 21 日这天尼克松访华抵京。21 日这天,毛泽东的

尼克松与周恩来握手。

【卷十四】 尼克松一下舷梯就伸出了手 | 341

尼克松夫人帕特与前来欢迎的中国主人握手。

尼克松总统下榻的钓鱼台国宾馆18号楼

尼克松在周恩来陪同下检阅人民解放军三军仪仗队。

病情有了好转。上午,他睡醒之后,就好几次叫人打电话询问尼克松的专机飞到哪儿啦,什么时候飞抵北京。中午 11 时许,了解到尼克松的专机即将在北京机场着陆时,毛泽东即刻嘱咐:"快给总理打电话,告诉他请总统从机场直接到游泳池来,我立刻会见他。"

电话打给周恩来时,周恩来正在从机场出来的路上。到了钓鱼台,周恩来一获知毛泽东马上要见尼克松,当即作了安排,通知了基辛格。

毛泽东刮胡子、理发、更衣之后,被搀扶进会见大厅坐好。当时,毛泽东的体质还很虚弱。医疗组的全体专家、护士都集中起来了,一切急救设备都已备齐,置放在大厅周围。大家坚守岗位,处于"一级战备"状态。连强心剂都抽到了针管里准备着,以防万一。可想而知,毛泽东是在以惊人的毅力与疾病作斗争的情况之下和尼克松会见的。

毛泽东在会见尼克松后,健康日渐恢复,各位医疗专家陆续返回原单位,这一次医疗组的工作就结束了。

■ 从"我们共同的老朋友蒋委员长"谈起……

毛泽东和尼克松。一个是世界上人口最多、潜力最大的社会主义国家的导师，一个是世界上经济最发达的资本主义国家的首脑，他们曾经用极端的语言，相互敌视，相互对骂，隔绝对峙了20多年互不来往。他们的意识形态是相互对立的，他们的思想信仰是各不相容的，他们的价值观念是绝不一致的，他们的文化背景是各不相同的。毛泽东和尼克松走到一起来了，这就说明这个世界已经变了。说明一个旧的时代过去了，一个新的时代开始了。

开放，理解，沟通，发展，是人类历史发展的必然趋势。以高级神经活动区别于动物的人类应该不断地比以前理智。尽管地球上不同的国家不同的种族不同的人群之间，仍然存在着历史造成的十分深刻的信仰冲突和思想鸿沟，但是，历史也证明了，目前和将来谁也不能用战争消灭谁，给别人掘墓也要毁坏

毛泽东与尼克松握手。

自己生存的家园。自从爱因斯坦发现相对论以来，人们越来越认识到地球只是一个小小的村落，真正的世界是宇宙。尽管人类还存在着敌视和对抗，但是一种全球观念会使不同信仰的人们意识到，失去理智的疯狂会毁坏人类共同生存的这个球体。

以今天的现代意识来重新审视毛泽东和尼克松走到一起来的这一重大历史事件，就会认识到这是一个超世纪的事件。尽管毛泽东和尼克松这两位先驱者以惊人的胆略打开冰冻20多年之久的中美关系之门，离不开当时历史的因素。但是，毛泽东和尼克松的握手，随着岁月的流逝，已超越了时空，超越了意识形态，愈发显示出其所包含的意义与价值。就是今天，我们也很难说清楚它的深远意义。

高级红旗轿车穿过西长安街，驶进有两个解放军士兵站岗的新华门，绕过红墙，经过安静无人的甬道，驶至丰泽园。尼克松与基辛格在周恩来的陪同下走进这个四合院，穿过一条宽的过道，绕过一张乒乓球桌，进入了毛主席的书房。

基辛格对毛主席书房的描述，要比斯诺更为细致：

> ……这是一间中等大小的房间。四周墙边的书架上摆满了文稿，桌上、地下也堆着书，这房间看上去更像是一位学者的隐居处，而不像是世界上人口最多的国家的全能领导人的会客室。房间的一个角落里摆有一张简易的木床。我们第一眼看见的是一排摆成半圆形的沙发，都有棕色的布套，犹如一个俭省的中产阶级家庭，因为家具太贵、更换不起而着意加以保护一样。每两张沙发之间有一张铺着白布的V字形茶几，正好填补两张沙发扶手间的三角形空隙。毛泽东身旁的茶几上总堆着书，只剩下一个放茉莉花茶茶杯的地方。沙发的后面有两盏落地灯，圆形的灯罩大得出奇。在毛泽东座位的右前方是一个痰盂。来访者一进入房间，毛泽东就从沙发上站起来；在我最后两次见他时，他需要两个护理人员搀扶，但他总是要站起来欢迎客人的。

毛泽东站起来，微笑着望着尼克松，眼光锐利，神态略带嘲讽。他说话已经有点儿困难,他毫不避讳地说:"我说话不大利索了。"

他患了支气管炎与肺气肿,经常喘息、咳嗽、吐痰,所以他的脚边摆着大痰盂。他的病是他长期大量吸烟所致。他曾经遵医嘱努力戒烟,但是戒不掉。

他朝尼克松伸出手,尼克松也朝他伸出手。来自两个世界的头面人物紧紧地握手了。尼克松将左手也搭了上去握着,毛主席也将左手搭上去握着。俩人都笑了,两个人的四只手相叠在一起握了好一会儿,大大超过了正常礼节的握手时间。是不是他俩都想将20多年由于相互敌视而失去的握手机会都弥补回来呢?

毛主席也和基辛格握手,上下打量着基辛格,还用下颏点了点头,说:"哦,你就是那个有名的博士基辛格。"

基辛格笑着说:"我很高兴见到主席。"

基辛格感觉到,除了戴高乐以外,从来没有遇见过一个人像毛泽东那样具有如此高度集中、不加掩饰的意志力。他成了凌驾整个房间的中心,而这不是靠多数国家里那种用排场使领导人显出几分威严的办法,而是因为他身上发出一种几乎可以感觉得到的压倒一切的魄力。这个身旁有一名女护士协助他站稳的高大魁梧的人,他的存在本身就是意志、力量和权力的巨大作用的见证。

毛泽东很随便地谈起话来。他对尼克松说:"你认为我是可以同你谈哲学的人吗?哲学可是个难题呀。"他开玩笑地摆了摆手,把脸转向基辛格,"对这个难题,我没有什么有意思的话可讲,可能应该请基辛格博士谈一谈。"

尼克松对于这次具有重大象征意义的会见,在他撰写的《领导者》和回忆录里有生动而详细的记述——

> 他身体的虚弱是很明显的。在我进去时,他要秘书扶他起来。他抱歉地对我说,他已不能很好地讲话。周后来把这一点说成是患了支气管炎的缘故,不过我却认为这实际上是中风造成的后果。他的皮肤没有皱纹,不过灰黄的肤色看上去却几乎像蜡黄色的。他的面部是慈祥的,不过缺乏表情。他的双目是冷漠的,不过还可发出锐利的目光。他的双手好像不曾衰老,也不僵硬,而且还很柔软。不过,年岁影响了他的精力。中国人安排我们只会晤15分钟。毛完全被讨论吸引住

了，因而延长到一个小时，我注意到周在频频地看表，因为毛已开始疲乏了。

……

为了把我们第一次的会晤记录下来，几名中国摄影记者赶在我们前头拥进会场。我们都坐在长方形房间的一头围成半圆的软沙发上。当摄影记者还在忙碌的时候，我们彼此先寒暄了一会儿。基辛格提到，他在哈佛大学教书时曾经指定他班上的学生研读毛泽东的著作。毛用典型的谦虚口吻说："我写的这些东西算不了什么，没有什么可学的。"我说："主席的著作推动了一个民族，改变了整个世界。"可是毛回答说："我没有能够改变世界，只是改变了北京附近的几个地方。"

尽管毛说话有些困难，他的思绪显然像闪电一样敏捷。"我们共同的老朋友蒋委员长可不喜欢这个，"他说，同时挥动了一下手，这个手

毛泽东与尼克松就座会谈。

势可能指我们的会谈，也可能包括整个中国，"他叫我们共匪。最近他有一个讲话，你看过没有？"

我说："蒋介石称主席为匪，不知道主席叫他什么？"

当我提的问题翻译出来时，毛发笑了，但回答问题的是周恩来。"一般地说，我们叫他们'蒋帮'，"他说，"有时在报上我们叫他匪，他反过来也叫我们匪。总之，我们互相对骂。"

毛说，"其实，我们同他的交情比你们同他的交情长得多。"

毛谈到基辛格巧妙地把他的第一次北京之行严守秘密的事。"他不像一个特工人员。"我说："但只有他能够在行动不自由的情况下去巴黎十二次、来北京一次，而没有人知道——可能有两三个漂亮的姑娘除外。"

"她们不知道，"基辛格插嘴说，"我是利用她们作掩护的。"

"在巴黎吗？"毛装作不相信的样子问道。

"凡是能用漂亮的姑娘作掩护的，一定是有史以来最伟大的外交家。"我说。

"这么说，你们常常利用你们的姑娘喽？"毛问道。

"他的姑娘，不是我的，"我回答，"如果我用姑娘作掩护，麻烦可就大了。"

"特别是在大选的时候。"周说，这时毛同我们一起哈哈大笑。

谈到我们的总统选举时，毛说他必须老实告诉我，如果民主党人获胜，中国人就会同他们打交道。

"这个我们懂得，"我说，"我们希望我们不会使你们遇到这个问题。"

"上次选举时，我投了你一票。"毛爽朗地笑着说。

当主席说他投了我的票的时候，我回答："你是在两害之中取其轻的。"

"我喜欢右派，"毛显然开心地接口说，"人家说你们共和党是右派，说希思首相也是右派。"

"还有戴高乐。"我补充了一句。

毛马上接口说："戴高乐另当别论。"接着他又说，"人家还说西德的基督教民主党是右派。这些右派当权，我比较高兴。"

"我认为最重要的是要看到，美国的'左'派只能夸夸其谈的事，右派却能做到，至少目前是如此。"我说。

谈话转到我们这次会晤的历史背景，毛说："是巴基斯坦前总统把尼克松总统介绍给我们的。当时，我们驻巴基斯坦的大使不同意我们同你接触。他说，尼克松总统跟约翰逊总统一样坏。可是叶海亚总统说：'这两个人不能同日而语。'他说，一个像强盗——他是指约翰逊。我不知道他怎么会有这个印象，不过我们不大喜欢从杜鲁门到约翰逊你们几位前任总统。中间有八年是共和党任总统。不过在那段时间，你们大概也没有把问题想通。"

"主席先生，"我说，"我知道，多年来我对人民共和国的态度是主席和总理全然不能同意的。把我们带到一起来的，是认识到世界上出现了新的形势；在我们这方面还认识到，事关紧要的不是一个国家内部的政治哲学。重要的是它对世界其他部分和对我们的政策。"

我同毛的会见，主要谈到我们之间有发展潜力的新关系的他所谓的"哲学"方面，但我还笼统地提出了双方将要讨论的重大实质性问题。我说，我们应该审查我们的政策，决定这些政策应该怎样发展，以便同整个世界打交道，并处理朝鲜、越南和台湾等眼前的问题。

我接着说："例如，我们应该问问自己——当然这也只能在这间屋子里谈谈——为什么苏联人在面对你们的边境上部署的兵力比面对西欧的边境上部署的还要多？我们必须问问自己，日本的前途如何？我知道我们双方对日本问题是意见不一致的，但是，从中国的观点来看，日本是保持中立并且完全没有国防好呢，还是和美国有某种共同防御关系好呢？有一点是肯定的，我们决不能留下真空，因为真空是会有人来填补的。例如，周总理已经指出，美国在'到处伸手'，苏联也在'到处伸手'。问题是，中华人民共和国面临的危险究竟来自何方？是美国的侵略，还是苏联的侵略？这些问题都不好解答，但是我们必须讨论这些问题。"

毛很活跃，紧紧抓住谈话中的每一个细微含义，但我看得出他很疲劳了。周越来越频繁地偷看手表，于是我决定设法结束这次会谈。

"主席先生，在结束的时候，我想说明我们知道你和总理邀请我们来这里是冒了很大风险的。这对我们来说也是很不容易作出的决定。但是，我读过你的一些言论，知道你善于掌握时机，懂得只争朝夕。"

听到译员译出他自己诗词中的话，毛露出了笑容。

我接着说："我还想说明一点，就个人来讲——总理先生，我这也是对你说的——你们不了解我。既然不了解我，你们就不信任我。你们会发现，我绝不说我做不到的事。我做的要比我说的多。我要在这个基础上同主席，当然也要同总理，进行坦率的会谈。"

毛用手指着基辛格说道："'只争朝夕'。我觉得，总的说来，我这种人说话像放空炮！"周哈哈大笑，显然我们免不了又要听另一番贬低自己的话了。"比如这样的话：'全世界团结起来，打倒帝国主义、修正主义和各国反动派，建立社会主义。'"

"像我这种人，"我说，"还有匪帮。"

毛探身向前，微笑着说："你，作为个人，也许不在被打倒之列。"接着，他指向基辛格："他们说，他这个人也不属于被打倒之列。如果你们都被打倒了，我们就没有朋友了。"

"主席先生，"我说，"我们大家都熟悉你的生平。你出生于一个很穷的家庭，结果登上了世界人口最多的国家、一个伟大国家的最高地位。"

"我的背景没有那么出名。我也出生于一个很穷的家庭，登上了一个很伟大的国家的最高地位。历史把我们带到一起来了。我们具有不同的哲学，然而都脚踏实地来自人民，问题是我们能不能实现一个突破，这个突破将不仅有利于中国和美国，而且有利于今后多年的全世界。我们就是为了这个而来的。"

在我们告辞的时候，毛说："你那本《六次危机》写得不错。"

我微笑着摇摇头，朝周恩来说："他读的书太多了。"

毛陪我们走到门口。他拖着脚步慢慢地走。他说他身体一直不好。

"不过你气色很好。"我回答说。

他微微耸了耸肩说："表面现象是骗人的。"

这一次会晤的时间，因周恩来考虑到毛泽东的身体状况，原来只通知安排15分钟。毛泽东谈得很高兴，将时间延长，一共进行了一小时零五分钟，致使周恩来在这次会见期间不断地看自己的手表。

毛泽东有一种非凡的幽默感，他永远是谈话的中心。在他的引导下，这一次历史性的重要会晤，是在一种漫不经心的、戏谑玩笑的气氛中进行的，轻松的俏皮话使人觉得是几个经常来往的熟人在聊天，一些十分严肃的原则性的话题在毛泽东诙谐随意的谈吐之中暗示出来。基辛格后来把这次谈话比喻为"瓦格纳歌剧"的序曲，需要加以发展才能显示出它们的含义。

我们必须对上面所引述的尼克松回忆录稍作一点补充，使它更为完整。在谈到美国的总统选举，谈到尼克松在政治上的反对派的时候，毛主席又很随便地说：

"在我们国内，有一伙反动分子反对我们和你们搞好关系。结果，他们乘飞机逃到国外去了。"

为了让尼克松听出这是指林彪，周恩来插话说："后来，这架飞机在蒙古温都尔汗的沙漠里坠毁了。"

当尼克松列举一系列需要共同关注的国家和地区、就国际问题谈论具体细节时，毛主席又摆了摆手，指着周恩来说道：

"这些问题不是在我这里谈的问题。这些问题应该同周总理去谈。我谈哲学问题。"

陪同尼克松会见毛泽东的基辛格，对毛泽东留下了十分深刻而非凡的印象。他在回忆录中写道：

……他在中国人当中身材是高大魁梧的。他微笑着注视来客，眼光锐利而微带嘲讽，他的整个神态似乎在发出警告说，他是识透人的弱点和虚伪的专家，想要欺骗他未免是徒

外媒报道尼克松到北京。

劳的。或许除了戴高乐以外，我从来没有遇见过一个人像他具有如此高度集中的、不加掩饰的意志力。

半个多月以后，当基辛格在白宫他那安静的办公室里，细心琢磨毛泽东和尼克松谈话的记录时，他发现毛泽东在谈话中实际上已经勾画出了上海公报的内容。他注意到，公报里的每一个段落，在毛泽东和尼克松的谈话里都有相应的一句话，怪不得在那以后的一个星期的谈判中，所有的中方人员，特别是周恩来总理，都反复地引述毛泽东谈话中的主要内容。

在毛泽东会晤尼克松后的几小时之内，中国就向外国新闻界提供了面带微笑的毛泽东和咧着嘴笑的尼克松会见的新闻照片和电影。这种做法表明，毛泽

美国《生活》杂志的封面。

美国《时代》杂志的封面。

东本人很快赞扬了尼克松的访问。

28 年前，毛泽东曾经打算偕同周恩来从延安远涉重洋去华盛顿会晤罗斯福总统。那是 1944 年 12 月间，驻华美军的两个代表包瑞德上校和伯德中校一起来到延安。他俩是为了一个计划来探听共产党的反映：如果美国在东北空降两万五千人的伞兵部队，可望得到共产党提供什么样的支援。这一突如其来的计划使延安的共产党领袖们很吃惊。毛泽东对包瑞德和伯德说，这件事关系重大，他和周恩来应当到美国去和罗斯福总统会谈。据说，当时毛泽东曾经发过一个电报给罗斯福，但他后来一直没有得到邀请。不久，这个计划因为复杂的原因而流产了。对延安的共产党有好感并愿意与之打交道的罗斯福也告别了人世。对此，笔者的另一部专著《美军观察组》有详尽的记述。当初谁也没有想到，28 年后，尼克松作为美国总统亲自到中国来会见了毛泽东和周恩来。历史拐了一个十分坎坷曲折的大圈又回到了它的起点。不过，时代已经发生了戏剧性的变化，中美关系掀开了十分光辉的一页。

■ 尼克松为周恩来脱大衣

在中国人的宴会上，无休止的祝酒是必不可少的一项重要内容。招待尼克松、基辛格这样的贵宾用的茅台酒据说已贮存 30 年以上，将那古雅的小口白陶瓷酒罐一打开，一股特殊的芳香悠悠飘出，溢向四周。香味浓郁而不干焦，飘香历久不散。敞杯不饮或开瓶不盖，芳香总是持久不散，就算饮后空杯，也留香不绝。这纯净透明、醇馥幽郁的茅台酒液，将尼克松总统迷住了。基辛格说，

周恩来前来看望尼克松，尼克松候在楼前并亲自为周恩来脱大衣。

不用它来做飞机燃料，就是因为它太易燃了。尼克松回到华盛顿以后，得意地向他的女儿特里西亚表演这酒的厉害。这是在人民大会堂的宴会上主人向他表演过的。主人用的是碟子，尼克松在白宫表演用的是碗。他把一瓶茅台倒在碗里，点着了火。岂知蓝色的火焰跳跃着，竟不熄灭，他大为骇然；碗炸开了，吐着火苗的茅台酒流满了桌面。基辛格曾经幽默地提到此事，"美国第一家庭的成员奋勇协力，慌忙救火，才把火扑灭，防止了一场国家的悲剧。否则的话，尼克松政府会自作自受地提前收场，比实际发生的会更早些。"

茅台酒早在1915年巴拿马万国博览会上已扬名四海了，但是，1972年2月21日，星期一的晚间，在人民大会堂举行的国宴上，电视摄像机拍下了周恩来与尼克松满脸喜悦地用茅台干杯的镜头，并向全世界播送，更使茅台酒伴随着这个历史性的"干杯"而名震世界。

在这具有象征意义的"干杯"之前，周恩来总理站起来致了祝酒词，说道："美国人民是伟大的人民，中国人民是伟大的人民，我们两国人民一向是友好的。由于大家都知道的原因，两国人民之间的来往中断了20多年。现在经过中

尼克松与周恩来同坐一张沙发谈话。

美双方的共同努力，友好往来的大门终于打开了。"

尼克松也站起来回答总理的祝酒词：

"就在这个时刻，通过电讯的奇迹，看到和听到我们讲话的人民比在整个世界历史上看到任何其他如此的场合的人民都要多。不过，我们在这里讲的话，人民不会长久记住。人们在这里做的事却能改变世界……如果我们两个民族是敌人的话，那么我们共同居住的这个世界的前途确实是黑暗了。但是，如果我们能够找到进行合作的共同点，那么争取世界和平的机会就会无限地增加……"他还在结尾时引用毛主席的诗词，"毛主席写过，'多少事，从来急；天地转，光阴迫。一万年太久，只争朝夕'。现在就是只争朝夕的时候了……"

双方祝酒后，周恩来举着杯到每一宴席去"绕圈子"，向美国官方代表团人员逐一敬酒。这时，军乐队奏起了《美丽的阿美利加》；要知道，军乐队所属的这支军队在20年前同美国打过仗。在场的美国人与大洋彼岸的美国电视观众都是深为感动的。尼克松总统居然可以引用毛泽东的诗句来阐述美国的外交政策，这对世界各国的电视观众来说，也是闻所未闻的。世界确实发生了巨大的变化！

宴会厅里，主宾席的大圆桌可以坐 20 人。尼克松及夫人、基辛格都由周恩来陪同坐在这里。桌上摆着在中国堪称登峰造极的美味佳肴，还摆有特制的熊猫牌雪茄烟，精制的烟盒画着可爱的熊猫。周恩来对尼克松夫人帕特称赞道："总统和你都能熟练地用筷子。"

帕特笑着说："为了来中国，我们在白宫都学着用筷子哪。"

周恩来指着摆放在桌上的熊猫牌香烟盒对帕特说："我想送给你这个。"

帕特大为吃惊："你是说……烟吗？"

周恩来在宴会上致欢迎词。

周恩来笑了，向帕特解释说："不，不是烟，我说的是熊猫。我们要送给你们两只熊猫。"

"哦！"帕特惊喜地对尼克松说，"理查德，周恩来总理说送给我们两只熊猫！真的熊猫！"

这个镜头通过通信卫星传到美国，正好是在早晨的新闻节目中播出。这天，在美国的街头、家庭里、办公楼内、企业里，人们都在议论着周恩来送熊猫。《纽约时报》评论说："周恩来真是摸透了美国人的心思。"《华盛顿邮报》评论道："周恩来通过可爱的熊猫一下子就把美国人的心征服了。"

后来，尼克松也决定送两只美国北部寒冷地区生长的麝香牛给中国。

尼克松在宴会上致答谢词。

尼克松在北京度过五天,经历了紧张的秘密谈判、游览和出席公众活动。在同毛泽东会见以后,在参加当晚的国宴之前,尼克松同周恩来举行了第一次会谈。两人在京会谈了四次。

对于要发表的联合公报,尼克松说:"像这样一次举世瞩目的首脑会议,通常的做法是,开几天会,经过讨论,发现意见的分歧,然后发表一篇含糊其辞的公报,把问题全部遮盖起来。"

"如果我们那样做,就会不仅欺骗人民,而且欺骗自己。"周恩来说。

尼克松说:"我们的会谈受到全世界的注目,并且会对我们在太平洋地区乃至全世界的朋友产生持续多年的影响。对这样的会谈,如果我们也像通常那样做,那将是不负责任的。"

尼克松用自己的语言,赞同了周恩来在10月间提出的关于联合公报的构想,周恩来兴奋起来了,说:"正像你今天下午对毛主席说的,我们今天握了手。可是,杜勒斯当年不想这样做。"

尼克松说:"据说你也不同意和他握手啊!"

周恩来说:"不一定,我本来是会握手的。"

"那好,让我们握手吧!"尼克松说。

于是,隔着谈判的长条桌,两人又握了一次手。周恩来扫视了长条桌对面的美国代表团成员,眼光停留在尼克松最年轻的助手德怀特·查平身上,惊讶地说:"查平先生很年轻哟,我没有记错,你只有31岁,看上去甚至还要年轻;你们的副国务卿格林先生也不老。我们的领导人当中,老年人太多了。在这一点上,我们要向你们学习。"

查平和格林都笑了。

尼克松感叹地说:"其实我大概比你们还要老,我只有十个月的生命,充其量也只有四年零十个月。"尼克松是指他的本届总统任期还有十个月,即使在今年大选中连任,也只能当四年零十个月的总统,他指的是政治生命。

周恩来说:"但你比我年轻多了。你还可以等十年。我等不了十年啦。总统先生也许还会第三次当选。"

"这是违反美国宪法的。"基辛格插话说。

"所以现在对于我来说,这是比你们更关键的时刻。"尼克松说,"在通常的意义上你们比我年纪大。尽管我比毛泽东几乎小四分之一世纪,我是把这次访问当成我能为中美关系出力的最后一次机会来看待的。"

周恩来笑了:"等四年,你还可以竞选嘛。你的年龄准许你这样做。但是,对于中国现在的领导人来说,这是做不到的。所以,我希望你这次能够多认识一些我们的年轻人。"

"总理先生,"尼克松回答,"美国的前任总统像英国国王一样,责任大,但没有权。我指的是卸了职的总统。"

周恩来说:"可是你的经历在历史上是少见的。你两次担任副总统,接着在选举中失败,后来却又赢了一次。这在历史上是少见的。"

在飞往杭州之前、驱车前往北京机场的时候,他俩又谈起了这个话题。

周恩来说:"我常常觉得,逆境是一个好教员。"

尼克松感触地说:"在选举中失败真是比打仗受伤还要痛苦。后者伤的是身体,前者伤的是精神。"

周恩来说:"我们当年的长征,就是战胜逆境走向胜利,新中国就是从逆境中建立起来的。"

周恩来与尼克松祝酒。

尼克松对逆境的话题兴致很高，又说："我发现从失败中学到的东西比胜利中学到的东西还要多；可是，我唯一的希望是一生中胜利的次数比失败的次数多一次。"

周恩来听了哈哈大笑，说："我是希望总统在今年的大选中能够取得胜利的。"

尼克松望着窗外楼房、树木，说："我想起了戴高乐，他在野那几年是有助于砥砺他的性格的一个因素。他重返政坛以后认为毕生一帆风顺的人不会有坚强的性格。"

在周恩来和尼克松的会谈中，尼克松不仅对周恩来思想的高度敏锐、谈判的高超艺术十分钦佩，也对他处于70多岁的高龄仍能保持旺盛的精力留下了深刻的印象。尼克松注意到，会谈进行到一半，秘书会定时给周恩来送来几粒白色的小药片。可是，随着下午会谈时间越来越长和译员低声地讲个不停，双方的一些年轻人开始合眼皮、打瞌睡，然而会场中最年长的周恩来在四个小时会

周恩来与尼克松夫人帕特祝酒。

谈中自始至终都保持着机警和全神贯注的神态。为了提神，周恩来偶尔也点上一支香烟，吸上一口之后，就将烟卷搁在烟缸里让它自燃而尽。

尼克松说："总理先生，我真佩服你的精力这样旺盛。我感到，年龄并不是指一个人活了多少年，而是指他在那些年里经历了多少事。"

"一个人参与大事就能保持活跃和年轻。"周恩来说这话的时候也不无忧虑。"留给我们这辈人的时间已经不长了，而要做的事还那么多。"

在周恩来乘车去钓鱼台拜会尼克松的时候，尼克松、罗杰斯、基辛格等人在楼厅门口迎接。握手之后，尼克松满脸笑容地走到周恩来身后，主动帮助周恩来脱掉了呢子大衣。周恩来也微笑着。这个镜头被电视记者摄下后，霍尔德曼安排在电视转播中连续好几次播放。美国电视观众十分赞赏尼克松表示出的热情举动。好些大报在头版刊登这幅脱大衣的照片。有家报纸评论说："在美国人民对周恩来表示极大的好感时，尼克松为周恩来脱大衣，等于发表了一篇极为动人的竞选演说……"

尼克松也挑选了一件象征性的大事来显示他作为总统的权力。在这次访问北京期间，曾经计划由尼克松当着全体记者的面签署一项法案，规定为解决西海岸码头工人罢工进行仲裁；然后，让尼克松把签署过法案的钢笔送给周恩来。基辛格将此计划征询周恩来的意见。

周恩来盯着基辛格，委婉地表示拒绝，说："我当然感谢你们的邀请，但是，我不愿意参与贵国的这种事务。接受这支钢笔会不会给人一种干涉美国内政的印象？"

周恩来又立即友好地建议说："如果尼克松总统一定要送给我钢笔，可以在你们回到华盛顿之后另外送一支，我将会乐于接受的。"

这项由尼克松在中国公开签署法案仲裁国内罢工事件的事就此作罢了。周恩来在同作风怪异的美国人打交道时表现出的分寸感，使得以细致见长的基辛格也十分折服。尼克松也觉得，周恩来不仅有中国文化孕育的细密，而且还有一位世界外交家的广泛经验。

卷十五 | 改变世界的一周

■ 尼克松访华的种种感受

我们发现中国人看起来比较容易相处，原因之一是他们一点也不骄傲自负。他们和苏联人不同，苏联人一本正经地坚持他们所有的东西都是世界上最大的和最好的。中国人几乎念念不忘自我批评，常常向人请教怎样改进自己。甚至连江青也不例外，当我对她说她的芭蕾舞给我多么深刻的印象时，她也说："我高兴地知道你觉得它还可以，但是请你讲一讲有哪些地方要改进。"周不断地提到他们需要了解和克服自己的缺点，我就不禁想到赫鲁晓夫怎样吹牛皮说大话，和他相比中国人的态度要健康得多。我当然知道，这只是他们的一种态度，他们有意作出决定要这样来看待自己，事实上他们绝对相信自己的文化和哲学极端优越，认为总有一天要胜过我们和其他所有人的文化和哲学。

然而，我发现自己对这些严肃和具有献身精神的人发生了好感。

上面这段文字，摘引自尼克松访问中国时所作的回忆。他第一次访问中国，种种感受和印象冲击着他，使他上床后久久不能入睡。天快亮了，他干脆起来

尼克松夫妇在李先念夫妇陪同下游览长城。

尼克松夫妇在长城。

洗一个热水澡,再回到床上,点着主人提供的雪茄烟吸着,一面记下他在访问中所经历的重要事件和感受。

叶剑英元帅陪同他去长城游览。他觉得叶帅"是一个有巨大内在力量的极其可爱的人"。正好前一天纷纷扬扬地下了大雪。雪后的八达岭是一片银装素裹的冰雪世界,城墙的砖面上也都积了雪,使巨龙似的长城仿佛用雪线勾画而出,

周恩来陪同尼克松夫妇观看体育比赛。

风光更加壮丽。

叶帅指着长城说:"毛主席有一句很有气魄和哲理的诗,'不到长城非好汉。'"

尼克松赞叹着说:"这的确是一座伟大的建筑、人类的奇迹。"他望着前边重重叠叠的城垛城堞,又说:"我们今天到了长城,成为主席说的'好汉'了;但是,今天是爬不到顶峰了。"

叶帅笑着说:"我们不是已经在北京进行着顶峰会谈嘛?!"

尼克松夫人帕特听了,笑着表示不满:"为什么毛主席写诗只讲'好汉',不讲'好女'呢?我们妇女不是也到了长城吗?"

尼克松和叶帅听了都哈哈大笑。

叶帅笑罢又说:"我们都要到长城。全世界的男人女人,黑人白人,东方人西方人,都要共同到达人类和平友谊的长城。"

尼克松说:"我看过卫星拍下的长城照片。它是地球的标志,应该是人类和平的标志。"

尼克松站在长城上,眺望着眼前这个壮丽的冰雪世界,心情格外舒畅。他想起这两年多来的苦心操劳与策划,像是经历了一番中国人说的那种长征。如今终于到了长城,果然是风光无限。他想,现在正是美国的黄昏,全美国都会在电视的黄金时间里看到他站在中国的长城之上。

他也想到了周恩来。他从心里佩服周恩来的非凡。昨天下大雪的时候,霍尔德曼曾经跟他嘀咕,乘车走几十英里路上山是否安全。今天车队驶出城外,看到公路两旁的山上一片雪白,唯有柏油公路乌黑发亮,像一条乌黑的大蛇蜿蜒上山。他和随行人员都大为吃惊;天呐,一夜之间,中国人怎么能把这几十英里公路上的雪全扫了?中国人民没有扫雪机,怎么扫得那么快、那么干净?当他听说昨天在会谈时,周恩来发觉下雪,就抽空出来做了扫雪的布置。他觉得这在散漫自在的美国人来说,简直是不可思议的。它表现出中国人的整体性、纪律、献身精神和巨大的潜力,这是绝不能低估的。他甚至联想到,"今后几十年内要努力搞好同中国的关系,否则我们总有一天要面对世界历史上最可怕的强大敌人"。

晚上,周恩来请尼克松和帕特去体育馆观看体操和乒乓球表演,更使尼克松加深了这种印象。他在日记中写道:

尼克松参观故宫文物忍不住伸手摸"龙"。

尼克松观看金缕玉衣。

　　体操表演丰富多彩，蔚为壮观，和昨天晚上的芭蕾舞一样，自始至终贯彻了一种巨大的献身精神和专一的目的性。他们搬出体育器械的方式和高举红旗的入场式显示了惊人的力量。男女运动员的外表，当然还有那精彩的乒乓球表演，不仅给人以持久的印象，而且还给人以不祥的预感。

　　亨利的警告无比正确，随着岁月的推移，不仅我们而且各国人民都要尽自己最大的努力，才能同中国人民的巨大能力、干劲和纪律性相匹敌。

　　当然还得介绍一下尼克松访华中的江青。经过政治局批准，在安排尼克松夫妇观看革命样板戏《红色娘子军》的时候，让江青出面一次跟周恩来一块陪同看演出。

　　尼克松在回忆录里对江青的印象作过如下记述——

我从事先为我们准备的参考资料中得知，江青在意识形态上是个狂热分子，她曾经竭力反对我的这次访问。她有过变化曲折的和互相矛盾的经历，从早年充当有抱负的女演员到1966年"文化大革命"中领导激进势力。好多年来，她作为毛的妻子已经是有名无实，但这个名在中国是再响亮没有了，她正是充分利用了这个名来经营一个拥护她个人的帮派的。

……

在我们等待听前奏曲的时候，江青向我谈起她读过的一些美国作家的作品。她说她喜欢看《飘》，也看过这部电影。她提到约翰·斯坦贝克，并问我她所喜欢的另一个作家杰克·伦敦为什么要自杀。我记不清了，但是我告诉她好像是酒精中毒。她问起沃尔特·李普曼，说她读过他的一些文章。

毛泽东、周恩来和我所遇到的其他男人具有的那种随随便便的幽默感和热情，江青一点都没有。我注意到，替我们当译员的几个年轻妇女，以及在中国的一周逗留中遇到的其他几个妇女也具有同样的特点。我觉得参加革命运动的妇女要比男子缺乏风趣，对主义的信仰要比男子更专心致志。事实上，江青说话带刺，咄咄逼人，令人很不愉快。那天晚上她一度把头转向我，用一种挑衅的语气问道："你为什么不早一点到中国来？"当时，芭蕾舞的演出正在进行，我没有搭理她。

原来我并不特别想看这出芭蕾舞，但我看了几分钟后，它那令人眼花缭乱的精湛表演艺术和技巧给了我深刻的印象。江青在试图创造一出有意要使观众既感到乐趣又受到鼓舞的宣传戏方面无疑是成功的。结果是一个兼有歌剧、小歌剧、音乐喜剧、古典芭蕾舞、现代舞剧和体操等因素的大杂烩。

舞剧的情节涉及一个中国年轻妇女如何在革命成功前领导乡亲们起来推翻一个恶霸地主。在感情上和戏剧艺术上，这出戏比较肤浅和矫揉造作。正像我在日记中所记的，这个舞剧在许多方面使我联想起1959年在列宁格勒看过的舞剧《斯巴达克思》，情节的结尾经过改变，使奴隶取得了胜利。

芭蕾舞剧《红色娘子军》。

帕特夫人看熊猫。

尼克松与中国孩子。

帕特夫人与女生同坐上课。

帕特夫人与女生交谈。

帕特夫人参观农村养猪。

帕特夫人学做包子。

北京市民扫马路。

北京街头女孩跳皮筋。

街头女红卫兵。

尼克松夫妇参观明十三陵。

2月25日晚上，尼克松访华离京前夕，在人民大会堂举行答谢宴会。宴会定在晚上7点开始，周恩来6点30分在人民大会堂新疆厅等候尼克松来邀请。那天晚上，政治局没有安排江青参加宴会活动；可是，6点30分刚过，江青突然来到人民大会堂拜会尼克松夫妇。江青是毛泽东的妻子，尼克松当然不便推托。宴会早就该开始了，江青却不以为然。尼克松频频看手表，显然已有点不耐烦了。江青这才站了起来，表示对不起，说她没有空参加宴会而告辞了。周恩来在新疆厅白白地等了好些时间。

美国记者在长城。（之一）

美国记者在长城。(之二)

周恩来无与伦比的品格,在这次尼克松访华中给他留下了鲜明的印象。他还说,他和毛泽东会晤的时间太短,又过于正式,使他对毛泽东只能有一个肤浅的印象。可是他说,他和周恩来举行过许多小时的正式会谈和社交场合的交谈,所以他能看到周恩来的才华和朝气。

■ "海峡两边的所有中国人……"

基辛格这次没有参加任何参观游览活动。他在上两次访华时已经看过这些名胜了。他曾风趣地开玩笑说,他是被细心的中国人用作试验的豚鼠,来试验时间安排和保卫措施,并看看这些外行的美国人在中国历史奇迹面前做一些什么反应。他一直在同乔冠华躲在钓鱼台的宾馆里,逐字逐句地研究公报的每一句话。

尼克松访华的会谈分三个层次进行。罗杰斯国务卿和姬鹏飞外长是一个层次,具体商讨促进双边贸易的人员往来,也就是华沙会谈多年来的问题。

尼克松和周恩来之间的会谈又是一个层次，这是两国首脑的总会谈。第三个层次是基辛格与中国副外长乔冠华起草公报的会谈。这个层次的会谈是最为艰难的会谈。

而台湾问题又是第三个层次会谈中最棘手的问题。尽管不少有争议的问题的措辞大部分在10月份的会谈中已经基本解决，而且公报的构思已经肯定了；但是，关于台湾问题的双方措辞，分歧还是巨大的、针锋相对的。分歧虽然很大，解决台湾问题的基调却是两方同意的，那就是把最终解决留待未来，而这种未来将由公报建立的关系以及公报谈判的方式加以开拓。他们两人的会谈被当时的人们称为"基乔会谈"。

"基乔会谈"的第一天，2月22日，两人逐行审查公报现存草案，肯定已经达成协议的部分；然后，双方各自阐述在台湾问题上的立场。

第二天，主要由基辛格介绍美国准备在莫斯科最高级会谈中达成的协议。

第三天，2月24日，基乔之间开始了关于台湾问题的实质性谈判。两人针锋相对，争吵激烈；两人都有学者风度，谈判风格又各不相同，基辛格的辩词逻辑性强，富于哲理，一腔带德国口音的英语很难翻译；而乔冠华在雄辩之中思路清晰，思辨性强，坚持原则的同时豪爽豁达。

乔冠华提出的中国方案中这样阐述美国观点："美国希望和平解决台湾问题，

尼克松与周恩来会谈讨论的难点在于上海公报。

将逐步减少并最终从台湾撤出全部美国武装力量和军事设施。"

基辛格拒绝了这个方案，说："我希望你们能理解我们的立场，我们把撤军说成是一个目标。即使这样，我们仍然坚持撤军跟和平解决台湾问题和缓和整个亚洲紧张局势联系起来。"

"但是，这个前提必须是美国无条件地撤军。"乔冠华坚持说。

"这样做会破坏整个关系，美国舆论是决不会答应的。"基辛格当然也不相让。

每当相持不下，双方都会把扯紧的弦放松，开一两句玩笑来冲淡紧张气氛，用友好的态度把巨大的决心掩盖起来，不使个人关系过分紧张。两人的谈判艺术都接近炉火纯青。

这时，乔冠华果然松了弦，说："博士，你是出生在德国，我是在德国获得的学位。从这点上，我们应该有共同的地方。可是，在哲学上，我喜欢黑格尔，你喜欢康德；这也许是我们不能取得一致的原因吧。"

乔冠华长期在周恩来身边工作，40年代跟美国人打过交道，朝鲜战争期间也参加过与美国人交锋的板门店停战谈判。他谙熟谈判艺术，善于掌握节奏。该犀利时，锋芒锐利，寸步不让；该徐缓时，和风细雨，开朗豪爽。数月以前，他率领中国代表团出席二十六届联合国代表大会，风度迷人地坐进刚刚恢复的中国席位时，在世界各国代表的注目中朗声大笑，表现了新中国进入国际讲坛的豪情。纽约某大报为此专门写了一篇评论，题为《乔的笑》。基辛格与乔冠华在谈判桌上相互交锋论战，也相互洞察了解，两人竟成了好友，经常往来。

第四天，2月25日，这天上午尼克松参观故宫，当他看到两千年前死去的一位王爷穿的金缕玉衣时，说："穿上这玩意儿就不好到处走动了。"当他看到一个皇帝为避免听到进谏意见而戴的耳塞时，开玩笑地说："给我搞一副吧。"

在谈判中，基乔两人随随便便漫谈着交换意见，仍是各执己见。好像谈判根本没有最后时限，好像明天无须飞往杭州，后天也无须在上海发表公报。其实，这都是在用相同的办法向对方施加压力。到了下午，在乔冠华向周恩来汇报、基辛格向尼克松汇报之后，两人再碰头，都提出了新方案，作了让步。乔冠华提出，只要写上全部撤出驻台的美军，中国就不再反对美方表示关心和平解决台湾问题。基辛格提出，把全部撤军这个最终目标和美方在此期间逐步撤出军队这两个问题分开，以前是两点包括在一个句子里的。

乔冠华表示出了兴趣，提出修改个别词汇。他说，最好提和平解决的"前景"，而不要用"前提"。他说："用'前景'含义更积极些，显示出是双方的意见；而用'前提'听上去是华盛顿单方面强加的东西。"

基辛格也同意了，开玩笑说："我看台湾命运不会取决于如此微妙的意思上的差别。"

"基乔会谈"在这时已经取得了突破，周恩来进来参加了半小时谈判。尼克松了解到中国人不喜欢搞小动作，喜欢诚挚坦率，他就坦率地在与周恩来的会谈中摆出了自己的难处。他说："如果公报在台湾问题上措辞过于强硬，势必会在美国国内造成困难。我将受到国内各种各样亲台湾、反尼克松、反中华人民共和国的院外集团和既得利益集团的交叉火力的拼命攻击。整个的对华主动行动就有可能成为两党之间的争议问题。到时候，如果我不论是否由于这个具体问题而落选，我的继任就可能无法继续发展华盛顿和北京的关系。"

周恩来了解了"基乔会谈"的突破以后，表示可以考虑美方经过修正的论点。周恩来请示了毛泽东，得到了毛泽东的批准。尼克松也同意接受中方经过修正的论点。基乔在当晚尼克松的答谢宴会后于10点半再次会晤。这次谈判十分顺利，只花了15分钟就解决了台湾问题的措辞问题，行文如下——

双方回顾了中美两国之间长期存在的严重争端。中国方面重申自己的立场：台湾问题是阻碍中美两国关系正常化的关键问题；中华人民共和国政府是中国的唯一合法政府；台湾是中国的一个省，早已归还祖国；解放台湾是中国内政，别国无权干涉；全部美国武装力量和军事设施必须从台湾撤走。中国政府坚决反对任何旨在制造"一台一中"、"一个中国、两个政府"、"两个中国"、"台湾独立"和鼓吹"台湾地位未定"的活动。

美国方面声明：美国认识到，在台湾海峡两边的所有中国人都认为只有一个中国，台湾是中国的一部分。美国政府对这一立场不提出异议。它重申它对由中国人自己和平解决台湾问题的关心。考虑到这一前景，它确认从台湾撤出全部美国武装力量和军事设施的最终目标。

尼克松、周恩来、基辛格、罗杰斯（自右到左）同乘周恩来专机伊尔–18飞赴杭州。

在此期间，它将随着这个地区紧张局势的缓和逐步减少它在台湾的武装力量和军事设施。

午夜，毛泽东批准了关于台湾问题的这一段。尼克松也批准了这一段。

接着，基乔两人继续会晤，把关于贸易和交流的部分加以扩充，把公报重新逐行研究了一遍。至深夜2点，也就是第五天的凌晨2点，公报文本落实了，大功终于告成。这几天，基辛格、乔冠华几乎没有睡觉。他俩都觉得如释重负，这才突然意识到疲倦、劳累和瞌睡，可是心情格外轻松和愉快。

第五天，2月26日，在飞往杭州以前，尼克松与周恩来在机场审阅了公报。尼克松是乘坐中国的"伊尔18"涡轮螺旋桨飞机飞往杭州的。总统自己的"波音707"专机也跟着起飞。在起飞之前，公报的打印工作刚结束。

想不到因为公报问题，美国方面又横生波澜，把尼克松都几乎气疯了！

■《上海公报》诞生前又生波澜

公报大功告成，使尼克松在杭州心情特别轻松愉快，他一想到翌日到上海后就向全世界发布这个公报就觉得兴奋。尽管 2 月底并不是游览季节，他还是喜欢这个风景美丽的城市。他就下榻在毛泽东在杭州度假时住的刘庄宾馆里。他觉得宾馆有一股霉味，但极其整洁，古代宫殿式的建筑也极其精美。他和夫人帕特一致认为在杭州逗留的日子是这次旅行中最愉快的一段时间。

柳枝拂水，湖波荡漾。他看到自己所送的加利福尼亚红杉树已经在湖边的小山中成活，喜盈盈地笑着，拉着周恩来在红杉树下合影，让记者们一窝蜂抢拍镜头。

基辛格也兴致勃勃，心情特别好，在北京日夜闷头谈判，为公报中的观点与措辞绞尽了脑汁；如今，公报已定案，他也参加了在西湖的游览。

大家走上九曲桥，来到"花港观鱼"的景点边赏玩。中方有两个女工作人员要赶到周总理身边去，在九曲桥上疾步小跑，穿过人群。当她俩奔过基辛格身边时，赏心悦目的基辛格开起玩笑来："哟！那么多漂亮的中国女子在追我，哈哈……"

其中一个女的红着脸，也开玩笑地回敬：

"博士，你别看花了眼，那要掉下湖去喂鱼的。"

对话激起九曲桥上一片笑声。连正乐津津地撕着面包片喂鱼的尼克松，听说以后也放声大笑。

上海公报在杭州卡壳了，基辛格及助手表情很凝重。

尼克松在刘庄召集要员讨论上海公报问题。

真是好事多磨。美国方面又节外生枝了。

在去杭州的飞机上，美国国务院的专家们拿到了公报。他们看后，一路上嘀咕这份公报不理想。他们的不满是大有原因的。这次由罗杰斯国务卿带来中国的都是一些职业外交家，草拟公报的过程他们一点都没有参加，自然就很有看法。再加上没有参加谈判的人不熟悉谈判所经历的艰难，往往在自己心中有一个理想的公报文本，并拿它们同手头的打印文本进行对比，那样一来，意见就多了。到达杭州以后，罗杰斯对尼克松说公报不够圆满并交给总统一份材料，材料中列举了国务院的专家们对公报的一大堆意见。例如，对"在台湾海峡两边的所有中国人都认为只有一个中国"这句话提出了异议。说这话太绝对了，或许有一些中国人不这样认为呢。建议将"所有中国人"改为"中国人"。另一条建议是要去掉"对这一立场不提出异议"句中的"立场"二字。诸如此类的重要修改处，竟达15处之多。

在刘庄宾馆尼克松套房的客厅，尼克松穿着睡衣，走来走去，气得脸色都变了。他认识到自己在政治上处于左右为难的境地。他要有所作为而采取了对华主动的行动，但那些保守派对访华的反应已经搞得他够紧张的了。他害怕这些右派会攻击公报。他预见到，关于国务院对美国所作的让步不满的传闻，很可能成为导火线。他也知道，在已经通知中国人说他同意公报之后，又要求重新讨论，出尔反尔，说话不算数，中国人将会瞧不起他这个总统。他除了气愤之外，感到特别痛苦的是，要解释这些修改建议的重要性简直是不可能的。

晚宴开始之前，他把基辛格找来商量。

基辛格也心情阴郁，坐在沙发上阴沉着脸说道："罗杰斯他们提出修改的地方那么多，几乎等于推翻了重搞。他们讲你向中国让了步……"

"我批准了,毛泽东的政治局也批准了,我们又单方面提出修改,我们还有没有脸?!"尼克松近乎在吼叫。

"你也知道,全世界都已经等着明天在上海发布公报。"基辛格愤愤地说。

"看我回去不把国务院那帮家伙都收拾了!"尼克松火极了,"我哪能带一个分裂的代表团回国?天哪!"

"总统,要紧的是明天发布公报。"基辛格说。

尼克松沉默了好一会儿,铁青着脸来回走动。突然,他转身对基辛格说:"亨利,宴会之后你再找乔谈一谈。"

"真难启齿啊!"基辛格虽然面露难色,但还是应允了。

当晚,杭州宴会的南方菜特别精美,嗜好美食的基辛格却没能好好品味,他在心里嘀咕着宴会之后怎么跟乔冠华谈话。

晚上10点20分,乔冠华和基辛格举行会晤。乔冠华因为辛苦几天搞完了公报,心情也很好,宴会上喝得很痛快,脸上泛着红光,脸带笑容地坐下来谈话。

基辛格将精心琢磨了好一会儿的话说了出来:

"乔先生,在正常情况下,总统一拍板,公报就算妥了。但是这一次,如果我们仅仅宣布一些正式的主张,还未达到我们的全部目的;我们需要动员舆论来支持我们的方针……"

乔冠华用有点挖苦的口气开玩笑说:"博士,这个'舆论'成了你们的法宝了,动不动就拿出来用。"

基辛格委婉地说:"如果乔先生能够进行合作,使我们的国务院觉得自己也作了贡献,这对双方都是有利的。"

"你拐了一个大弯子,是想说贵国国务院对已经通过

周恩来陪同尼克松游览西湖。

的公报文本有意见，要修改，是吗？"乔冠华干脆地说。

"是的。是这个意思。"基辛格坦率地说。

乔冠华脸上的笑容消失了，尖锐地回答说：

"双方已经走得够远了，而且中国为了照顾美国的愿望已经作出了很多让步。听说尼克松总统接受了公报，昨晚，我们政治局已经批准了公报。现在离预定发表公报的时间不到二十四小时了，怎么来得及重新讨论呢？"

"我们总统确有为难的地方，乔先生，"基辛格知道中国人注重实际，他唯一的希望在于坦率，于是，将尼克松的为难境地简述了一番，诚恳地说："希望你们能认真考虑。"

乔冠华暂停了晤谈，去找周恩来总理请示。

周恩来正在给上海方面打电话，询问上海方面接待工作的情况。周恩来放下电话后，乔冠华立即作了汇报。

周恩来太累了。尼克松访华期间最忙的人就是周总理。尼克松访华的一切活动安排，都是周恩来亲自掌管，所有的会谈讨论都由他亲自过问，每天还随时向毛泽东请示、汇报。他几乎没有睡过觉。顶多能够合眼皮休息个把钟头。

他听着乔冠华的汇报，瘦削的脸在柔和的灯光下棱角显得更加分明，只是眼睛还很灵、很亮。他很不在行地点燃了一支烟，吸了一口，就摆在烟灰缸上。

乔冠华汇报完关切地说："总理，你太困了。"

"你说说你的看法。"周恩来轻轻地将烟喷吐出嘴唇。

"他们内部不统一，又要我们作让步，我们已经作了很多让步了。他们美国人自己的矛盾，让他们自己消化吧。"乔冠华说。

周恩来的眼睛望了一下窗外，西湖岸边的灯光闪闪

尼克松在游览中与群众合影。

尼克松在杭州驻地与美国代表团全体人员合影。

烁烁。今天晚宴之前,给罗杰斯那一班人当翻译的章含之找他作了汇报,说她了解到国务卿罗杰斯及其手下的专家们对已经达成协议的公报大发牢骚,还听说到上海后他们要闹一番。周恩来一直在考虑这件事。他对美国国情作过研究,对尼克松执政以来白宫与国务院的矛盾是有所了解的;他由此联想到,按职务,罗杰斯该排在基辛格前面,毛主席会见尼克松时罗杰斯没能去,难怪人家有意见。他还考虑,明天到了上海,要特地去看望罗杰斯,补一下课。

周恩来望着乔冠华,说:"冠华,公报的意义不仅仅在它的文字,而在于它背后无可估量的含义。你想一想,公报把两个曾经极端敌对的国家带到一起来了。两国之间有些问题推迟一个时期解决也无妨。公报将使我们国家、使世界产生多大的变化,是你和我在今天都无法估量的。"乔冠华顿时领会了总理的含义,说:"总理,我明白了。"

周总理又说:"我们也不能放弃应该坚持的原则,这个事,要请示主席。"

周恩来当即拿起了红色的直通电话。

毛泽东听了汇报,想了片刻,口气十分坚决地回答说:"你可以告诉尼克松,除了台湾部分我们不能同意修改之外,其他部分可以商量。"主席停顿了一会儿,又严厉地加上一句话,"任何要修改台湾部分的企图都会影响明天发表公报的可能性。"

于是,基辛格与乔冠华在刘庄宾馆又开了一次夜车。凌晨2点,另一个"最后"草案终于完成了。当然,吸收了罗杰斯的专家们的一部分意见。草案再次提交双方首脑正式批准。这就是举世闻名的上海公报。

■ "生活在巨大阴影之中的伟人"

上海,在旧中国曾被称为冒险家的乐园,是中国最现代化的城市,西方人认为它是中国最西方化的城市。它是尼克松访华的最后一站。

尼克松总统一行下榻于著名的锦江饭店。在上海这幢最现代化的宾馆楼里,尼克松夫妇被安排住在15层,基辛格住在14层,罗杰斯、格林和其他国务院官员住在13层。

尼克松参观上海工业展览会。(之一)

2月27日，到达上海不久，周恩来总理特地去看望罗杰斯国务卿及其助手们。他走进了电梯。电梯平稳地往上升。头顶的电梯标志牌上，"13"处亮着红灯。

周恩来望着标志灯，恍然大悟似的说："怎么能安排他们住第13层？13呀！西方人最忌讳13……"

标志灯熄灭了，电梯门开了。

周恩来带着翻译走进罗杰斯的套间，听见谈"13"的声音戛然而止。罗杰斯手下的官员们正在房间里说话，大约是在发牢骚生气，一个个面有愠色。见周总理来了，罗杰斯朝他们示意，他们一个个只好客气地露出笑容，极不自然。

周恩来伸出手，说："罗杰斯先生，你好！"

"总理先生，你好。"罗杰斯跟周总理握手。

周恩来逐一地与国务院的官员握手之后，在罗杰斯身旁的沙发上泰然自若地坐了下来，说："国务卿先生，我受毛泽东主席委托，来看望你和各位先生。这次中美两国打开大门，是得到罗杰斯先生主持的国务院大力支持的。这几年来，国务院做了大量的工作。我尤其记得，当我们邀请贵国乒乓球队访华时，贵国驻日使馆就英明地开了绿灯，说明你们的外交官很有见地……"

周恩来的话缓和了室内的紧张气氛。

"总理先生也是很英明的。我真佩服你想出邀请我国乒乓球队的招，太漂亮了！一下子就将两国疏远的距离拉近了。"罗杰斯笑着说。

"有个很抱歉的事，我们疏忽了，没有想到西方风俗对'13'的避讳。"周恩来转而风趣地说，"我们中国有个寓言：一个人怕鬼的时候，越想越可怕；等他心里不怕鬼了，到处上门找鬼，鬼也就不见了……西方的'13'就像中国的'鬼'。"

众人哈哈大笑，周恩来也跟着笑了起来。

周恩来走后，罗杰斯手下的官员们的气也消了大半。中国有句俗话，不看僧面看佛面。他们主要是对基辛格有意见，对尼克松的某些做法有意见。如今周恩来代表毛泽东来看望，他们不但不便再发作，而且对周恩来这个人十分倾倒。后来，罗杰斯成了中国人民的好朋友，多次来中国访问，至今还对中国人民抱着友好的感情，这些都是从对周恩来的钦佩开始的。

当天下午，尼克松趁着基辛格为举行一次特别的记者招待会而在作准备的时候，参观了上海工业展览会。走进展览馆大厅，他的眼睛盯着几位共产主义领袖的大幅画像时嘴里念道："这是马克思，这是恩格斯，这是列宁，这是斯大林。"

"对，你都认识。"周恩来说。

"一共四个。"

"对。"

"那个恩格斯，我们在美国不大见到他的照片。"

尼克松参观各种工业设备时还伸手去按电钮，使新式机床运转起来。他对周恩来说："我们按电钮，必须是为了建设，而不是为了毁灭。"周恩来哈哈大笑。四周的气氛十分热烈。

尼克松兴致来了，又对周恩来说："1959年夏天，我作为副总统在莫斯科陪同赫鲁晓夫参观美国展览会，在洗衣机前，他同我争吵谁的火箭厉害些，我讲比火箭没有意义，战争爆发谁都当不了赢家。"

周恩来笑得更大声，笑罢说："我知道，这就是有名的'厨房辩论'，它使你出了名。"

尼克松笑了，说："我想不是坏名声。"他想了想，又半开玩笑地说："总理先生，你不应该全信报纸上说我的坏话，我也不会全信报纸上说你的坏话。"

周恩来收住笑，对尼克松说："我信奉毛主席说的一句有名的话，'彻底的唯物主义者是无所畏惧的。'"

下午5点，向新闻界公布了中美两国的《联合公报》。因为公报在上海发布，当时两国还没有外交关系，大家就称它为《上海公报》。

下午5点50分，基辛格和助理国务卿格林在上海展览馆的宴会厅举行记者招待会。为给台湾方面及美国国内的反对派以"安慰"，基辛格煞有介事地在会上申明美国同台湾的"防御条约"并不变动，以表示"没有抛弃老朋友"。可是，这种形式主义的说明并没有引起记者们的兴趣。《上海公报》对世界的震动与冲击，使基辛格的解释黯然失色。值得提到的是，基辛格在记者招待会上透露了：毛泽东自始至终密切掌握着谈判的整个进程。

这天是星期天，周恩来在上海为尼克松举行了最后的宴会。尼克松显得

尼克松参观上海工业展览会。(之二)

兴高采烈,茅台酒使他脸上的笑容都泛着红光。他洋洋自得,喜不自禁地举起酒杯,斟上茅台,走到麦克风面前,作了在这次访问中从没有过的即席讲话:"……联合公报将成为明天全世界的头条新闻。但是我们在公报中说的话不如我们在今后的几年要做的事那么重要。我们要建造一座跨越一万六千英里和二十二年敌对情绪的桥梁,可以说,公报是搭起了这座通向未来的桥梁……"

人们沉浸在欢乐中,为总统的话鼓掌。

尼克松带着酒意又说:"上海这个城市,曾经饱受外国侵占之苦,我们再也不允许上海,及全中国以至全世界有像上海一样的城市,再受外国侵占之苦了。我们绝不答应!"

基辛格那玳瑁眼镜架后的眼珠转了一下,脸上掠过一丝忧虑,总统一定是太高兴了,他忘了周恩来批评黑格说的关心中国"生存能力"的事,又将这种意思讲了出来。基辛格瞥了周恩来一眼。周恩来严肃地坐着,面无表情。

尼克松又兴奋地说:"美国人民要和中国人民一起,将世界牢牢地掌握在手中。"这是一句十分敏感的话,要是往常,挑剔的记者们会马上抓住话柄大做文

尼克松与周恩来相互祝酒庆祝中美上海联合公报诞生了!

章,说总统在鼓吹"中美"联合"主宰"世界了。常为尼克松准备发言稿的基辛格十分担心。幸好记者们特殊的神经也被茅台酒麻醉了,他们竟没有什么反应,尼克松更为踌躇满志地说:"我们访问中国这一周,是改变世界的一周。"

周恩来默默地望着尼克松,当全场热烈鼓掌时,他也随着拍了两下。

2月28日早上,周恩来将尼克松一行送至在虹桥机场停着的总统专机舷梯旁。

尼克松在跟周恩来握过手以后,在登上舷梯前,转过身来跟翻译唐闻生握手。他握着她的手,喜盈盈地说:"在这最后的场合,请允许我对我的'中国之声'唐小姐表示赞赏。我听她翻译,觉得她把每个字都翻得很清晰很正确。"

唐闻生感到很窘,站着不开口。周恩来鼓励她翻出来。她红着脸,结结巴巴地将话翻了出来,这是她第一次翻得不流畅。

尼克松与夫人帕特最后上了舷梯,在机舱门口回身挥手。

漆着蓝、白、银三色的总统专机飞离了上海。尼克松还沉浸在欢乐的情

尼克松夫妇在机舱门前挥手告别!

绪中。

夫人帕特对他说:"周恩来真是个了不起的人物。"

尼克松也说:"是的,他是一个伟人,本世纪罕见的伟人。我感到惋惜的是,他生活在巨大的阴影之中,他总是小心谨慎地让舞台的聚光灯照射在毛泽东身上。"

轻松的情绪过去了,又一层忧虑涌上他的心头。多年来从事国际事务的经验使他意识到他的中国之行是一个巨大的成功。他知道他赢得了一场真正的外交上的胜利。成功似乎比失败更使尼克松感到不安。他好像担心自己没有受到充分的评价,并被这个念头折磨着。临离开上海的晚上,他几乎没有睡觉。他睡不着,熬过了这令人精疲力竭的一周之后,公报也发表了,他竟然没有一丝睡意。凌晨3点钟了,他还把基辛格和已经入睡的霍尔德曼叫去他的房间谈话,倾诉他这段时间来的紧张和兴奋,以及他在完成一件大事时往往伴随产生的隐忧。在往东飞行的专机里,机舱格外安静,使得他的隐忧显得更沉重。他那经过多年磨难的政治头脑使他意识到，记者们的第一批新闻报道会决定公众的情绪，不知道他回去后会碰到什么情况？实际上，他的对华行动得到了美国两党和美国公众的一致肯定。随着时间的推移，他在历史上的地位正在日益提高，人们认为打开中国之门是他最伟大的功绩。在他因"水门事件"辞职以后，基辛格曾对他说："历史将比现在更公正地看待你。"

可是，在这从上海飞回华盛顿的专机上，他将头靠在椅背上，忧虑与疲乏使他脸色发青。

帕特见他脸色不佳，忙问："你怎么啦？累了？还是不舒服？我叫大夫吧……"

尼克松挥手阻止帕特，说："我是为飞机着陆后担忧，谁知道是凶是吉？"

■ 毛泽东说，我看还是世界改变了他

周恩来送走尼克松之后，也于当天搭乘那架"伊尔–18"专机离开上海，飞往北京。随行的记者们也搭乘总理的专机回京。

《上海公报》发布以后，西方新闻界发表了种种评价。法新社说"改变世界的一周"应该是"改变尼克松的一周"；《底特律自由新闻报》说，"他们得到台湾，我们得到蛋卷儿"；《费城公报》说，"尼克松飞回美国，在台湾问题上让步"。也有不少肯定的报道。《费城问询报》说，"从短期看，尼克松付出的代价比得到的多；但从长远看，他也许获得了远比付出代价更有价值的东西"；《基督教科学箴言报》说，"尼克松总统所同意的就是他早已决定要做的事"……

飞机上的我国记者都在谈论着外国记者的反应，这是我国记者第一次接触那么多外国的记者。

周总理操劳了一个星期，也没有借飞行机会在前舱休息。他来到后舱看望记者们。

新华社记者问："总理，有个美国记者报道尼克松访华的结果，用乒乓球比赛的比数比喻，中国对美国，二十一比二。可以报道吗？"

周总理听了哈哈一笑，问："是哪个记者？"

"美联社记者卡洛。"

周总理摆了摆手:"人家可以那么写,我们不能那么说。公报只是一个起点,我们要学会把眼光看到未来。"

有记者问:"总理,外电评论,这次是你导演的外交杰作。"

周总理严肃地说:"不。不能那么说。这是主席的英明,主席的功劳。这次'乒乓外交'我就没看准,是主席决定的。打开中美关系还是靠主席的英明决策。到底主席是主席,我们是我们。"

周恩来乘坐的"伊尔–18"专机在北京机场降落。机舱门一打开,周恩来望见机场上人头攒动,到处是挥舞的红旗、挥动的手臂,欢迎的群众高呼着口号。欢迎场面透出的热流压过了料峭的寒风。毛泽东对周恩来在中美会谈、执行打开中美关系的决策所取得的满意成果,极为重视;他特意指示为迎接周恩来归来安排一个5000人欢迎的盛大场面。

1976年2月,从总统职务卸任的尼克松应邀访华,毛泽东再次会见了尼克松。

周恩来出了机场后，立即驱车前往中南海，到丰泽园向毛泽东汇报。

毛泽东躺在木板床上，头靠在垫得很高的枕头上。

走到床边的周恩来问："主席，你困吗？"

"不困，你说吧。"

"尼克松很高兴地走了。他说这一周改变了世界。"周恩来汇报说。

"哦?!是他改变了世界？哈哈。"毛泽东伸手拿起一支雪茄，秘书给他点上火。他深深地吸了一口，将烟喷出来，说："我看还是世界改变了他。要不，他隔海骂了我们好多年，为什么又要飞到北京来？"

周恩来说："尼克松临走时还一再表示，希望能在美国与我们再次相会。他们国务院提出了一个邀请我们访美的名单。"

毛泽东说："那青天白日旗不落，我们怎么去？公报是发表了，路还长哪！我和你怕都看不到那一天啦。"

周恩来默然无语地看着毛泽东。

毛泽东有点喘，咳了两声。女秘书为他拍了几下背。他缓过气来，又深吸了一口烟，盯着手中的雪茄烟卷，自嘲地说：

"还说改变世界呐，我几次要改变吸烟的习惯，都改不了。"

到底是尼克松说的是"他改变了世界"，还是毛泽东说的"世界改变了他"？历史已经作出了回答。毛泽东、周恩来与尼克松在1972年的握手，终于改变了中美关系长达20年的对立与隔绝。但也正如毛泽东主席说的那样，中美关系正常化的"路还长哪"。遗憾的是中美关系的奠基者们——毛泽东、周恩来和尼克松都没有亲手完成这一历史性的任务，直到7年之后，中国的那个被美国人称做"打不倒的东方小个子"——邓小平1979年初的访美之行，终于让中美关系迈上了正常化的道路。

欲知后事如何，请看本书下卷《中美建交：邓小平与卡特握手纪实》。

书末照片

洛杉矶市郊的尼克松故居图书馆。

尼克松诞生地故居接待主任珍妮女士与笔者合影。

笔者在伟人厅的尼克松与周恩来握手铜像之间留影。

关于本书照片的诚挚感谢

本书所使用的历史照片,主要由新华通讯社、外交部档案馆、尼克松总统故居图书馆、美联社、《生活》杂志等提供,笔者在此表示诚挚的感谢。此外,书中还使用了一些从多种渠道获得的历史照片,有些因年代久远或其他历史原因,未能具体署名感谢,敬请相关照片拍摄者得悉后与我们联系。